POLÍTICA, CULTURA E CLASSE
NA REVOLUÇÃO FRANCESA

LYNN HUNT

Política, cultura e classe na Revolução Francesa

Tradução
Laura Teixeira Motta

COMPANHIA DAS LETRAS

Copyright © 1984 by the Regents of the University of California
Publicado mediante acordo com a University of California Press.

Título original
Politics, culture, and class in the French Revolution

Capa
Mariana Newlands

Foto de capa
French School / Getty Images

Preparação
Vanessa Barbara

Índice remissivo
Luciano Marchiori

Revisão
Valquíria Della Pozza
Ana Maria Barbosa

Dados Internacionais de Catalogação na Publicação (CIP)
(Câmara Brasileira do Livro, SP, Brasil)

Hunt, Lynn
    Política, cultura e classe na Revolução Francesa / Lynn Hunt ; tradução Laura Teixeira Motta. — São Paulo : Companhia das Letras, 2007.

    Título original: Politics, culture, and class in the French Revolution.
    Bibliografia.
    ISBN 978-85-359-0979-1

    1. Classes sociais - França - História - Século 18 2. França - História - Revolução, 1789-1799 - Aspectos sociais 3. Política e cultura - França - História - Século 18 I. Título.

07-0236   CDD-306.2094404

Índice para catálogo sistemático:
1. Política, cultura e classe : Revolução Francesa : França : História : Aspectos sociais   306.2094404

[2007]
Todos os direitos desta edição reservados à
EDITORA SCHWARCZ LTDA.
Rua Bandeira Paulista 702 cj. 32
04532-002 — São Paulo — SP
Telefone (11) 3707-3500
Fax (11) 3707-3501
www.companhiadasletras.com.br

Para Peg

O capítulo 1 é uma reprodução ampliada de "The rhetoric of Revolution in France", *History Workshop Journal* 15, 1983, pp. 78-94, com permissão do *History Workshop Journal*.

O capítulo 3 é uma reprodução editada de "Hercules and the radical image in the French Revolution", *Representations* 1, 1983, pp. 95-117, com permissão do Conselho da Universidade da Califórnia. © by The Regents of the University of California.

As tabelas 1, 2, 3 e a matriz de correlação no apêndice A são reproduzidas de "The political geography of revolutionary France", *The Journal of Interdisciplinary History* 14, 1984, pp. 535-9, com permissão de *The Journal of Interdisciplinary History* e The MIT Press, Cambridge, Massachusetts. A análise estatística que fundamenta o capítulo 4 também se encontra nesse artigo. © 1984 by Massachusetts Institute of Technology e editores de *The Journal of Interdisciplinary History*.

Sumário

Prefácio à edição comemorativa do 20º aniversário 9
Breve cronologia da Revolução Francesa 1789-99 15
Abreviaturas 19

Introdução: Uma interpretação da Revolução Francesa 21

PARTE I: A POÉTICA DO PODER 39
1. A retórica da Revolução 41
2. Formas simbólicas da prática política 76
3. As imagens do radicalismo 113

PARTE II: A SOCIOLOGIA DA POLÍTICA 149
4. Geografia política da Revolução 151
5. A nova classe política 178
6. Forasteiros, agentes da cultura e redes políticas 210

Conclusão: Revolução na cultura política 246

Apêndice A: Matriz de correlação de variáveis políticas,
  econômicas e demográficas selecionadas............ 275
Apêndice B: Análise ocupacional dos conselheiros municipais
  de Amiens, Bordeaux, Nancy e Toulouse............. 280

Notas.. 283
Lista das tabelas, ilustrações e mapas..................... 328
Agradecimentos 331
Índice remissivo....................................... 333

Prefácio à edição comemorativa do 20º aniversário

Os livros sempre refletem o momento em que foram escritos, e este não é exceção. O momento foi excepcionalmente propício para mim, pois meus interesses impeliram-me direto para alguns dos mais empolgantes avanços no estudo da história. Comecei a pesquisa em fins da década de 1970 esperando demonstrar que a interpretação marxista da Revolução Francesa ainda se sustentava. Seus críticos argumentavam que a Revolução não fora liderada por comerciantes e manufatores, a "burguesia capitalista" do marxismo, mas por advogados e altos funcionários públicos. Concentrei-me nas pessoas que fizeram a Revolução nas grandes cidades, pois suspeitava que, nesses lugares, os comerciantes e manufatores emergiriam como líderes em número muito maior. Encontrei-os, de fato, mas em um padrão imprevisível: em alguns lugares, comerciantes foram adquirindo influência com o passar do tempo, em outros perderam influência, e em outros ainda não tiveram relevância. Analogamente, quando fiz uma análise quantitativa dos fatores sociais e econômicos que poderiam explicar as tendências políticas das diferentes regiões, surpreendi-me com os resultados: a política de esquerda seduziu mais consistentemente em lugares distantes, relativamente "atrasados" e desprovidos de manufatura em grande escala. Tal padrão não seria o previsto por uma análise marxista: as regiões que mais progrediam no processo de industrialização não foram consistentemente revolucionárias. Outros fatores tiveram de ser levados em consideração: conflitos políticos locais (os oponentes das elites do Antigo Regime beneficiaram-se), redes sociais locais (casamentos, lojas maçônicas e clubes políticos) e as influências dos intermediadores de poder regionais (professores, estalajadeiros, caixeiros-viajantes). Em suma, as identidades políticas não dependeram apenas da posição social; tiveram componentes culturais importantes.

Questões surgidas em minha pesquisa inicial refletiram as que vinham sendo levantadas em toda a disciplina. No início dos anos 1980, a história cultural refutava a predominância da história social, e na história da França o ataque frontal de François Furet à interpretação marxista da Revolução Francesa influenciou toda a área. Historiadores culturais (muitos deles historiadores sociais convertidos) procuraram mostrar que as identidades sociais só podiam ser compreendidas por meio de suas representações lingüísticas e culturais; a identidade de "comerciante" significava uma coisa em um contexto e coisa diferente em outro. Em uma linha de argumentação paralela, Furet asseverava que a Revolução Francesa não podia ser explicada como um conflito de classes sociais; só era possível entendê-la como uma luta política pelo controle da linguagem e dos símbolos. Cresceu-me o interesse pelos símbolos revolucionários depois de ver uma exposição de gravuras revolucionárias francesas no Musée Carnavalet em 1977. Como a maioria dos outros historiadores da Revolução Francesa, eu automaticamente escolhera documentos verbais como fontes: jornais, relatos biográficos, relatórios policiais, discursos parlamentares, declarações fiscais, listas de membros etc. Depois de ver a exposição, não pude mais ignorar a importância das representações visuais difundidas pelas gravuras, cabeçalhos, calendários, cartas de baralho e estampas. Disso resultou que, com o tempo, vi-me em posse de uma singular miscelânea de documentos. Variavam desde dados quantitativos sobre as diversas regiões da França e centenas de dossiês de altos funcionários a desenhos propostos para o selo da República e gravuras de trajes revolucionários. Minhas conclusões poderiam ser sintetizadas a partir de fontes tão díspares? Eu achava que sim, mas afligia-me quanto à ordem de apresentação. Qual deveria vir primeiro? O que minha escolha implicaria sobre minha idéia de causação e significância? Eu não podia endossar o clássico esquema marxista de base e superestrutura, com a economia e as relações sociais na base, como o fator fundamental, e a política e a cultura como superestrutura, o subproduto automático do que estava embaixo. Mas tampouco eu podia adotar uma versão simples dessa fórmula, com a política como progenitora de divisões sociais e mudança econômica. Por isso, concentrei-me na "cultura política". Minha interpretação não apresentou nem uma história política, nem uma história cultural no sentido usual desses termos, e sim uma análise dos padrões sociais e suposições culturais que moldaram a política revolucionária. Para fugir da metáfora da base e superestrutura, ou níveis, atei as pontas da faixa de Möbius. Imagine a sociedade como um "lado" da faixa e a política como o outro: as duas são inextricavelmente interligadas, não havendo um lugar onde uma termina e a outra começa.

A faixa de Möbius funciona melhor como metáfora visual do que como arquitetura para um livro impresso. Neste, as palavras têm de vir em ordem linear; portanto, tive de escolher se começava com política ou sociedade, suposições culturais ou padrões sociais. Decidi começar com a "poética do poder", e não com a "sociologia da política", não porque acreditasse que a poética necessariamente tinha prioridade causal sobre a sociologia, mas para mexer com os leitores que ainda julgavam a sociologia inevitavelmente precedente à poética. Muitos achavam que a sociologia (sociedade) devia explicar a poética (política), e não vice-versa. Quando o livro foi lançado, em 1984, quase todo mundo apontou a primeira metade (poética) como a mais original e provocativa. Àquela altura, os historiadores haviam escolhido a vertente da lingüística, e a história social da política parecia maçante em comparação com o estudo da retórica, dos rituais e das imagens, essências da nova história cultural.

Mas o que vai, volta. Agora que os estudiosos analisaram minuciosamente as dimensões culturais, lingüísticas, visuais e poéticas da Revolução Francesa, a segunda metade do livro talvez comece a despertar mais interesse. A ênfase nos padrões geográficos e sociais aqui examinados pode encaixar-se nas novas tendências acadêmicas pós-anos 1980. Um mar de mudanças vem engolfando o estudo da Revolução Francesa. O bicentenário da Revolução Francesa em 1989 marcou o zênite da influência de Furet e o nadir da interpretação marxista. Desde então, contudo, muitos criticaram a ortodoxia furetiana reinante (tudo é político) e procuraram novos modos de analisar os significados sociais da Revolução. Em certa medida, a crítica a Furet e a concomitante reabilitação de Marx desconsideram semelhanças básicas entre eles; assim como o próprio Marx nunca desprezou a dimensão política da Revolução Francesa, Furet também não negligenciou sua significância social. Contudo, por algum motivo o entrelaçamento das duas perdeu-se na polêmica sobre o marxismo e o comunismo. Uma vez que este último já não provoca as reações do tipo "ou oito ou oitenta" que costumava gerar no mundo ocidental, talvez agora seja possível ver as ligações entre sociedade e política sob uma nova luz. Ninguém precisa aceitar o marxismo em sua totalidade para aquilatar a significância social da Revolução Francesa. Também não é preciso aceitar a idéia de Furet de que a Revolução Francesa foi a origem do totalitarismo para perceber que a cultura política revolucionária teve uma lógica própria. Exatamente de que maneira a sociedade e a política conectam-se continua sendo a questão interessante que sempre foi.

A segunda metade do livro reflete mais diretamente as limitações da tecnologia disponível em fins dos anos 1970 e início da década seguinte. Embora eu o tenha escrito em um dos primeiros modelos de microcomputador (um Osborne do tamanho de uma máquina de costura, capaz de armazenar 33 páginas de texto em um disquete de um só lado e uma só densidade), fiz a análise quantitativa com uma simples calculadora e com cartões perfurados em um computador de grande porte (com a indispensável ajuda de assistentes de pesquisa). Esses métodos laboriosos nada tinham da flexibilidade ou da velocidade permitidas pelos computadores atuais. No entanto, não se sabe se a nova tecnologia produziria resultados diferentes, pois, apesar da facilidade para a entrada e a manipulação dos dados que ela proporciona, ninguém, pelo que eu saiba, tentou refutar, reformular ou ampliar a análise aqui apresentada. Embora tenham aparecido muitas informações novas — em especial, estudos de eleições e mapas de fatores sociais e culturais —, ninguém integrou esse material em uma nova interpretação abrangente.[1] Se continuar a crescer o interesse pelos significados sociais da Revolução Francesa, ele se beneficiará de uma renovação dos métodos quantitativos e de um esforço sistemático para usar essas novas informações.

Não fiz tal reexame sistemático, e por isso não há alterações significativas na estrutura do livro. Inúmeros livros e artigos sobre temas afins foram publicados desde 1984, novas informações apareceram, fontes perdidas foram recuperadas, e sem dúvida deixei escapar informações úteis quando fiz minha pesquisa, mais de vinte anos atrás.[2] Para incorporar tudo isso agora seria preciso escrever um novo livro, provavelmente diferente. Embora eu não queira afirmar que tudo neste trabalho permanece totalmente válido, sua linha básica — o equilíbrio entre política e sociedade, entre a poética do poder e a sociologia da política — ainda representa meu modo de ver a Revolução Francesa. Se ele é convincente, os leitores decidirão.

Breve cronologia da Revolução Francesa
1789-99

1788	8 agosto	O rei concorda em convocar os Estados Gerais, que não se reuniam desde 1614.
	21 setembro	O Parlamento de Paris recomenda que os Estados Gerais adotem os mesmos procedimentos de 1614.
1789	5 maio	Início das atividades dos Estados Gerais em Versalhes.
	17 junho	O Terceiro Estado decide intitular-se Assembléia Nacional.
	11 julho	O rei demite seu popular ministro Necker.
	14 julho	Queda da Bastilha.
	5-6 outubro	"Dias de Outubro", quando uma multidão marcha de Paris a Versalhes para trazer a família real de volta à capital.
1790	12 julho	Constituição Civil do Clero.
	14 julho	Festival da Federação em comemoração ao Dia da Bastilha.
	27 novembro	Decreto exige juramento de lealdade do clero.
1791	20 junho	O rei tenta fugir disfarçado e é capturado em Varennes.
	1 outubro	Início das atividades da recém-eleita Assembléia Legislativa.

15

1792	20 abril	Declaração de guerra contra a Áustria.
	20 junho	Multidão invade o Palácio das Tulherias.
	10 agosto	Insurreição em Paris e ataque às Tulherias levam à suspensão do rei.
	2 setembro	Perda de Verdun para o exército prussiano.
	2-6 setembro	Assassinato de prisioneiros nos "Massacres de Setembro".
	21 setembro	Convenção Nacional recém-eleita reúne-se pela primeira vez e extingue a monarquia.
1793	14-17 janeiro	Votação no julgamento do rei.
	21 janeiro	Execução de Luís XVI.
	1 fevereiro	Declaração de guerra ao Reino Unido e à República Holandesa.
	10 março	Criação do Tribunal Revolucionário.
	11 março	Início da revolta na Vendéia.
	4 maio	Primeiro "teto" para o preço dos grãos.
	31 maio-2 junho	Insurreição leva à prisão dos "girondinos" na Convenção.
	27 julho	Robespierre eleito para o Comitê de Segurança Pública.
	5 setembro	Manifestação na Convenção põe o "terror" na ordem do dia.
	5 outubro	Adoção do calendário revolucionário.
	16 outubro	Execução de Maria Antonieta.
1794	4 fevereiro	Abolição da escravidão nas colônias francesas.
	13-24 março	Prisão, julgamento e execução de "hebertistas".
	30 março-5 abril	Prisão, julgamento e execução de "dantonistas".
	8 junho	Festival do Ser Supremo.
	27 julho	"O nove termidor" — prisão de Robespierre, Saint-Just e seus partidários (executados 28-9 de julho).
	12 novembro	Fechamento do Clube Jacobino de Paris.
	24 dezembro	Abolição do teto de preços.
1795	1-2 abril	Revolta popular em Paris.
	20-23 maio	Segunda revolta popular, também fracassada.
	maio-junho	"Terror Branco" no Sul contra ex-terroristas.
	22 agosto	Convenção aprova a Constituição do ano III.
	5 outubro	Derrota da insurreição de direita em Paris contra nova Constituição.
	26 outubro	Começa o governo do Diretório, após eleições do ano IV (outubro 1795).

1796	abril-outubro 1797	Sucessão de vitórias de Bonaparte na Itália.
1797	março-abril	Eleições do ano V registram ganhos dos realistas.
	27 maio	Execução de Babeuf.
	4 setembro	"Golpe do 18 frutidor, ano V", expurgando legislatura de supostos realistas.
1798	março-abril	Eleições do ano VI marcam ressurgimento jacobino.
	11 maio	"Golpe do 22 floreal, ano VI" contra os jacobinos nos conselhos.
	maio-outubro 1799	Bonaparte no Egito e Oriente Médio.
1799	9-10 novembro	Golpe de Bonaparte em 18-9 brumário.

Abreviaturas

Arquivos e bibliotecas

A. N.   Archives nationales
A. D.   Archives départementales
A. M.   Archives municipales
B. N.   Bibliothèque Nationale
B. M.   Bibliothèque Municipale
PRO   Public Record Office (Londres)

Periódicos

AESC   *Annales: Economies. Sociétés. Civilisations.*
AHRF   *Annales historiques de la Révolution française*
RHMC   *Revue d'histoire moderne et contemporaine*

Introdução

Uma interpretação da Revolução Francesa

> *J'avais vu que tout tenoit radicalement à la politique, et que, de quelque façon qu'on s'y prit, aucun peuple ne seroit jamais que ce que la nature de son Gouvernement le feroit être; ainsi cette grande question du meilleur Gouvernement possible me paroissoit se reduire à celle-ci. Quelle est la nature de Gouvernement propre à former un Peuple le plus vertueux, le plus éclairé, le plus sage, le meilleur enfin à prendre ce mot dans son plus grand sens.* *
>
> JEAN-JACQUES ROUSSEAU, *Les Confessions*[1]

Ao proclamar que "tudo dependia fundamentalmente da política", Rousseau estava fazendo uma afirmação provocativa e ambígua. A seu ver, o alicerce da vida social era a política, e não os

---

*Vi que tudo dependia fundamentalmente da política e, como quer que se olhasse, nenhum povo jamais seria outra coisa além do que a natureza de seu governo o fizesse ser; assim, pareceu-me que a isso se reduzia essa grande questão do melhor governo possível: qual é a natureza do governo apropriada para formar o povo mais virtuoso, mais esclarecido, mais sábio, em suma, o melhor, no sentido mais amplo desta palavra.

costumes, a moral ou a religião. O caráter de um povo dependia da natureza de seu governo. Aludindo à "grande questão do melhor governo possível", Rousseau indicou que o governo poderia muito bem ser diferente do que era — poderia ser melhor. Mas de onde viria esse governo? Como algum mortal poderia determinar o que tornava um povo "o mais virtuoso, o mais esclarecido, o mais sábio, o melhor"? Como um governo poderia ser mais esclarecido que o povo que ele se destinava a moldar? Os revolucionários franceses tiveram de confrontar justamente essas questões. Adotaram Rousseau como guia espiritual, mas Rousseau foi mais vago precisamente onde eles se viram diante das decisões mais cruciais. Dada a oportunidade única de renegociar o contrato social, que forma ele deveria assumir? Qual era a vontade geral na França na década de 1790? Qual era o melhor governo possível, entendendo-se governo, como fez Rousseau, "no sentido mais amplo da palavra"?

A Revolução mostrou quanto tudo dependia da política, mas o fez de maneiras que teriam surpreendido Rousseau se ele tivesse vivido mais quinze anos. Os revolucionários não apenas debateram as clássicas questões do governo, como as virtudes da monarquia comparadas às da república, ou da aristocracia comparadas às da democracia. Eles também agiram baseados nessas questões, de maneiras inéditas e surpreendentes. No calor do debate e conflito político, a própria concepção do "político" expandiu-se e mudou de forma. A estrutura da organização política mudou sob o impacto da crescente participação e mobilização popular; a linguagem, o ritual e as organizações políticas assumiram, todos, novas formas e significados. Como Rousseau profetizou, mas só poderia ter imaginado muito vagamente, o governo tornou-se um instrumento para moldar o povo. O deputado Grégoire declarou em janeiro de 1794: "O povo francês foi além de todos os outros povos; contudo, o detestável regime de cujos vestígios estamos nos livrando ainda nos mantém a grande distância da natureza; existe ainda enorme lacuna entre o que somos e o que poderíamos ser. Apressemo-nos a preencher essa lacuna; reconstituamos a natureza humana dando-lhe nova estampa".[2] Da notável experiência moldada por esse objetivo de reorganização e regeneração provém a maioria de nossas idéias e práticas políticas. No fim da década revolucionária, os franceses (e os ocidentais, de modo mais geral) haviam aprendido um novo repertório político: a ideologia aparecia como um conceito, e ideologias concorrentes desafiavam a tradicional cosmologia européia de ordem e harmonia; a propaganda associava-se a propósitos políticos, os clubes jacobinos demonstravam o potencial dos partidos políticos de massa, e Napoleão, afirmando estar acima dos partidos, estabelecia o primeiro Estado policial secular.

Os franceses não inventaram a política nem o conceito do político, mas, por razões ainda não plenamente compreendidas, conseguiram investi-los de extraordinário significado emocional e simbólico. Passo a passo, às vezes apenas com uma vaga percepção do que estava acontecendo, os franceses fundaram uma tradição revolucionária que perdura até nossos dias. Paradoxalmente, enquanto multiplicavam as formas e significados da política, os franceses mais revolucionários agiram movidos por uma profunda desconfiança de tudo o que fosse explicitamente político. Figuras políticas eminentes nunca se intitulavam políticos; serviam ao "bem público" (*la chose publique*), e não a um tacanho "espírito partidário" (*esprit de parti*). Os políticos e a atividade política eram consistentemente identificados com pequenez, mesquinharia, divisionismo, partidarismo, oportunismo, vaidade e egoísmo. Enquanto censuravam todas essas perversões do antigo ideal do *Homo politicus*, os revolucionários fizeram a travessia para a era moderna: desbravaram uma nova fronteira política interna e colheram os imprevistos frutos da democracia e autoritarismo, socialismo e Terror, ditadura revolucionária e guilhotina. A inesperada invenção da política revolucionária é o tema deste livro. Não temos muita noção de quanto a política revolucionária foi surpreendente na década de 1790. Quase todo livro didático de história aponta 1789 como o divisor de águas da era moderna, e a Revolução Francesa é um dos eventos mais analisados na historiografia do Ocidente. Justamente por isso, perdeu o frescor e a novidade. Em retrospecto, o momento crítico parece muito óbvio; como seria nosso mundo sem partidos, ideologias, ditadores, movimentos de massa e até mesmo sem a retórica política antipolítica? Os recentes debates acadêmicos sobre a Revolução também não parecem dar a devida ênfase ao evento. Nas polêmicas, o que está em questão não é o caráter da experiência revolucionária em si, mas suas origens e resultados a longo prazo. A Revolução serve meramente como veículo de transporte entre causas e efeitos de longo prazo; como resultado, o surgimento de uma política revolucionária passou a ser visto como uma conseqüência inevitável. As três principais escolas interpretativas têm essa mesma preocupação com origens e resultados.

A interpretação marxista da Revolução ultimamente tem estado sob fogo cerrado, em parte porque é a mais fundamentada na teoria.[3] O próprio Marx tinha profundo interesse pela história da Revolução Francesa. Em meados da década de 1840, reuniu documentação e leu muito, preparando-se para escrever a história da Convenção Nacional.[4] Interesses políticos imediatos, e também seu estudo mais geral do capitalismo, impediram-no de se dedicar ao projeto até o fim. Mesmo assim, em todos os textos historiográficos de Marx, a Revolução serviu de pedra de toque: favoreceu o desenvolvimento do capitalismo, eliminando o estrangulamento feudal da produção, e conduziu a burguesia como classe ao poder. Esses dois elementos inseparáveis — o estabelecimento de uma estrutura jurídica adequada para o desenvolvimento capitalista e a luta de classes vencida pela burguesia — caracterizaram desde então os relatos históricos marxistas da Revolução. Como mais recente defensor da "historiografia clássica da Revolução Francesa", Albert Soboul afirmou que a Revolução marcou "o surgimento, o crescimento e o triunfo final da burguesia".[5]

Na interpretação marxista, a Revolução teve natureza burguesa porque suas origens e resultados foram burgueses. Os historiadores marxistas identificam as origens da Revolução no modo decidido como a burguesia se impôs por ocasião da reação aristocrática na década de 1780, e acham que o resultado foi o triunfo distintamente burguês do modo de produção capitalista.[6] A variável interveniente — a vivência da Revolução — é considerada da perspectiva de sua contribuição para essa situação. A burguesia teve de aliar-se às classes populares para vergar a aristocracia feudal, precisou romper com as classes populares quando o sistema do Terror ameaçou sair de controle e foi obrigada a aliar-se a Napoleão para assegurar a consolidação dos ganhos burgueses em patrimônio e reforma jurídica. O resultado (a hegemonia econômica e social da burguesia) decorreu das origens (conflito de classes entre burguesia e aristocracia) de um modo aparentemente inexorável.

A posição "revisionista" contesta a interpretação marxista em quase todas as frentes, mas em geral os revisionistas implicitamente aceitam a premissa central do argumento marxista, ou seja, de que interpretar a Revolução consiste em relatar suas origens e resultados sociais. Na primeira crítica abrangente à ortodoxia marxista, Alfred Cobban assegurou que a Revolução não foi feita pela burguesia no interesse do desenvolvimento capitalista, e sim por venais detentores de cargos públicos e profissionais liberais cujas fortunas estavam declinando. Suas ações acabaram beneficiando proprietários de terra em geral; na verdade, o vivenciamento da Revolução retardou o desenvolvimento do capitalismo na

França.⁷ A explicação marxista, que Cobban chamou de "interpretação social", equivocou-se quanto às origens e aos resultados da década de Revolução.

Nessa mesma linha, outros críticos afirmaram que não havia um conflito de classe consciente entre burguesia e aristocracia antes da Revolução. Os aristocratas não estavam no caminho da burguesia; na verdade, compartilhavam com ela muitos interesses econômicos, sociais e políticos.⁸ Foi a aristocracia liberal, e não uma burguesia frustrada, que iniciou a revolução contra o despotismo monárquico.⁹ Quando se decidem a apresentar uma versão alternativa, os revisionistas, acompanhando Cobban, ainda baseiam sua análise nas origens e resultados sociais. A posição revisionista tem sido mais convincentemente sintetizada nos artigos de François Furet e Colin Lucas.¹⁰ Ambos afirmam que as origens da Revolução devem ser encontradas em uma crise de mobilidade social e preocupação com status em uma elite amalgamada composta de nobres e burgueses. O crescimento da população e da prosperidade no século XVIII não havia sido acompanhado de uma ampliação dos canais de promoção social; em conseqüência, intensificou-se o atrito nas várias "zonas de tensão" na elite. Essa tensão explodiu em revolução quando o Parlamento de Paris obstinadamente insistiu para que os recém-convocados Estados Gerais adotassem os procedimentos estabelecidos em 1614. Essa decisão crucial precipitou uma compreensível mas desnecessária ruptura entre nobres e plebeus integrantes da elite.¹¹

Nesse argumento sobre as origens está implícita a idéia de que o principal resultado da Revolução não foi o capitalismo, e sim a criação de uma elite mais unificada de notáveis, cuja principal característica era a propriedade da terra.¹² Quando nobres e plebeus descobriram o preço de seus mal-entendidos e percepções errôneas, puderam voltar a unir-se tendo por base seus interesses essenciais comuns em uma sociedade na qual tanto riqueza como serviço público podiam determinar o status. Na explicação revisionista, a Revolução perde seu caráter predeterminado porque parece, de certa forma, ter sido um erro. Contudo, seu significado ainda é visto da perspectiva de sua contribuição para resultados sociais e políticos de longo prazo; o vivenciamento da Revolução simplesmente serve como corretivo para equívocos sociais e políticos prévios e como um processo de aprendizado por tentativa e (principalmente) erro; por exemplo, a burguesia aprendeu que depender do apoio popular poria em risco suas diletas reformas jurídicas e até mesmo sua capacidade de manter a lei e a ordem.[13] Nesta visão, a Revolução foi um desvio drástico, porém efêmero, da tendência ao governo liberal da elite.

Nas margens do debate sobre a interpretação social estão Alexis de Tocqueville e o argumento da modernização. Tocqueville não negou a importância das tensões sociais, mas enquadrou o conflito social em uma moldura essencialmente política; para ele, a Revolução representou o engrandecimento do poder do Estado e da centralização, e não o triunfo do capitalismo. Nenhuma classe venceu essa competição. Os franceses simplesmente tornaram-se mais iguais em sua inadvertida servidão a um governo autoritário. Tocqueville apontou as origens da Revolução (e das tensões sociais no século XVIII) nas práticas da monarquia absolutista. Para aumentar o poder do Estado, a monarquia destruiu os direitos políticos dos nobres e, com isso, tornou intoleráveis para outros grupos as pretensões sociais aristocráticas.[14] Embora os revolucionários pensassem estar contestando o governo monárquico, acabaram criando um Estado ainda mais poderoso moldado na mesma monarquia absolutista. Portanto, também para Tocqueville, a Revolução foi apenas um elo na cadeia entre origens e resultados; o vivenciamento da Revolução facilitou inadvertidamente a transição de Luís XVI a Napoleão.

Em estudo comparativo recente, Theda Skocpol analisa o

tema tocquevilliano do crescente poder do Estado.[15] Embora a autora concorde com Tocqueville na idéia de que o mais importante resultado da Revolução foi um Estado mais centralizado e burocrático, ela analisa as origens da Revolução de modo um tanto diferente. Como os Estados chinês e russo mais tarde, o Estado francês desmoronou porque não pôde atender às exigências militares da competição internacional moderna. A fraqueza estrutural dos "regimes monárquicos agrários" também os deixou suscetíveis a revoltas camponesas, as quais, no contexto revolucionário, destruíram as relações de classe agrárias preexistentes. A guerra (novamente, a competição internacional) favoreceu então o surgimento de elites revolucionárias centralizadoras e burocratizantes, que criaram um "edifício estatal moderno". Apesar de sua ênfase nas condições sociais estruturais prévias e no papel dos levantes camponeses, Skocpol assemelha-se a Tocqueville no modo como insere o vivenciamento da Revolução entre suas origens e resultados de longo prazo; o evento real da Revolução aparece somente nos interstícios do esquema. Aqui, tal qual na clássica análise de Tocqueville, a Revolução surge como o veículo da modernização do Estado.[16]

Como os debates interpretativos atuais concentram-se na análise das origens e resultados, não é de surpreender que as pesquisas sejam cada vez mais voltadas para os períodos precedente e subseqüente à década revolucionária.[17] Grande parte das pesquisas tenciona pôr à prova a interpretação marxista. Oficiais do exército, magistrados e instituições culturais da elite do Antigo Regime foram examinados com vistas a determinar a realidade das divisões de classe pré-revolucionárias.[18] As elites napoleônicas e pós-napoleônicas também foram estudadas, pois seu caráter social é relevante para a análise dos resultados da Revolução.[19] Embora esses estudos tenham contribuído para a elaboração de uma posição revisionista, não forçaram os historiadores marxistas a abandonar suas premissas. Os marxistas simplesmente argumentam, em resposta, que a realidade das classes e do capitalismo tem de ser procurada em outro lugar ou de outro modo.[20] Embora os historiadores marxistas e revisionistas tenham estudado os revolucionários e suas atividades, essas análises não produziram grande impacto sobre o esquema geral das origens e resultados. Os revisionistas afirmam que os conflitos revolucionários não tiveram nenhuma importância social particular ou que tiveram um significado social muito amplo e ambíguo (ricos *versus* pobres, Paris *versus* províncias).[21] Quando os pormenores da interpretação marxista passaram a sofrer críticas crescentes, os historiadores marxistas refugiaram-se em posições mais estruturais: que diferença faz quem iniciou a Revolução ou quem detinha o poder em qualquer dado momento, contanto que suas origens e resultados possam ser identificados em uma época suficientemente anterior ou posterior para fundamentar a importância da luta de classes e do desenvolvimento do capitalismo?[22]

A interpretação tocquevilliana, em contraste, quase não estimulou estudos empíricos. Embora se assemelhe à marxista e à revisionista em sua ênfase nas origens e resultados, estes são concebidos em termos tão abrangentes e em um prazo tão longo que se mostram difíceis de comprovar empiricamente. O próprio Tocqueville, por exemplo, não vinculou o desenvolvimento do poder do Estado a nenhum grupo social específico; "democracia" e "igualdade" eram tendências estruturais generalizadas e, embora possam ter atuado como "vassouras gigantes", sua ação não parece ter sido obra de ninguém. Em conseqüência, a identidade e as intenções dos agentes revolucionários têm pouca relevância na interpretação tocquevilliana: "eles não tinham a mais vaga idéia disso", "nada estava mais distante de suas intenções", o "curso destinado" da Revolução não teve relação alguma com o que os revolucionários pensavam estar realizando.[23]

As três vertentes interpretativas compartilham esse descaso programático pelas intenções revolucionárias. Tocqueville e os que se inspiraram em sua análise negam a importância de quem eram ou o que pensavam os revolucionários, justificando que eles foram inconscientemente enredados em sonhos de poder absoluto, os quais, em última análise, moldaram o curso da Revolução.

Marxistas e revisionistas parecem reconhecer a importância da identidade social, mas, apesar de suas análises diferentes, acabam mostrando a mesma desconfiança tocquevilliana contra as intenções e objetivos revolucionários. Como a identidade dos revolucionários não se encaixa nas interpretações marxista e revisionista (os revolucionários não eram capitalistas, nem — após 1791 — nobres liberais e plebeus da elite), ambas acabam negando a importância de quem foram os revolucionários ou do que eles julgavam estar fazendo. Na interpretação marxista, os revolucionários facilitaram o triunfo do capitalismo mesmo enquanto expressavam hostilidade ao capital, e na revisionista os revolucionários equivocadamente tiraram o processo de sua trajetória de governo liberal de notáveis. O que os revolucionários pretendiam não foi o que resultou da Revolução, portanto o que eles pretendiam não tem importância. Assim, o enfoque nas origens e resultados faz com que o vivenciamento da Revolução em si pareça irrelevante.

Em conseqüência, as inovações revolucionárias nas formas e significados da política muitas vezes parecem predeterminadas ou inteiramente acidentais. Na interpretação marxista, o constitucionalismo liberal, a democracia, o Terror e o governo autoritário parecem ser todos assistentes da consolidação da hegemonia burguesa. Na análise tocquevilliana, todos servem ao progresso do poder centralizado. As explicações revisionistas são menos consistentes nesse aspecto, pois os revisionistas não se baseiam em um texto original comum, como as obras de Marx ou Tocqueville. Nos trabalhos de Richard Cobb, por exemplo, a política revolucionária expressa os ressentimentos e frustrações de uma minoria militante; não há uma lógica histórica imperativa por trás de suas ações. As pessoas tornam-se "terroristas", por exemplo, porque têm rancor contra os vizinhos.[24] Enquanto nas interpretações marxista e tocquevilliana a política da Revolução é determinada pela trajetória necessária das origens aos resultados, na versões revisionistas a política parece fortuita porque não se encaixa no esquema de origens—resultados. A conseqüência final, porém, é a mesma; a política perde importância como objeto de estudo.

Este livro tem por objetivo reabilitar a política da Revolução. Entretanto, não é, de modo algum, uma história política. Em vez de apresentar uma narrativa minuciosa dos eventos revolucionários, procurei revelar as regras do comportamento político. Os historiadores não podem simplesmente somar todas as intenções declaradas dos agentes individuais na Revolução para formar uma idéia do que aquelas pessoas pensavam a respeito do que estavam fazendo. Se houve alguma unidade ou coerência no vivenciamento da Revolução, ela proveio de valores comuns e expectativas compartilhadas de comportamento. Esses valores e expectativas são o principal enfoque de meu estudo. Os valores, expectativas e regras implícitas que expressaram e moldaram as intenções e ações coletivas são o que chamo de cultura política da Revolução; essa cultura política forneceu a lógica da ação política revolucionária.

A maioria dos estudiosos que agora enfatizam a "política" na Revolução Francesa fazem-no de um ponto de vista antimarxista. Em seu influente artigo sobre a riqueza não capitalista e as origens da Revolução Francesa, George V. Taylor concluiu que ela "foi essencialmente uma revolução política com conseqüências sociais, e não uma revolução social com conseqüências políticas".[25] François Furet tomou a distinção entre o social e o político e fez dela uma explicação para o Terror que, a seu ver, se baseou na "liberdade do social em relação ao político".[26] O Terror foi a conseqüência lógica da distorção revolucionária da relação normal entre sociedade e política; a política deixou de ser a arena para a representação de interesses sociais concorrentes e se tornou um instrumento apavorante para reestruturar a sociedade. Ambos os críticos questionaram as suposições de Marx sobre a relação entre política e sociedade. Afirmam que a política revolucionária não decorreu de precondições estruturais sociais; em vez disso, a política moldou a sociedade, ao menos em certos momentos.

O livro recente de Furet, *Penser la Révolution française*, tem o grande mérito de chamar a atenção para a importância do "político". Procurando solapar o "catecismo" de Marx, Furet salientou a necessidade de uma visão abrangente do político, não apenas como políticas, decisões e organizações, mas como a fonte de novos tipos de ações no mundo. Entretanto, sua própria análise da política revolucionária é inteiramente abstrata. Ele afirma que as inovações políticas da década foram revolucionárias por terem sido usadas para reestruturar a sociedade, mas dedica pouca atenção a mostrar como isso aconteceu ou quem participou desses esforços. Em conseqüência, embora Furet consiga admiravelmente contestar a dedução mecanicista da política a partir da estrutura social, faz com que a política revolucionária pareça desvinculada de qualquer contexto. A nova cultura política é movida apenas por sua própria lógica interna da democracia.[27]

Boa parte da dificuldade para analisar a relação entre política e sociedade nasce de nossa linguagem ordinária da análise social. Quando discutimos "o político", de imediato nos ocorrem metáforas de estrutura e especialmente de uma hierarquia de relações no espaço: níveis, camadas, bases, alicerces. A política parece assentar-se naturalmente em uma base ou subestrutura social, seja ou não a análise baseada em uma teoria especificamente marxista. Considera-se que redes, grupos, classes ou estruturas sociais dão à política seus padrões duradouros e também seu potencial para a mudança. Em conseqüência, a maioria dos debates, quer em geral, quer sobre a Revolução Francesa em particular, tem girado em torno da relação entre uma base social previamente existente e a organização política específica que se julga decorrente dessa base. O caráter da política é explicado mediante referência à sociedade, e mudanças na organização política são atribuídas a mudanças prévias nas relações sociais. Quase toda análise parte da suposição de que as características essenciais da política só podem ser explicadas por sua relação com uma base social. Mesmo os que tentam escapar desse modo de pensar muitas vezes acabam por confirmá-lo, a contragosto. Assim, Furet caracteriza o governo revolucionário como patológico em certo sentido, precisamente porque sua política não representa interesses sociais na acepção normal ou esperada. Quando a política vem primeiro, a situação é, por definição, anormal.

Na análise que apresento aqui, procurei evitar a metáfora dos níveis. A cultura política revolucionária não pode ser deduzida das estruturas sociais, dos conflitos sociais ou da identidade social dos revolucionários. As práticas políticas não foram simplesmente a expressão de interesses econômicos e sociais "subjacentes". Por meio de sua linguagem, imagens e atividades políticas diárias, os revolucionários trabalharam para reconstituir a sociedade e as relações sociais. Procuraram conscientemente romper com o passado francês e estabelecer a base para uma nova comunidade nacional. No processo, criaram novas relações (e tipos de divisões) sociais e políticas. Sua experiência de luta em ambas as áreas forçou-os a ver o mundo de outra forma.

Uma das mais decisivas conseqüências da tentativa revolucionária de romper com o passado foi a invenção da ideologia. Hesitantemente, e até com relutância, os revolucionários e seus oponentes acabaram percebendo que a relação entre política e sociedade era muito problemática. A tradição deixou de ser determinante, e o povo francês viu-se agindo segundo a convicção de Rousseau de que a relação entre o social e o político (o contrato social) podia ser reformulada. Quando se evidenciou a discordância quanto à natureza da reformulação, inventaram-se diferentes ideologias para explicar esse desdobramento. Socialismo, conservadorismo, autoritarismo e republicanismo democrático foram, todos, respostas práticas para a questão teórica proposta por Rousseau. Portanto, em vez de expressar uma ideologia, a política revolucionária criou a ideologia. No processo revolucionário, os franceses remodelaram as categorias de pensamento social e ação política.

Isso, porém, não quer dizer que a Revolução foi apenas intelectual ou que sua política teve primazia sobre a sociedade (e não vice-versa). A Revolução na política foi uma interação explosiva entre idéias e realidade, entre intenção e circunstância, entre práticas coletivas e contexto social. Se a política revolucionária não pode ser deduzida a partir da identidade social dos revolucionários, também não pode ser desvinculada dessa identidade: a Revolução foi feita por pessoas, e algumas delas foram mais atraídas do que outras pela política da Revolução. Uma metáfora melhor para a relação entre sociedade e política é o nó ou a fita de Möbius, pois os dois lados foram inextricavelmente interligados, sem um "acima" e um "abaixo" permanentes. A política da Revolução agradou a certos indivíduos e grupos, e eles por sua vez moldaram seus usos. A nova classe política (considerando-se "classe" em um sentido amplo) não só formou a política revolucionária, mas também foi formada por sua relação com ela.

Assim, para reconstruir a lógica da ação e inovação revolucionária é essencial examinar a política da Revolução e as pessoas que a executaram. Meu argumento é que houve ajustamento ou afinidade entre esses dois elementos, e não que um possa ser deduzido do outro. A cultura política da Revolução expressou-se por meio de práticas simbólicas, como linguagem, imagens e gestos. Essas práticas simbólicas foram adotadas com mais entusiasmo em alguns lugares e por alguns grupos. Em muitos aspectos, as práticas simbólicas — o emprego de determinada retórica, a disseminação de certos símbolos e rituais — deram existência à nova classe política; por exemplo, falar em regeneração nacional e festivais da federação deu à nova elite política um sentimento de unidade e propósito. Por outro lado, as diferenças na recepção das novas práticas também tiveram impacto sobre o modo como a política revolucionária funcionou, e especialmente sobre seus êxitos e fracassos. A retórica do universalismo não agradou a todos, mas atraiu um número de pessoas suficiente para tornar sua influência profunda e duradoura.

Para fins analíticos, a política e as pessoas que a praticaram foram separadas. Os três capítulos da Parte I investigam a lógica da ação política como ela se expressou simbolicamente: no modo como as pessoas falavam e nas maneiras como inseriam a Revolução e a si mesmas como revolucionárias em imagens e gestos. Os capítulos da Parte II estabelecem o contexto social da experiência revolucionária e em particular as disparidades nessa experiência. Quais eram as linhas das divisões geográficas e sociais na França revolucionária e onde a cultura política revolucionária foi mais bem recebida? Em ambas as partes, enfatiza-se a criação de uma nova cultura política, ou seja, os meios pelos quais "a Revolução" tomou forma como experiência coerente. Não faltam trabalhos mostrando que a Revolução significou coisas diferentes para diferentes pessoas.[28] Procurei mostrar, ao contrário, como ela veio a ter alguma unidade, mesmo em sua diversidade. A unidade e a coerência vieram de diversas fontes, que são analisadas aqui sob duas categorias gerais: o simbólico e o social. As fontes simbólicas de unidade incluíam a constante repetição de palavras-chave e princípios, atitudes comuns com respeito à política como atividade e uso dos mesmos símbolos, como a árvore da liberdade ou representações femininas da República. As fontes sociais de coerência incluem o destaque dos mesmos tipos de líderes em diferentes lugares e dos mesmos tipos de lugares na vanguarda da ação revolucionária.

Embora o tema deste livro seja a política, pouco se fala aqui de políticas específicas, políticos, conflitos partidários, instituições ou organizações formais. Em vez disso, enfatizo os padrões básicos na cultura política que possibilitaram o surgimento de diretrizes distintas e o aparecimento de novos tipos de políticos, conflitos e organizações. Em vez de, por exemplo, dar destaque ao teto de preço para os grãos, a Robespierre ou aos clubes jacobinos, chamo a atenção para os princípios gerais da linguagem revolucionária, para a operação de símbolos revolucionários e para a preocupação generalizada com rituais e gestos. Investir ações simbólicas de significado político deu às diretrizes, aos indivíduos e às organizações específicas um impacto maior do que teriam em tempos não revolucionários.

Esse método de análise baseia-se na obra de três historiadores franceses que foram pioneiros no estudo da cultura política revolucionária (embora eles não necessariamente empreguem esse termo). O primeiro é François Furet, que mais do que ninguém contribuiu para reviver os debates históricos e dar-lhes novas direções. Em uma linha mais específica, Maurice Agulhon mostrou como as imagens da República em selos e estátuas moldaram ativamente as percepções políticas dos franceses.[29] Nessa mesma linha, Mona Ozouf demonstrou como os festivais revolucionários foram usados para forjar um novo consenso nacional.[30] Os estudos de Agulhon e Ozouf mostram que as manifestações culturais foram parte integrante da política revolucionária, e Ozouf, em especial, demonstra que houve uma lógica nos rituais revolucionários. Os historiadores não podem mais supor que a política existe em uma esfera claramente separada da cultura.

A maior realização da Revolução Francesa foi a instituição de uma cultura política drasticamente nova. A Revolução não surpreendeu seus contemporâneos porque assentou os alicerces para o desenvolvimento capitalista ou para a modernização política. Os ingleses descobriram modos mais eficazes de fomentar o primeiro, e os prussianos mostraram que um país podia buscar esta última sem democracia ou revolução. A Revolução na França contribuiu pouco para o crescimento econômico ou a estabilização política. O que a Revolução efetivamente estabeleceu, porém, foi o potencial mobilizador do republicanismo democrático e a arrebatadora intensidade da mudança revolucionária. A linguagem da regeneração nacional, os gestos de igualdade e fraternidade e os rituais do republicanismo não foram logo esquecidos. Democracia, terror, jacobinismo e o Estado policial tornaram-se, todos, características recorrentes da vida política.

As origens da nova cultura política nos anos ou décadas anteriores a 1789 não foram muito evidentes, e seu resultado, à primeira vista, não foi marcante: Napoleão e os Bourbon depois dele empenharam-se imensamente para eliminar todos os vestígios daquela cultura e, em muitos aspectos, parecem ter conseguido. Entretanto, a nova tradição revolucionária, com seus valores e expectativas, não desapareceu. Mesmo fora da França, continuou a ter uma vida pujante na clandestinidade, e seu espectro foi mantido vivo nos temores e escritos dos defensores dessa nova ideologia — o conservadorismo. Mesmo nos novos poderes policiais criados para contê-la, a memória da Revolução continuou. Depois que os revolucionários agiram segundo a convicção de Rousseau de que o governo podia formar um novo povo, o Ocidente nunca mais foi o mesmo.

PARTE I
A POÉTICA DO PODER

1. A retórica da Revolução

"*Les mots, comme les choses, ont été des monstruosités.*"*

Após a queda de Robespierre**, o eminente crítico literário e escritor Jean-François La Harpe publicou uma longa reflexão intitulada *Du fanatisme dans la langue révolutionnaire*.¹ Os argumentos de La Harpe não foram, em si, surpreendentes: ele vinculou as perversidades da Revolução à Constituição Civil do Clero e atribuiu o frenesi "deste abominável espírito revolucionário" à *philosophie* que saíra de controle. Mais instrutiva, porém, é a convicção de La Harpe de que a explicação para as aberrações da Revolução estava na linguagem. Na verdade, ele pouco analisou a linguagem em si; interessou-se mais em criticar suas conseqüências do que em examinar-lhe as causas ou o funcionamento. Ainda assim, seu virulento panfleto é significativo, pois mostra que os próprios

---
* "As palavras, como as coisas, eram monstruosidades."
**Ver a breve cronologia de importantes datas revolucionárias apresentada no início do livro.

revolucionários reconheceram a importância da linguagem na Revolução.

O desmoronamento do Estado francês após 1786 provocou uma avalanche de palavras na imprensa, nas conversas e nas reuniões políticas. Circulavam em Paris na década de 1780 algumas dezenas de publicações periódicas, raras delas destinadas ao que chamamos de notícias; entre 14 de julho de 1789 e 10 de agosto de 1792 apareceram mais de quinhentas.[2] Coisa semelhante aconteceu com o teatro: em contraste com o punhado de novas peças produzidas anualmente antes da Revolução, pelo menos 1500 novas obras, muitas delas sobre temas revolucionários, foram produzidas entre 1789 e 1799, e mais de 750 foram encenadas apenas nos anos 1792-4.[3] Clubes políticos proliferaram em todos os níveis, e assembléias eleitorais pareceram realizar-se quase continuamente durante os exaltados primeiros anos da Revolução. Adicionaram-se a essas ocasiões incontáveis festivais organizados por todo o país para comemorar e celebrar.[4] Em suma, falar esteve na ordem do dia por toda parte.

As palavras jorraram, porém mais importante foi seu caráter único, mágico. Desde o início da Revolução, foram impregnadas de grande arrebatamento. No outono de 1789, a pergunta *Etes-vous de la Nation?* tornou-se a senha das patrulhas da Guarda Nacional.[5] À medida que ruiu a posição sagrada do rei na sociedade, a linguagem política tornou-se cada vez mais investida de significado emocional, até mesmo de vida e morte. Palavras associadas ao Antigo Regime, nomes contaminados com realismo, aristocracia ou privilégio tornaram-se tabu. *Procureurs* e *avocats* (profissionais do ramo jurídico do Antigo Regime) tornavam-se *hommes de loi* (simplesmente "homens da lei") se quisessem continuar na profissão; *impôts* foram substituídos por *contributions*, que soavam mais voluntárias. Todos os nomes que eram identificados com valores do Antigo Regime foram suplantados por novas designações revolucionárias (muitas vezes gregas ou romanas). Bebês foram batizados com nomes de heróis clássicos, as províncias históricas deram lugar a departamentos geograficamente identificados, e cidades rebeldes tiveram seus nomes mudados ao serem retomadas. No auge da preocupação com nomes, em 1793, uma comissão de uma das seções de Paris sugeriu à Convenção Nacional que sistematicamente trocasse os nomes de ruas e praças para os nomes de "todas as virtudes necessárias à República". Isso daria ao povo "um silencioso curso de ética".⁶ Certas palavras-chave serviam como encantamentos revolucionários. Talvez a mais universalmente sagrada fosse "nação", mas também havia *patrie*, Constituição, lei e, mais específicas para os radicais, regeneração, virtude e vigilância. Proferidas em certo contexto ou incluídas em expressões fixas convencionais que logo se tornariam muito familiares, essas palavras anunciavam nada menos que a adesão à comunidade revolucionária. Os revolucionários davam toda essa ênfase ao emprego ritual das palavras porque estavam à procura de um substituto para o carisma da realeza.

Entre as palavras rituais, a mais destacada era o juramento revolucionário, ou o que La Harpe desmereceu como "a incurável mania de juramentos".⁷ Como demonstrou Jean Starobinski, o voto revolucionário de lealdade tornou-se um ritual importante porque ressaltava o contraste entre a soberania nacional e a autoridade dos reis. Os reis recebiam a "insígnia sobrenatural do poder" de um Deus transcendente durante a cerimônia da consagração; em contraste, o voto revolucionário de lealdade criava a soberania a partir da comunidade.⁸

As interpretações da linguagem revolucionária não coincidem precisamente com as três escolas descritas na introdução. Existem posições marxistas e tocquevillianas sobre a linguagem, mas até agora não há uma posição revisionista. O interesse marxista na linguagem revolucionária é relativamente recente, e até o

43

momento os historiadores revisionistas, quando mostraram algum interesse pela linguagem, têm seguido as linhas gerais da análise de Tocqueville. Uma terceira interpretação da linguagem revolucionária é a que podemos chamar de posição durkheimiana, ou seja, uma análise que salienta as funções culturais e especialmente integradoras da linguagem revolucionária. Todas essas três posições partem da suposição comum de que o significado "real" da linguagem está de alguma forma oculto, e o mais das vezes se considera que a tarefa da análise é desmascará-lo.

Na análise marxista, a linguagem política é vista como expressão da ideologia. Nessa visão, a retórica revolucionária esconde interesses sociais reais, em particular os objetivos de classe da burguesia. O próprio Marx ressaltou a falsa consciência dos revolucionários franceses: "Nas condições classicamente austeras da república romana, seus gladiadores [os da sociedade burguesa] descobriram os ideais, as formas de arte e os auto-enganos de que precisavam para esconder de si mesmos as limitações burguesas do conteúdo de suas lutas".[9] Nicos Poulantzas manteve essa posição geral quando afirmou que o "aspecto político burguês" da ideologia jacobina "é mascarado pelo fato de que sua linguagem é uma linguagem ética, e não política".[10] Na mesma linha, Jacques Guilhaumou caracterizou a retórica radical do Père Duchesne como camuflagem para uma concepção burguesa de democracia por trás de "uma forma que deseja ser sans-culotte".[11] Em todas essas interpretações, o discurso burguês apenas finge ser o que não é — um instrumento ideológico da hegemonia política e social burguesa.

Recentemente, alguns historiadores marxistas começaram a afastar-se dessa visão reducionista da linguagem. O próprio Guilhaumou escreveu que o discurso jacobino não pode ser reduzido a mascaramento e embuste. Contudo, embora ele e Régine Robin reconheçam que a linguagem é algo mais que um reflexo da realidade social ou um mecanismo para sua reprodução, ainda trabalham com uma estrutura de análise relativamente inflexível. Fundamentam a argumentação em determinada "conjunção" de circunstâncias, que definem como "a unidade de contradições de uma formação social em dado momento, uma unidade sobredeterminada no nível político".[12] Essa interpretação pode dar mais complexidade à análise marxista da linguagem revolucionária, mas ainda se baseia na metáfora implícita da subestrutura e superestrutura; a formação social jaz sob o nível da política e da linguagem, e a linguagem expressa essas contradições básicas. Somente se pode compreender o discurso político mediante referência a um nível "extralingüístico".[13]

A posição tocquevilliana não vê a linguagem como um instrumento ideológico do conflito de classes, mas também enfatiza o elemento do auto-engano. Na visão de Tocqueville, os revolucionários "acalentavam a tola esperança de que uma transformação súbita e radical de um sistema social muito antigo e complexo poderia ser efetuada quase sem dificuldades, unicamente sob os auspícios e eficácia da razão". Sua "predileção por amplas generalizações, sistemas legislativos predeterminados e uma simetria pedante" impediu-os de ver que na verdade estavam reproduzindo o poder absoluto do Antigo Regime que odiavam.[14] Em *Penser la Révolution française*, François Furet revive a posição tocquevilliana e lhe dá um viés semiológico. Para Furet, o véu da linguagem não só esconde a verdade da continuidade política, mas também, ao mesmo tempo, substitui as realidades da competição política: "o discurso substitui o lugar do poder", e assim "o circuito semiótico é o senhor absoluto da política".[15] Como a relação normal entre sociedade e política foi perturbada, a política torna-se uma luta pelo direito de falar em nome da nação. A linguagem torna-se uma expressão do poder, e este é expresso pelo direito de falar em nome do povo. A importância incomum da linguagem na Revolução foi um sinal de quanto a sociedade francesa saíra dos trilhos.

Mona Ozouf apresentou uma eloqüente posição alternativa em sua análise dos festivais revolucionários. Em vez de desmascarar o conteúdo social ou os engodos políticos dos festivais, ela examina suas funções rituais segundo as linhas durkheimianas. O próprio Durkheim usou a obra de Albert Mathiez sobre cultos revolucionários e citou muitos exemplos da Revolução para ilustrar seus argumentos sobre a religião.[16] Para Ozouf, os numerosos e aparentemente conflitantes festivais revelam uma profunda "conceitualização idêntica", "uma idêntica necessidade coletiva". Os festivais efetuavam "uma transferência de sacralização" para a nova comunidade revolucionária. Por meio da instituição do festival, "o discurso da Revolução sobre si mesma" revelou-se um esforço para formar uma nova nação sobre a base de um novo consenso.[17] A linguagem do ritual e a linguagem ritualizada tinham a função de integrar a nação. Expressavam a necessidade da solidariedade social.[18]

A análise histórica da linguagem é especialmente suscetível ao tropo de camadas e níveis; afinal, geralmente se considera que a linguagem expressa alguma outra coisa, algo mais "real" do que as próprias palavras. A leitura da linguagem revolucionária comumente decorre de alguma suposição anterior: a linguagem é um instrumento de conflito social (a posição marxista), a linguagem é um veículo de auto-engano político (a posição tocquevilliana) ou a linguagem é a portadora da integração cultural (a posição durkheimiana). Cada um desses pontos de vista tem seus méritos, que não são necessariamente incompatíveis. Mas proponho aqui um ponto de partida diferente: a retórica dos próprios revolucionários. Em vez de remover verticalmente as camadas para chegar ao que os revolucionários "realmente" quiseram dizer, proponho olharmos a linguagem mais horizontalmente, ou seja, segundo seus padrões internos e suas conexões com outros aspectos da cultura política. Em vez de procurar sob as palavras ou fora delas, por assim dizer, o significado do discurso político, tentarei primeiro elucidar seu contexto retórico.

A linguagem revolucionária não simplesmente refletiu as realidades das mudanças e conflitos revolucionários; ela própria foi transformada em instrumento de mudança política e social. Neste sentido, a linguagem política não foi meramente a expressão de uma posição ideológica determinada por interesses políticos e sociais subjacentes. A própria linguagem ajudou a moldar a percepção dos interesses e, portanto, o desenvolvimento de ideologias. Em outras palavras, o discurso político revolucionário foi retórico; foi um meio de persuasão, um modo de reconstituir o mundo social e político. La Harpe reconheceu o poder retórico da linguagem revolucionária quando anunciou a intenção de caracterizar a Revolução "pelo exame de sua linguagem, que foi seu principal e mais surpreendente instrumento". Ele quis "demonstrar que o *establishment*, a consagração jurídica de sua linguagem, foi um evento único, um escândalo inédito no universo, e absolutamente inexplicável a não ser por vingança divina".[19]

"Vingança divina" não é mais um argumento usual no repertório das explicações históricas. Para compreender como a retórica política pôde tornar-se um "escândalo inédito" e o "principal instrumento" da Revolução, proponho tratarmos a retórica revolucionária como um texto, nos moldes da crítica literária. Nem é preciso dizer, porém, que não existe um só modo de se fazer crítica literária; os críticos literários discordam no mínimo tanto quanto os historiadores quanto às suas abordagens metodológicas. Os novos críticos, estruturalistas, pós-estruturalistas, teóricos da recepção, para mencionar apenas alguns, discordam em quase tudo.[20] Ainda assim, os debates em teoria literária abrem muitas possibilidades para os historiadores. Se, por exemplo, considerarmos que os diversos pronunciamentos de políticos revolucionários constituem um texto, as controvérsias acerca da natureza dos textos e os métodos para sua interpretação tornam-se diretamente relevantes.

Por sua própria natureza, a retórica revolucionária ensejou muitas das questões comuns à crítica literária atual. Os critérios de interpretação política foram tão disputados na década de 1790 quanto os critérios de interpretação literária o são em nossa época. Assim como agora os críticos literários analisam a natureza da autoria, o público, as estruturas do enredo e as funções narrativas, durante a Revolução os oradores políticos preocupavam-se com autoridade, público e interpretação correta da história revolucionária. Quando os deputados do Terceiro Estado decidiram intitular-se, e a todos os que se juntassem a eles, "Assembléia Nacional", contestaram a base tradicional da monarquia e trouxeram à baila questões gerais sobre a localização da autoridade. Os deputados reivindicaram soberania para a nação, mas, nos anos subseqüentes, a questão de quem falava pelo Estado nunca ficou definitivamente resolvida na França.[21]

Em outras palavras, a autoridade — a autoria do texto revolucionário — era incerta. O carisma do rei, tradicional centro sagrado da autoridade, foi diminuindo constantemente, mas nenhuma pessoa, instituição ou documento conseguiu ocupar seu lugar. Onde estava o centro sagrado da nação regenerada? Antes da ascensão de Napoleão ao poder, não houve líderes individualmente carismáticos; a França não possuiu um equivalente de George Washington, embora não faltassem aspirantes ao papel, e a nova nação não reconheceu nenhum *founding father*. A Revolução não teve origens paternas nem uma linhagem definida. Nenhuma das numerosas constituições e assembléias nacionais conseguiu tornar-se o ponto de referência fixo para a nação. Em conseqüência desse constante deslocamento da autoridade política, o carisma acabou por situar-se mais concretamente em palavras, ou seja, na capacidade de falar pelo Estado. A linguagem revolucionária era "fanática" na acepção de La Harpe, porque havia sido investida de autoridade sagrada. Embora o "texto" da Revolução fosse sagrado, também esteve em constante mudança. Não houve uma Bíblia revolucionária que pudesse servir como fonte de confirmação e santificação da prática revolucionária. A retórica francesa da Revolução teve de suprir sua própria hermenêutica: embutidos na prática da política e no discurso político estavam os princípios ou cânones segundo os quais essa prática podia ser medida. Entretanto, a nova retórica não foi criada de uma vez, tampouco seus princípios foram fixados definitivamente. Para agravar a dificuldade, muitos desses princípios retóricos não foram examinados, apesar de seu autoproclamado caráter inédito ou justamente por causa dele. Os revolucionários moldaram sua retórica espasmodicamente após 1789, e foi só no calor da luta política que deram clareza a seus princípios.

A retórica revolucionária adquiriu sua unidade textual da convicção de que os franceses estavam fundando um novo país. A nação e a Revolução eram constantemente citadas como pontos de referência, mas vinham sem uma história. Como proclamou um revolucionário do departamento de Meurthe,

> uma revolução nunca é feita pela metade; tem de ser total, ou abortará. Todas as revoluções que a história conservou para a memória, assim como as que se tentou fazer em nossa época, fracassaram porque as pessoas quiseram combinar leis novas com costumes velhos e gerir instituições novas com homens velhos. [...] REVOLUCIONÁRIO significa fora de todas as formas e de todas as regras; REVOLUCIONÁRIO significa o que afirma, consolida a revolução, o que remove todos os impedimentos a que ela progrida.[22]

O desejo de romper com o passado nacional distinguiu o movimento revolucionário francês de revoluções anteriores. A nova comunidade de radicais americanos era uma tradição viva; os americanos sempre haviam habitado um "novo mundo" distante do que viam como a corrupção da política inglesa. Os radicais ingleses identificavam-se com a comunidade mais pura de seus antepassados saxões e dissidentes. A retórica revolucionária francesa não continha nada parecido; os franceses não possuíam uma longa tradição de instrução popular motivada pela dissensão religiosa, e não havia direitos inatos reconhecidos dos franceses "nascidos livres" para sustentar e animar a retórica revolucionária.[23] Em vez disso, os franceses apoiavam-se no que chamarei de "presente mítico", a criação instantânea da nova comunidade, o momento sagrado do novo consenso. Os juramentos rituais de lealdade proferidos ao pé de uma árvore da liberdade ou recitados em massa durante os numerosos festivais revolucionários comemoravam e recriavam o momento do contrato social; as palavras rituais faziam o presente mítico ganhar vida, repetidamente.[24]

Essencialmente, não se datava o presente mítico, e assim a própria história da Revolução estava sempre em andamento. As constantes mudanças nos festivais revolucionários atestam sua ambigüidade temporal; cada regime e cada facção expressaram sua interpretação da lógica histórica da Revolução escolhendo datas diferentes para celebrar.[25] O Dia da Bastilha (14 de julho) sempre foi um forte candidato à data de fundação da nova comunidade por ter sido anterior a todos os demais; porém, conforme a Revolução avançou, outras datas assumiram significado igual e às vezes superior: a derrubada da monarquia em 10 de agosto (1792), a execução do rei em 21 de janeiro (1793) e a queda de Robespierre em 9 termidor (ano II). Contudo, apesar de todas as diferenças, os festivais tiveram em comum o intuito de recriar o momento do novo consenso. Os festivais lembravam os participantes de que eles eram os heróis míticos de sua própria epopéia revolucionária.

Embora fosse proferida com fervor religioso, a linguagem

revolucionária possuía conteúdo resolutamente secular. Quando as linhas de batalha com a Igreja tornaram-se mais claras, o que ocorreu quase imediatamente, os revolucionários eliminaram de seu vocabulário a maioria das referências positivas ao cristianismo. A rejeição de referências cristãs ou católicas foi mais um modo de anunciar o rompimento revolucionário com o passado francês e europeu. O novo contrato social não necessitava de analogias com alianças bíblicas; alicerçava-se na razão e nos direitos naturais do homem. Os revolucionários rejeitaram o passado nacional francês e foram buscar inspiração em modelos romanos e gregos. Todos os homens instruídos do século XVIII tinham algum conhecimento dos clássicos, mas os radicais revolucionários, indivíduos como Camille Desmoulins, Saint-Just e Robespierre, encontraram neles lições para instituir uma nova ordem; adaptaram a história clássica para um modelo utópico de sociedade nova e inocente, uma república ideal.[26]

Na visão revolucionária da história, os republicanos da Grécia e de Roma haviam inventado a liberdade, e a missão da França era levar essa boa-nova a todos os homens. O conservador editor da *Gazette de Paris* reconheceu as implicações dessa posição já em julho de 1790. Comentando sobre o Festival da Federação, ele declarou: "[O Festival] está sendo comparado aos realizados na Grécia e em Roma. As pessoas esquecem que sempre estão sendo citadas repúblicas como modelos. [...] Somos uma monarquia. [...] Não sejais romanos nem gregos; sede franceses". E no dia seguinte expôs a visão conservadora da história:

> Ah! Não mudemos nossas antigas fórmulas [*Vive le Roi* e *Vive la Reine* estavam dando lugar a *Vive la Nation*]. Herdeiros dos francos, que mediam sua grandeza segundo a grandeza ainda maior de seus chefes, lutemos, amemos, vivamos e morramos como eles, fiéis aos princípios de nossos pais [...] somos uma grande família reunida

sob o olhar de seu chefe. [...] Como todos juramos ser irmãos, temos um pai comum."[27]

A posição conservadora ligava monarquia, tradição e autoridade paterna ao modelo histórico dos francos, que por muito tempo foi um ponto de referência muito usado pelos que defendiam as prerrogativas dos nobres contra usurpações absolutistas. E os conservadores explicitamente insistiam em manter a retórica tradicional — "nossas antigas fórmulas". Os jornais conservadores dedicavam muito espaço a paralelos com a história francesa passada, e, na Assembléia, oradores conservadores usavam exemplos do passado na argumentação.[28]

Os radicais, em contraste, associavam liberdade e ruptura com o passado ao modelo dos Antigos, que representava não exatamente o passado, mas um modelo de sociedade futura. Como proclamou um documento radical de 1793: "Para ser um verdadeiro republicano, cada cidadão tem de vivenciar e ocasionar em si mesmo uma revolução igual à que mudou a França. Não há nada, absolutamente nada em comum entre o escravo de um tirano e o habitante de um Estado livre; os costumes deste último, seus princípios, seus sentimentos, sua ação, tudo tem de ser novo".[29] A ênfase no ineditismo às vezes chegava a ponto de negar também a autoridade dos Antigos. Em seu pioneiro "Relatório e projeto para um decreto sobre a organização geral da educação pública", de abril de 1792, Condorcet não mediu palavras:

> Finalmente, já que é necessário dizer tudo, já que todos os preconceitos devem hoje desaparecer, [afirmo que] o longo, cuidadoso estudo das línguas antigas [...] talvez seja mais prejudicial do que útil. Estamos buscando uma educação que revele verdades, e esses livros estão repletos de erros. Estamos buscando educar a razão, e esses livros podem desencaminhá-la. Estamos tão distantes dos

1. FESTIVAL DA LIBERDADE, OUTUBRO DE 1792

A Estátua da Liberdade foi colocada no pedestal anteriormente ocupado pela estátua de Luís XV. Gravura de Révolutions de Paris, *nº 171*

(Foto de Lynn Hunt)

Antigos, estamos tão à frente na estrada para a verdade, que é necessário termos nossa razão já bem preparada a fim de que ela seja enriquecida em vez de corrompida por esses preciosos remanescentes.[30]

A ruptura radical com a tradição e com a justificação da autoridade por referência a origens históricas também implicou a rejeição de modelos paternalistas ou patriarcais de autoridade. No selo oficial, nas gravuras e impressos representando a nova república e nos *tableaux vivants* dos festivais, as alegorizações femininas de derivação clássica substituíram as representações do rei (ver ilustração 1). Essas figuras femininas, fossem mulheres vivas ou estátuas, sempre estavam sozinhas, sentadas ou em pé, muitas vezes cercadas por emblemas abstratos de autoridade e poder. A República podia ter seus filhos e até seus defensores masculinos, mas nunca havia um pai presente.[31]

Os conservadores, na defensiva, reconheceram primeiro que os modelos históricos, metáforas familiares e a natureza da autoridade eram intimamente ligados na retórica política. Os elementos díspares da retórica radical, muito menos interligados, demoraram mais a ser desenvolvidos. Contudo, desde o início os radicais trataram de subverter as tradicionais analogias familiares com o poder. Pareciam estar retoricamente matando o rei, seu pai, muito antes de a Convenção votar de fato pela sentença de morte. Os radicais eram irmãos defendendo a virtude de *la Nation* e *la Liberté,* mas não havia franceses "Filhos da Liberdade". Radicais no distante departamento do Gers reconheceram essa situação quando proclamaram em um de seus discursos: "O povo francês deseja ser e tem de ser apenas uma família de irmãos, igualmente amados e protegidos por sua mãe comum".[32] Em 1793 o assassinato implícito do pai simbólico tornou-se mais explícito.[33] O rei foi executado, e até mesmo o Deus cristão foi contestado no movimento de descristianização. Em Festivais da

Razão por todo o país, deusas da liberdade ocuparam os lugares sagrados.

Quando os revolucionários cortaram as amarras das concepções patriarcais, foram tomados por um conjunto dicotômico de sentimentos tempestuosos: de um lado, o arrebatamento de uma nova era; de outro, um pressentimento sinistro sobre o futuro. Um presente mítico e uma linguagem carismática eram alicerces frágeis para uma nova comunidade cujas fronteiras estavam mal definidas. O lado oposto do presente mítico da regeneração nacional era a enorme preocupação coletiva com a solidez do novo consenso. Os puritanos ingleses no início do século XVII estavam convictos de sua "vocação" e de seu status especial de "eleitos" muito antes de terem tido oportunidade de agir na arena política nacional.[34] Os americanos radicais do fim do século XVIII contaram com pelo menos uma década de intensa educação e prática política antes de efetivamente tentarem separar as colônias da Inglaterra, e quando enveredaram por esse caminho falaram a linguagem que os whigs e radicais ingleses já haviam desenvolvido.[35] Os radicais franceses, em contraste, viram-se em meio a uma revolução antes de terem tido muita chance de refletir sobre sua precária posição.

A novidade da retórica revolucionária francesa não emana de suas propriedades formais, ou seja, de sua estrutura retórica no restrito sentido clássico do termo. Os *collèges* clericais do Antigo Regime haviam fornecido a revolucionários e não-revolucionários um estoque de lugares-comuns clássicos e neoclássicos.[36] Quase todos os discursos proferidos em tribuna nas várias assembléias nacionais foram redigidos de antemão, e geralmente seguiram a ordem ou *dispositio* sugeridos por Quintiliano: primeiro o *exordium*, ou introdução geral, depois a apresentação do assunto, usualmente na forma de narração dos acontecimentos, seguida pelos argumentos em favor da posição do orador e pela refutação dos argumentos dos oponentes, e finalmente a peroração, na qual o orador resumia sua argumentação e tentava influenciar o público apelando para as emoções.³⁷ Essa ordem clássica derivava da oratória judicial, o que não é de surpreender, pois foi precisamente o tipo de treinamento mais útil para os advogados que dominaram a política nacional durante a Revolução. A ordem dos discursos, o uso de figuras e paradigmas e o recurso a exemplos clássicos provêm de exercícios de retórica feitos nos bancos escolares.³⁸ As idéias políticas expressas nessa forma retórica clássica foram decisivamente moldadas por avanços intelectuais e políticos dos séculos XVII e XVIII. Como explicou Kingsley Martin há mais de cinqüenta anos: "O novo credo, que tomara forma gradativamente nas mentes de cientistas e eruditos no século XVII, tornara-se religião para os deputados que se reuniam nos Estados Gerais".³⁹ Locke, Newton, Bayle, Fénelon e os *philosophes* haviam preparado o caminho. Até mesmo as cortes aristocráticas haviam usado a linguagem do Iluminismo em seus esforços para opor-se à Coroa; a partir da década de 1770, e mais incisivamente na década seguinte, o Parlement de Paris protestou em nome dos direitos dos "cidadãos" e da "nação".⁴⁰ Tampouco as questões do republicanismo e da democracia, bem como a linguagem da virtude *versus* corrupção, foram inventadas pelos franceses; isso tudo fazia parte do que J. G. A. Pocock denomina "a Tradição Republicana Atlântica", cujas origens ele identifica na Florença renascentista.⁴¹

Os revolucionários franceses aprenderam a linguagem da reforma e da oposição com os *philosophes* e *parlementaires* (magistrados da suprema corte), mas tiveram de inventar a linguagem da revolução para uso próprio. As esparsamente povoadas colônias do outro lado do Atlântico declararam sua independência; a mais populosa nação da Europa Ocidental estava conscientemente fazendo algo inédito no mundo, uma revolução, palavra que antes de 1789 — mesmo na América — em geral se referia a um retorno a algum estado anterior, e não a um salto para o futuro.⁴² Não havia uma Era de Ouro histórica ou religiosa no passado francês que os radicais pudessem ter esperança de reviver; havia apenas coragem diante de um futuro imprevisível e de um presente instável.

Pode-se perceber a incerteza quanto aos rumos da Revolução na transformação das estruturas narrativas que fundamentaram a retórica revolucionária. Nos primeiros meses da Revolução, boa parte da retórica foi inconscientemente moldada pelo que Northrup Frye chama de "enredo genérico" de comédia.[43] A comédia gira em torno de um conflito entre uma ordem social mais antiga (a expressão *Ancien Régime* foi inventada nesse período inicial) e uma nova ordem, e esse conflito muitas vezes é representado como o que divide um filho desejoso de liberdade de um pai mais arbitrário e convencional. No enredo da comédia, os "personagens bloqueadores" (o pai, ou, na França, o rei) em geral se resignam em vez de serem totalmente repudiados. A reconciliação final, a feliz ascensão da nova sociedade, é simbolizada por um ritual festivo, que muitas vezes ocorre no fim da ação.

Nada revela melhor a estrutura de comédia na retórica revolucionária do que os comentários sobre o Festival da Federação de 14 de julho de 1790 (ver ilustração 2). As descrições do Festival de Paris, quer feitas por conservadores, quer por radicais ainda novatos, ressaltam o desejo de reconciliação e reunião feliz: "Pelo caminho, nas janelas, nos telhados, por toda parte os homens não cabiam em si de contentamento, arrebatados por uma sábia alegria que em nada se assemelhava à alegria irrefreada de escravos".[44] Súditos haviam se tornado cidadãos, e o próprio rei parecia aprovar o surgimento de uma nova sociedade. Liderados por Lafayette, as novas autoridades, a Guarda Nacional, tropas de linha e até mesmo batalhões de crianças de oito a dez anos faziam o juramento comum de serem eternamente fiéis à nação, à lei e ao rei. Davam-se graças publicamente pelo "inseparável laço entre todos os franceses, independentemente de idade, sexo, posição social ou ocupação".[45] Até o influente jornal conservador *L'Ami du Roi* noticiou que a Federação estava celebrando "a mais surpreendente época de nossa história". O editor descreveu vários incidentes que demonstravam "o amor inato no coração de todo o povo francês pela pessoa do rei e pela família real".[46] O Festival tornou a unir a família francesa, com o reconhecimento de que o pai havia cedido às urgentes reivindicações dos filhos.

A reconciliação não durou, porém, e a narrativa da Revolução não se encerrou em 1790. O rei aquiescera só na aparência, e os radicais não estavam satisfeitos com a restauração da harmonia familiar. Conforme os radicais começaram a dominar o discurso político em 1792, especialmente depois da proclamação da República em setembro, o enredo genérico passou de comédia a romance. Agora a Revolução parecia mais uma busca, na qual os heróis eram os irmãos da fraternidade revolucionária que enfrentavam uma série de lutas de vida ou morte com as forças demoníacas da contra-revolução.

O romance, como Frye o caracteriza, não favorece personagens complexos ou sutis; de um lado estão os heróis quase míticos, e do outro os vilões, os covardes, os dragões.[47] Os republicanos em 1792 e 1793 ressaltavam a natureza titânica de sua luta para libertar a França, sua distância do passado, as virtudes de seus esforços e a absoluta vilania de seus oponentes. Não havia mais uma família feliz, mas existia ainda grande confiança na capacidade dos republicanos para remodelar a França à imagem da virtude. Um deputado de pouca projeção captou a urgência desse empenho ao proclamar: "O momento da catástrofe chegou. Todos os preconceitos têm de cessar imediatamente. Precisamos aniquilá-los, ou seremos esmagados. Entre 10 de agosto [1792] e 1 de janeiro [1793], temos de atravessar o espaço de vários séculos com ousadia e coragem".[48] Ele fez essa declaração em meados de dezembro de 1792, pouco antes do suposto término de seu prazo final. No

2. FESTIVAL DA FEDERAÇÃO, PARIS, JULHO DE 1790
(*Foto do Cabinet des Estampes, cedida pela Bibliothèque Nationale*)

pronunciamento, recomendou a seus colegas deputados justamente as virtudes tão características dos romances: ousadia, coragem e arrojo.

Como os esperados saltos para o futuro depararam com crescentes obstáculos e o "enorme abismo entre o que somos e o que poderíamos ser" visto por Grégoire em janeiro de 1794 (ver introdução) não diminuiu, uma tendência oculta do terceiro enredo genérico aflorou. Na tragédia, o herói semi-humano e semidivino (na França, a cada vez mais isolada liderança republicana) tem um destino extraordinário quase ao seu alcance, e a glória de seus esforços nunca se esvai totalmente. A tragédia está no fato de que o objetivo é certíssimo, mas a busca inevitavelmente fracassa. Os heróis que ainda assim fazem a tentativa sacrificam-se nobremente pela comunidade. Em conseqüência, segundo Frye, "a retórica da tragédia requer a mais nobre enunciação".[49] No fim de 1793 e início de 1794, os republicanos fizeram seus pronunciamentos mais dramáticos. Em um importante discurso no começo de maio de 1794, por exemplo, Robespierre (ver ilustração 3) inseriu muitas notas trágicas em meio aos ainda presentes temas de romance:

> Tudo mudou na ordem física [graças às conquistas da ciência]; tudo precisa mudar na ordem moral e política. Metade da revolução mundial já está completa; resta a outra metade por fazer. [...] Ensinaremos [à Europa] os nomes e as virtudes dos heróis que morreram lutando pela liberdade [...] diremos a hora em que foi anunciada a morte dos opressores do mundo. [...] Sou francês, sou um de vossos representantes. [...] Ó povo sublime! Recebei o sacrifício de todo o meu ser. Feliz de quem nasce em vosso meio! Ainda mais feliz é quem pode morrer pela vossa felicidade![50]

Fica-se com a impressão de que ele sabia que seu próprio fim seria dali a algumas semanas.

3. MAXIMILIEN ROBESPIERRE
Litografia de Préval, 1849
(*Foto do Cabinet des Estampes, cedida pela Bibliothèque Nationale*)

A mudança da narrativa, de comédia para romance e depois para tragédia, foi impelida pela obsessão dos revolucionários franceses com a conspiração. Se o presente mítico da comunidade nacional regenerada era o Jardim do Éden dos revolucionários, a conspiração era seu Mau Espírito. Os inimigos da Revolução arruinaram a aparente reconciliação de 1790. Os inimigos da República constantemente estorvavam o empenho pela regeneração moral e política. Mal uma conspiração era descoberta, outras surgiam e tomavam seu lugar. Entretanto, a obsessão francesa pela conspiração não foi um fato inédito. Os colonos americanos das décadas de 1760 e 1770 agiram com base na convicção de que ministros corruptos na Inglaterra estavam tramando para privá-los de seus direitos naturais e tradicionais.[51] Mas, embora a retórica da conspiração não fosse exclusiva da Revolução Francesa, ela continuou a dominar o discurso político na França mesmo depois da ruptura com o Antigo Regime. Na América, a conspiração presumivelmente contrapunha os colonos a uma metrópole distante e, uma vez conseguida a ruptura, os revolucionários americanos passaram a preocupar-se muito mais com os problemas de representar os interesses das diferentes regiões e grupos sociais na nova ordem.[52] Na França, a conspiração era fraterna, e portanto fratricida, e a preocupação com ela só fez aumentar após 1789. Como afirmou Furet, a obsessão com a conspiração tornou-se o princípio organizador central da retórica revolucionária francesa.[53] A narrativa da Revolução foi dominada por tramas.

Por serem assombrados pelo sorrateiro espectro da conspiração, os revolucionários falavam incessantemente em desmascarar. Jornalistas radicais, como Marat e Hébert, especializaram-se nessa retórica da denúncia, mas em todos os níveis políticos, desde o início da Revolução, as pessoas usavam linguagem semelhante. Já em julho de 1789 havia um jornal intitulado *Le Dénonciateur national*. Em 1793 a fraseologia da conspiração tornara-se parte regular e indispensável do discurso revolucionário. Um cartaz anônimo captava, com péssima redação, as fantasias dessa idéia:

> Sans-cullote é hora de dar o alarme. [...] Atenção, é hora, a guerra civil se prepara vocês são o brinquedo de todos os canalhas que supostamente governam a República. Eles são todos conspiradores e todos os comerciantes de Paris, eu os acuso. Muitos dos que vão ler minhas duas palavras descritas, que é a pura verdade, vão dizer que sou conspirador porque falo a verdade.[54]

Os tribunais revolucionários de 1793-4 deram forma jurídica à retórica da conspiração, mas não inventaram seu uso.

A obsessão revolucionária com a conspiração proveio de duas fontes sociais distintas, uma delas a cultura popular e a outra os temores "patrióticos" de uma contra-revolução "aristocrática" em 1789. A conspiração na França era uma preocupação popular muito antiga, favorecida pela rigidez da economia de subsistência e facilmente sustentada por uma comunidade dependente da transmissão oral das notícias. A crença popular em tesouros escondidos inspirou histórias de aristocratas mantendo depósitos de armas, correspondência secreta ou esconderijos de cereais.[55] A fome e a ameaça da morte por inanição agravavam ainda mais o medo da conspiração.[56] A carestia não era novidade, e a reação popular de indignação ante a presumida especulação e a fixação espontânea de preços vinha de longa data. Nas últimas décadas do Antigo Regime, porém, as conversas sobre sonegação de mercadorias e especulação passaram a estar cada vez mais associadas a questões de política nacional. Nas décadas de 1760 e 1770 a Coroa alternadamente tentou liberalizar o comércio de grãos e sustentá-lo com intervenções governamentais não divulgadas. Os críticos do governo acusavam os principais ministros e até o rei de promoverem a fome coletiva para fins lucrativos, e em retaliação o governo lançou suas próprias campanhas de propaganda, em que retratavam os magistrados recalcitrantes como os autores da crise.[57] O fogo cruzado de acusações nos altos escalões do governo atiçou as chamas da desconfiança popular, e até mesmo indivíduos em postos elevados acreditavam que a vital oferta de grãos estava sujeita a manipulações políticas.

Em 1789 a desconfiança do povo quanto à alta dos preços dos grãos foi despertada em meio a uma crise constitucional. Quando os deputados da nova Assembléia Nacional viram milhares de soldados entrando em Paris e Versalhes, também se convenceram da existência de uma conspiração aristocrática, neste caso de natureza política, e não social. Um deputado escreveu à sua cidade em 24 de junho relatando o que a seu ver era uma tentativa de "apertar os grilhões de nossa escravidão".[58] Em 10 de julho esse mesmo deputado (um comerciante de Troyes, político moderado) escreveu que "todos estão convictos de que o avanço dos soldados esconde algum desígnio violento", e atribuiu esse desígnio à "intriga infernal" da "aristocracia, que nos governa com mão-de-ferro".[59] A exoneração do ministro Necker, visto como favorável às reivindicações da Assembléia Nacional, uniu os temores da massa e da burguesia em uma nova e potente combinação.

A retórica da conspiração permeou o discurso revolucionário em todos os níveis políticos, mas foi sobretudo o lema dos radicais. Na análise conservadora dos acontecimentos, os autores do mal não eram conspiradores, mas monstros, canalhas, bárbaros e canibais postos à solta pela ruptura dos laços sociais tradicionais. Em janeiro de 1792 o editor da *Gazette de Paris* concluiu que eram "nossos vis inovadores" que estavam desencaminhando o povo: "A *Propaganda* ergueu-se em meio a todos os povos da Terra [...] seus flancos abriram-se e milhares de serpentes transformaram-se em homens. Essa nova família traz consigo a moral, o caráter e o gênio do monstro que a concebeu".[60]

Mas não demorou para que a retórica da conspiração invadisse todas as variedades do discurso político na França. Em 1791 jornais de direita estavam publicando suas próprias revelações de tramas protestantes e maçônicas, intrigas atribuídas ao duque de Orleans e tentativas insidiosas de lograr o povo.[61] Entretanto, os mais influentes relatos conservadores sobre conspirações foram escritos após a queda de Robespierre, sendo apresentados como explicações para todo o processo revolucionário, e não como comentários sobre o dia-a-dia nas linhas daqueles proferidos pelos analistas radicais.[62] Brochuras radicais escritas para leitura popular, artigos em jornais radicais, discursos jacobinos à Convenção e as acusações dos tribunais revolucionários dominados pelos radicais eram, todos, repletos de longos e minuciosos exames dos atos políticos e palavras dos indivíduos visados.[63] O que começou como reação a temores de manipulação de preços e manobras secretas da aristocracia transformou-se numa sistemática e obsessiva preocupação que permeou todos os aspectos da vida política pública.

Observadores contemporâneos (e os historiadores desde então) surpreenderam-se principalmente com a combinação de indefinição e particularidade nas denúncias de conspiração. Qualquer pessoa era um inimigo em potencial, talvez especialmente os amigos. Quando um traidor era descoberto em meio aos supostos amigos da Revolução, não se poupavam esforços para reinterpretar suas ações sob uma nova luz. Quando Saint-Just esmiuçou as acusações contra Danton e seus amigos na primavera de 1794, por exemplo, julgou necessário examinar tudo o que Danton havia feito e todas as pessoas que ele conhecera desde o início da Revolução. Se o traiçoeiro general Dumouriez havia elogiado Fabre-Fond, que era irmão de Fabre d'Eglantine, que por sua vez era amigo de Danton, então "alguém pode duvidar do vosso criminoso pacto para derrubar a República?".[64] Os fios da trama podiam ser descobertos em quase todo lugar, e cada uma dessas descobertas requeria que se reescrevesse a história.

A centralidade da conspiração na retórica revolucionária não pode ser suficientemente explicada em termos históricos. Ela foi mais do que um tradicional ressentimento causado pela fome, mais do que um remanescente de intrigas da corte, mais do que uma antiga sensibilidade moral moldada pela crença cristã no mal como uma força oculta.[65] Todos esses fatores contribuíram para que a conspiração se tornasse algo crível e emocionalmente arrebatador. Mas a conspiração só veio a tornar-se uma obsessão sistemática quando os revolucionários se defrontaram com as novidades da política de massa. Furet descreve esse dilema como os dois lados do "imaginário democrático do poder"; para ele, "como a vontade do povo, a trama é um delírio sobre o poder".[66] De um lado, a democracia, a vontade do povo, a Revolução; do outro, a trama, o antiprincípio, a negação. A formulação do problema tende a fazer da ligação entre democracia e conspiração algo filosófico e necessário. Contudo, a experiência americana nessa mesma época mostrou que tal ligação não era necessária; a república americana não era solapada pela contínua preocupação com conspirações contra a nação. A diferença era que na França toda a política organizada estava fundida à trama conspiratória.

Em grande medida, a ambivalência quanto à política organizada foi comum aos homens instruídos dos dois lados do Atlântico no século XVIII. Todos pareciam recear a politicagem de bastidores, as maquinações secretas e o partidarismo. Mas na França não havia "ciência política whig", nem familiaridade com o vaivém da rotatividade ministerial, tampouco prática em sistemas de clientelismo e formação de grupos de interesse.[67] A transição da restrita política do Antigo Regime para a aparentemente ilimitada participação no novo foi particularmente drástica e desconexa. Os franceses tinham mais a explicar a si mesmos do que uma mudança nas políticas decretada por ministros distantes ou mesmo por ministros no país. Tinham mais a temer do que mudanças em alianças na corte ou ligeiros aumentos ou diminuições do controle da política nacional por gente "do país". A luta entre a nação francesa regenerada e seus supostos inimigos foi particularmente divisiva devido à combinação de ineditismo da mobilização política, intensidade do antagonismo social (como exemplificado pelas conversas sobre tramas causadoras de fome coletiva) e ênfase sem precedentes em fazer algo totalmente novo no mundo. Os americanos e ingleses tiveram dificuldade para aceitar a ascensão da política partidária e a competição entre facções, mas os franceses recusaram-se ainda mais obstinadamente a sancionar esses avanços. E as conseqüências dessa recusa foram muito mais desastrosas.

Enquanto os republicanos americanos progrediam, ainda que espasmodicamente, em direção à política partidária e à representação de interesses, os franceses, mesmo com as melhores das intenções, negavam a possibilidade da política "liberal".[68] As diferenças sociais ou mesmo políticas entre um Jefferson ou um Madison e um Robespierre ou um Saint-Just eram mínimas. A diferença marcante entre eles era o contexto no qual falavam. Cresceram aprendendo as mesmas habilidades retóricas e lendo muitos dos mesmos livros. Mas quando Robespierre, Saint-Just ou algum dos muitos outros como eles subia à tribuna da Convenção, as palavras e a retórica tinham significado diferente. Os oradores políticos franceses falavam em dois registros ao mesmo tempo: um político, outro sagrado. Na ausência de uma tradição de direito consuetudinário ou de um texto sagrado de referência aceitável, a voz da nação tinha de ser ouvida constantemente. Falar e dar nomes assumiu enorme importância; tornou-se a fonte de significado.[69] Na América, como conclui J. R. Pole, o instrumento escrito da Constituição adquiriu supremacia, e o discurso político desde então versou sobre questões de interesses, propriedade, direitos, representação, controles e conciliações.[70] Na França, a palavra escrita conservou a supremacia (pelo menos até 1794, talvez até 1799), e o discurso político foi estruturado por concepções sobre transparência, publicidade, vigilância e terror.

Na França da década de 1790, política faccionária era sinônimo de conspiração, e "interesses" era eufemismo para traição da nação unida. Nada que fosse particular (e todo "interesse" era, por definição, particular) deveria dividir a vontade geral. A vigilância constante e o caráter público de toda a política eram os modos de impedir o aparecimento de interesses particulares e facções. Por trás dessas concepções estava a crença revolucionária em que era possível e desejável haver "transparência" entre cidadão e cidadão, entre os cidadãos e seu governo, entre o indivíduo e a vontade geral.[71] Sendo assim, não deveriam existir maneiras artificiais nem convenções que separassem os homens uns dos outros, tampouco instituições que bloqueassem a livre comunicação entre cidadãos e seus delegados. A transparência, neste sentido, conferia significado ao juramento cívico e ao festival revolucionário, que dependiam, ambos, da aceitação entusiasmada, ou seja, da abolição da distância entre cidadão e cidadão e entre indivíduo e comunidade. Comunidade, em essência, era essa transparência entre os cidadãos, outra palavra para a manifestação do presente mítico.

Politicamente, transparência significava que não havia necessidade de políticos nem lugar para a manipulação profissional de sentimentos ou símbolos; cada cidadão deveria deliberar na quietude de seu coração, livre das nefastas influências de contatos, clientelismo ou partidos. O *Père Duchesne* de Hébert foi a versão sans-culotte improvisada do patriota-modelo, puro de coração e sem artifícios. Ele expressava apenas as emoções mais simples e definidas, em geral "grande alegria" ou "cólera". Em 1 de setembro de 1791 Père Duchesne deu um conselho sobre as eleições próximas: "Cidadãos, se não quereis ser traídos, cuidado com as aparências. Não ponhais fé em línguas de ouro. [...] Não vos deixeis deslumbrar por belas promessas. [...] Se conheceis um cidadão sem fama e sem ambição, é esse que deveis escolher".[72]

Os deputados radicais falavam uma linguagem mais refinada, mas também valorizavam a emoção autêntica. Associavam a eloqüência oratória a pureza e coração virtuoso. Entre as virtudes que Robespierre julgava necessárias a um representante do povo, a mais elevada era "a eloqüência do coração, sem a qual não é possível persuadir".[73] Na oratória da Convenção, em especial, o verbo *frémir* (tremer, vibrar, sacudir) aparecia vezes sem conta; os oradores falavam direto ao coração dos ouvintes (embora raramente de improviso!), e desejavam produzir emoção imediata.[74] Esse desejo era a tradução para a prática política da noção de autenticidade de Rousseau, a condição na qual os cidadãos são transparentes uns para os outros.[75]

A política sincera era para ser feita em público; cada cidadão e todos os representantes eleitos deviam efetuar suas deliberações em público, diante dos outros cidadãos. O verdadeiro patriota não podia ter nada a esconder. As reuniões dos militantes dos bairros mais humildes e dos legisladores eleitos do país tinham a mesma publicidade compulsiva. Clubes de bairros elegiam "censores" para patrulhar o local da reunião e impedir "conversas privadas".[76] Os sans-culottes levavam além a publicidade, "salvaguarda do povo": contrariando a lei, várias seções parisienses faziam questão do voto verbal nas eleições e até do voto por aclamação. Asseveravam que esse era o modo como votavam os homens livres, os republicanos.[77] O caráter público da política possibilitava a vigilância, que era necessária dada a dificuldade para acreditar que homens regenerados tão recentemente e de maneira incompleta eram capazes de sustentar a transparência política; recorrentes conspirações provavam que isso era verdade. O infalível sinal de vigilância em ação era a denúncia. Obviamente no Antigo Regime houvera informantes e denúncias, mas, durante a Revolução, a denúncia foi promovida a ato virtuoso, a dever cívico.

A vigilância pública e a denúncia foram institucionalizadas no Terror. Como explicou Robespierre:

> Nessa situação, a primeira máxima de nossa política tem de ser guiar o povo com a razão e os inimigos do povo com o terror. [...] Terror nada mais é que justiça, imediata, severa e inflexível; é, portanto, uma emanação de virtude. [...] Subjugai os inimigos da liberdade com o terror e sereis legitimados como fundadores da República. O governo da Revolução é o despotismo da liberdade contra a tirania.[78]

O Terror era uma emanação da virtude para Robespierre e os outros radicais por ser necessário para a segurança da nova república. Em certo sentido, portanto, decorria logicamente das pressuposições da linguagem revolucionária.[79] Se a Revolução era, antes de tudo, a fundadora de uma nova comunidade, o "governo da Revolução" de Robespierre era quem deveria impor a disciplina comunitária — "o despotismo da liberdade contra a tirania". O governo revolucionário não era concebido como o árbitro de interesses conflitantes (agricultura *versus* comércio, por exemplo), mas como o mecanismo para garantir que as vontades individuais fossem forjadas em uma vontade única, singular, geral ou nacional. Entretanto, contrariamente às idéias de estudiosos como J. L. Talmon, o governo durante o Terror não foi um Estado totalitário monopartidário, e sim um Estado comunitário sem partido.[80] Os princípios da retórica revolucionária impediram os próprios jacobinos de tornar-se agentes do direito nos bastidores. Os clubes jacobinos não se apoderaram do Estado revolucionário; foram mais ou menos absorvidos pelo Estado e reduzidos a servir de caixa de ressonância para a política governamental.[81] Como os jacobinos, mais do que todos, aceitavam os princípios da retórica revolucionária, não organizaram oposição às restrições que lhes foram impostas depois da queda de Robespierre. Na verdade, algumas restrições legais foram bem recebidas por dissiparem "o fantasma [...] de que as sociedades populares desejavam tornar-se um poder intermediário entre o povo e a Convenção".[82] Depois de anos tentando organizar-se legalmente sob crescente repressão e perseguição, os jacobinos começaram a mudar sua posição no fim de 1799. Passaram a defender-se na imprensa como um partido e uma oposição leal.[83] Um mês depois, Bonaparte deu fim a esse experimento, junto com muitos outros.

Embora o Terror decorresse logicamente dos princípios enunciados na retórica revolucionária, não foi a única dedução possível desses princípios. A história da Revolução entre 1795 e 1799 e mesmo depois da ascensão de Napoleão mostra que isso é verdade. O regime do Diretório fracassou em grande medida porque também resistiu à possibilidade da política organizada. Apesar dos esforços de alguns de seus líderes para organizar um partido de centro, a maioria dos que aprovavam o regime temia que a organização política só beneficiaria os jacobinos e/ou os realistas. Por isso, recusavam-se a permitir a formação de qualquer oposição organizada e faziam expurgos na legislatura sempre que a esquerda ou a direita pareciam vencer as eleições. Ao mesmo tempo, os diretoriais não queriam abrir mão de eleições freqüentes nem instalar um Estado monopartidário controlado por eles próprios.[84]

Sob Napoleão, a ambivalência quanto à política organizada assumiu a forma de repressão a toda atividade política digna do nome. Antes de mais nada, as "soluções" do Diretório e de Napoleão para as antinomias da retórica revolucionária refletem meramente o poder dessa retórica. Transparência, publicidade e vigilância não deram lugar a uma representação de interesses baseada em princípios (embora alguns diretoriais esperassem que isso fosse possível); os princípios revolucionários originais foram rejeitados como inviáveis ou mesmo perigosos, mas nenhuma outra retórica foi suficientemente convincente para assumir seu lugar. O governo do Diretório tentou governar sem princípios ou com uma versão atenuada dos princípios revolucionários originais; não pretendia ser realista nem terrorista, mas nunca foi capaz de ir além da enunciação do que não queria ser. Napoleão, em contraste, declarou acatar os princípios da retórica revolucionária, mas anunciou-se como a voz do povo. A seu ver, não havia problema para localizar a nação, o carisma, ou o centro da sociedade.

A retórica revolucionária foi, em certo sentido, derrotada por suas contradições inerentes. Mesmo sendo política, recusava-se a sancionar a prática da política faccionária. Embora mostrasse o poder da retórica, negava a legitimidade desse tipo de discurso. Apesar de representar a nova comunidade, empenhava-se em eclipsar a representação (em nome da transparência entre os cidadãos). Referia-se a um presente mítico, mas também tinha de explicar os fracassos do presente, e isso só podia ser feito atribuindo-os à política conspiratória. Em suma, como texto, estava constantemente subvertendo sua própria base de autoridade.[85] Entretanto, ao mesmo tempo a Revolução Francesa assentou o alicerce para boa parte da política moderna, para nossas concepções sobre a prática política e para muitas ideologias políticas distintas e conflitantes.

A retórica revolucionária francesa rompeu os limites da política do passado postulando a existência de uma nova comunidade (em vez do ressurgimento de uma comunidade anterior mais pura) e asseverando ser possível viabilizá-la por meio da política (e não da verdadeira religião, do retorno à tradição do passado ou do acatamento de um contrato social firmado previamente). Poderíamos afirmar que a política revolucionária foi restritivamente definida com base na disciplina comunitária, já que a Revolução não promoveu diretamente o desenvolvimento da política liberal. No entanto, essas "bases estreitas" foram, em outro sentido, notavelmente amplas; a política dali por diante não dizia respeito apenas a ministros, parlamentos, constituições, interesses ou governo, mas à própria natureza das relações sociais.[86] A política não era uma arena para a representação de interesses concorrentes. Era um instrumento para reestruturar a natureza humana, transformar súditos em cidadãos, escravos em homens livres, oprimidos em republicanos.

Embora as funções integradoras da retórica revolucionária acabassem tolhidas, a crença na possibilidade de uma comunidade radicalmente nova revelou-se profícua, mais do que se poderia imaginar. Apesar dos fracassos de 1794 e 1799, foi estabelecida uma tradição igualitária republicana alternativa que remodelou permanentemente as bases do debate político e da luta social. Por essa razão, a posição durkheimiana traz um vislumbre importante do funcionamento da retórica revolucionária. As dificuldades e reveses da nova comunidade não fizeram da noção em si uma ilusão. Ou, reformulando a idéia tocquevilliana, se os revolucionários estavam agindo em nome de uma "sociedade ideal imaginária", isso não significa que os resultados de agirem assim tenham sido minimamente "imaginários".

A retórica revolucionária não pode ser explicada nos termos marxistas clássicos: capital, lucro, trabalho e classe não foram os princípios estruturadores da retórica revolucionária. Tampouco o discurso da Revolução foi moldado por uma classe no sentido marxista. Ainda assim, ele poderia ser designado como uma "linguagem de luta de classe contra classe". A retórica revolucionária foi distintamente antiaristocrática, desenvolvida sobretudo como instrumento de ataque à velha sociedade. De fato, um dos primeiros feitos da nova retórica foi a invenção do *Ancien Régime*. Tão logo a sociedade francesa foi retoricamente dividida, por assim dizer, em uma nova nação e um regime "antigo" ou anterior, a Revolução se pôs em movimento.[87] O propósito da Revolução era fazer a divisão entre os dois absolutos.

A retórica revolucionária pode ser vista como "burguesa", portanto, no aspecto de expressar a vontade de romper com o passado de dominação aristocrática. Os revolucionários não fizeram isso em nome do capitalismo e, na verdade, os radicais em especial continuaram a perturbar-se profundamente com a corrupção ligada ao comércio.[88] Implícita no desejo de ruptura irrevogável com o passado estava uma nova valorização da inovação em si. Revolucionar significava inovar, e os que se diziam revolucionários não tinham medo de ser chamados de "vis inovadores". Essa preocupação em fazer coisas inéditas pode ter impedido os revolucionários de perceber que estavam fomentando um silencioso engrandecimento do poder do Estado na França, mas nem por isso a retórica da inovação foi alucinatória. Assim como a crença na comunidade abrira caminho para uma tradição de política igualitária e republicana na França, também a crença no caráter radicalmente novo de sua experiência possibilitou uma tradição contínua de política revolucionária. Afinal de contas, Marx adquiriu do exemplo francês sua fé na possibilidade de refazer a sociedade por meio da revolução, mas deixou de perceber a ironia e o significado da fonte de sua convicção; a retórica da inovação política e da revolução não foi produto da mais avançada sociedade industrial, a Inglaterra. A linguagem da revolução foi francesa.

A retórica revolucionária americana não favoreceu o desenvolvimento de uma tradição revolucionária; em vez disso, subsidiou o constitucionalismo e a política liberal. A diferença na França foi a ênfase em rejeitar todos os modelos do passado nacional. Devia ser difícil ensinar história nas escolas republicanas. Um texto elementar capta o problema nestas palavras: "Ao folhear o livro de História, ou melhor, os registros da infelicidade da humanidade, o jovem continuamente encontrará reis, grandes nobres, e por toda parte os oprimidos; em cada página o povo era visto como um rebanho de animais".[89] Como contrapeso a essa história de infelicidade, os republicanos só podiam oferecer os exemplos isolados de Roma, Atenas e Esparta e, mais proximamente à sua própria época, os suíços e os americanos. Nenhum desses fora tão longe quanto os franceses, nem enfrentara tantos obstáculos. Rousseau, o profeta da Revolução, aparecia como uma espécie de milagre — a solitária voz da razão e da natureza num século de frivolidade e cinismo. Mas essa história prévia de opressão apenas servia para destacar a magnitude do feito revolucionário.

Como reconheceu La Harpe à sua maneira excêntrica, a linguagem foi "o principal e o mais surpreendente instrumento" da Revolução. A retórica da inovação política fez da Revolução "um escândalo inédito no universo", pois impeliu os revolucionários a embarcar em mares inexplorados em busca das praias da regeneração nacional e da república da virtude. Os revolucionários inventaram novas palavras, porém o mais importante foi terem dado a elas novo significado, pronunciando-as no contexto e com o objetivo da mudança política radical. Foi a força persuasiva de suas palavras — a retórica, não o léxico — e a preconização de novos valores seculares que fizeram da Revolução um acontecimento que eletrizou o mundo. A tradição encontraria seus defensores, mas, como as outras novas ideologias, nunca mais poderia dispensar o poder da palavra.

2. Formas simbólicas da prática política

A queda da Bastilha, a fuga para Varennes, o massacre no Campo de Marte, o ataque às Tulherias, a queda da monarquia, dos girondinos, de Robespierre, o expurgo dos realistas e dos jacobinos, a ascensão de Napoleão — a sucessão de momentos críticos da Revolução, a ascensão e queda de facções foram vertiginosas. Cada evento requereu proclamações, pronunciamentos, relatórios e por fim festivais e revisões de festivais. Muitas interpretações diferentes são encontradas nessas intermináveis produções de palavras. Um instrutivo exemplo local pode ser visto em uma típica proclamação de 1797. Nesse documento, o agente do governo (o comissário do Diretório Executivo enviado à administração departamental) no departamento de Isère publicou seu comentário oficial sobre as reações locais ao recente expurgo na legislatura nacional. Muitos deputados haviam sido presos como supostos realistas, e as eleições de dezenas de outros foram anuladas.

Ao ter notícia do *triunfo da República e da Constituição do ano III* sobre os CONSPIRADORES REALISTAS e de sua *fuga da ira dos que os dese-*

javam destruir, obviamente é permitido a todo bom cidadão demonstrar seu júbilo. Mas por que houve nessa ocasião ameaças e provocações entre cidadãos em razão do modo de trajar-se ou de diferentes opiniões? É contravenção da Carta constitucional [...] insultar, provocar ou ameaçar cidadãos em razão de sua escolha de indumentária. Que o gosto e o decoro presidam vossa maneira de vestir; jamais vos desvieis da simplicidade conveniente. [...] RENUNCIAI A ESSES SINAIS DE FILIAÇÃO, A ESSES COSTUMES DE REVOLTA, QUE SÃO OS UNIFORMES DE UM EXÉRCITO INIMIGO.[1]

Em Grenoble, a associação da indumentária com a política tornara-se explosiva em 1797. O agente do governo queria alertar para que não se levasse demasiadamente a sério o modo de vestir-se, mas ao mesmo tempo não podia deixar de reconhecer o poder da indumentária. Assim, concluiu com sua própria advertência aos que haviam adotado os babados e cores associados à restauração do realismo.

O problema dos trajes não era novo nem se limitava a Grenoble. A política não se restringia à expressão verbal, à seleção de deputados ou ao debate público em clubes, jornais e assembléias. O significado político estava fortemente entremeado a uma variedade de expressões simbólicas, nas quais as palavras eram apenas o "principal instrumento", como disse La Harpe. Diferentes trajes indicavam diferentes políticas, e uma cor, o uso de determinado comprimento de calças, certos estilos de calçados ou o chapéu errado podiam desencadear bate-boca, troca de socos ou pancadaria generalizada. Durante a Revolução, até os mais ordinários objetos e costumes tornaram-se emblemas políticos e potenciais fontes de conflito político e social. Cores, adornos, vestes, louças, dinheiro, calendários e cartas de baralho tornaram-se "sinais de filiação" a um lado ou a outro.[2] Esses símbolos não expressavam simplesmente posições políticas; eram os meios pelos quais as pessoas se apercebiam de suas posições. Tornando clara uma posição política, possibilitavam a adesão, a oposição e a indiferença. Dessa maneira, constituíam um campo de luta política.

Na retórica revolucionária, o poder provinha da nação (ou do povo), mas nunca estava claro como se deveria reconhecer na prática a vontade da nação. Como declarou Benjamin Constant em 1796: "As revoluções eclipsam as nuances [...] uma torrente nivela tudo".[3] No avanço impetuoso dos eventos revolucionários, era difícil localizar a legitimidade de qualquer governo. "Ter" poder, nessa situação, significava ter algum tipo de controle, ainda que breve, sobre a articulação e o emprego de manifestações exteriores da nova nação. Oradores em clubes e assembléias tentavam arrogar-se o direito de falar pela nação, mas com freqüência as vozes individuais eram facilmente sobrepujadas. Mais duradouros, por serem mais coletivos e reproduzíveis, eram os símbolos e rituais da revolução: árvores e barretes da liberdade, figuras femininas da liberdade e da República, e ocasiões rituais tão diversas quanto festivais, concursos escolares, eleições e reuniões de clubes. As formas rituais eram tão importantes quanto o conteúdo político específico. Os símbolos e rituais políticos não eram metáforas do poder; eram seus próprios meios e fins.

O exercício do poder sempre requer práticas simbólicas. Não há governo sem rituais e sem símbolos, por mais que possa parecer isento de mística ou mágica.[4] Não é possível governar sem histórias, sinais e símbolos que, de inúmeros modos tácitos, transmitam e reafirmem a legitimidade de governar. Em certo sentido, legitimidade é a concordância geral sobre sinais e símbolos. Quando um movimento revolucionário contesta a legitimidade do governo tradicional, tem necessariamente de contestar também seus adornos tradicionais. Depois precisa inventar símbolos políticos que expressem acuradamente os ideais e princípios da nova ordem.

A Revolução Francesa deu um destaque extraordinário ao processo da criação de símbolos, pois os revolucionários se viram em meio à revolução antes de terem a oportunidade de refletir sobre sua situação. Os franceses não começaram com um partido organizado ou um movimento coerente; não tinham emblemas, apenas alguns lemas simples. Inventaram seus símbolos e rituais à medida que avançaram. Com os *philosophes*, os revolucionários haviam aprendido que outras sociedades tinham tipos diferentes de símbolos e rituais. Mas nenhuma sociedade anterior parecia inteiramente digna de emulação. Como proclamou Robespierre, "A teoria do governo revolucionário é tão nova quanto a revolução que a ensejou. Não é necessário procurar por ela nos livros de autores políticos, que não previram esta revolução, nem nas leis de tiranos, que, contentando-se com abusar do poder, pouco se ocuparam do estabelecimento de sua legitimidade".[5] O passado, com suas práticas absurdas, tinha poucas diretrizes a oferecer.

    Ainda assim, a monarquia francesa havia demonstrado o poder dos símbolos. Os Bourbon não só haviam circunscrito drasticamente as responsabilidades políticas dos súditos franceses, como mostrou Tocqueville, mas também haviam conseguido fazer com que o poder praticamente coincidisse com o aparato simbólico da monarquia, em especial a pessoa do monarca. O poder era medido segundo a proximidade do corpo do rei. Para reaver suas responsabilidades políticas como cidadãos, para tomar o poder para si, os franceses tiveram de eliminar todas aquelas ligações simbólicas com a monarquia e o corpo do rei. Isso finalmente assumiu a forma de levar o rei a julgamento e executá-lo em público. Como os Bourbon haviam enfatizado o ornato simbólico do governo, os revolucionários foram particularmente sensíveis ao que ele significava.

    A matriz retórica da política revolucionária também realçava a importância das formas simbólicas. Diante da ambivalência para

79

com a política organizada, especialmente na forma de partidos e facções, novos símbolos e cerimônias tornaram-se o meio mais aceitável para pôr em prática atitudes políticas. Não era "faccionário" plantar uma árvore da liberdade ou usar as cores da nova nação. Na arena simbólica, era possível participar de conflitos políticos sem invocar nominalmente algum partido ou político. Portanto, a paixão dos revolucionários pelo alegórico, o teatral e o estilizado não foi simplesmente uma aberração, e sim um elemento essencial do esforço de moldar homens livres. Além disso, no longo prazo as formas simbólicas ofereceram continuidade psicopolítica à experiência revolucionária. Seus símbolos e rituais deram *longue durée* à Revolução. Eram os lembretes tangíveis da tradição secular do republicanismo e da revolução.

Em certos aspectos, porém, os revolucionários simplesmente expandiram práticas políticas do Antigo Regime. Tocqueville observou há tempos que os revolucionários, na verdade, não destroçaram o Estado monárquico, mas melhoraram sua burocracia e poderes administrativos. Os sonhos modernizadores da monarquia tornaram-se realidade sob a República.[6] Além do mais, em âmbito regional, assim como nos ministérios nacionais, houve acentuada continuidade entre antigo e novo regime; as autoridades municipais, por exemplo, embora fossem eleitas por uma parcela de cidadãos maior do que antes, ainda tinham de redigir minutas, realizar debates, escolher comitês, votar leis e policiar de modo geral a vida local.[7] As minutas de qualquer câmara municipal revolucionária mostram o mesmo tom de conscienciosa diligência que suas equivalentes do Antigo Regime.

Fora da esfera administrativa, proliferaram atividades políticas a despeito da aversão revolucionária aos políticos e manobras políticas. Clubes, jornais, panfletos, cartazes, canções, danças (todas as usuais manifestações de interesse político "portas afora") desenvolveram-se rapidamente entre 1789 e 1794. Entretanto, o grande número de jornais e clubes, mesmo em gritante contraste com os tempos pré-revolucionários, não tornava revolucionária a política da Revolução; a multiplicação de políticas fora das salas do governo só fez com que a França se assemelhasse mais à Inglaterra ou ao novo país, os Estados Unidos. O que diferenciava os franceses, o que os fazia parecer, a seus próprios olhos e aos observadores, "essa nova raça", era a profunda convicção de que estavam estabelecendo uma nova comunidade humana em um presente que não tinha precedente nem paralelo.

Como a retórica revolucionária exigia a total ruptura com o passado, todos os costumes, tradições e modos de vida foram postos em dúvida. A regeneração nacional requeria nada menos que um novo homem e novos hábitos; era preciso reformar o povo no molde republicano. Por isso, cada detalhe da vida cotidiana tinha de ser examinado (em busca da corrupção do Antigo Regime) e limpo (em preparação para o novo). O outro lado da moeda na recusa retórica da política foi o impulso de aplicar política em tudo.[8] Uma vez que a política não acontecia numa esfera definida, tendia a invadir a vida cotidiana. Essa politização do dia-a-dia era tanto uma conseqüência da retórica revolucionária como a rejeição mais consciente da política organizada. Politizando o cotidiano, a Revolução aumentou imensamente os pontos de onde o poder podia ser exercido e multiplicou as táticas e estratégias para exercê-lo.[9] Recusando o especificamente político, os revolucionários abriram campos nunca sonhados para o exercício do poder.

A política não invadiu o cotidiano de repente, mas desde o princípio tanto participantes como observadores perceberam que algo incômodo estava acontecendo na França, e vivenciaram e explicaram essas ocorrências por meio de símbolos. Em carta de 16 de julho de 1789 ao governo inglês em Londres, o duque de Dorset referiu-se à "maior Revolução de que temos notícia", e ilustrou essa observação descrevendo o surgimento da cocarda em todos os chapéus.[10] Em 22 de julho, ele informou que "a Revolução na Constituição e no governo da França pode agora, a meu ver, ser considerada completa", porque o rei fora recentemente forçado a visitar Paris. Em procissão simbólica de aquiescência com a Revolução de julho, "ele foi conduzido em triunfo como um urso domesticado pelos deputados e milícia da cidade".[11] Atos simbólicos como o uso da cocarda patriótica e a "humilhante" entrada do rei em Paris foram os mais claros marcos da mudança revolucionária; também foram os primeiros e hesitantes passos na formação da política revolucionária.

O potencial para o conflito político e social evidenciou-se assim que os primeiros símbolos foram inventados. A cocarda é um bom exemplo. Segundo o duque de Dorset, as primeiras cocardas eram feitas de fitas verdes, mas foram rejeitadas porque o verde era a cor da libré do conde de Artois, o malfalado irmão mais novo do rei.[12] Logo foram substituídas por uma combinação de vermelho, branco e azul. Assim que a cocarda tricolor ganhou ampla aceitação, adquiriu enorme significado político. A vida de Luís dependeu efetivamente de usá-la, e rumores de "ultrajes" à cocarda precipitaram a fatídica marcha das mulheres a Versalhes em outubro de 1789. Sem dúvida as mulheres sabiam estar defendendo a Revolução quando rumaram para Versalhes, mas nenhum discurso sobre "a Revolução" poderia tê-las mobilizado como fez a cocarda. Elas marcharam quando ficaram sabendo que os soldados em Versalhes haviam pisoteado a cocarda tricolor e usado em seu lugar o branco dos Bourbon ou o preto da contrarrevolução aristocrática. A ilustração 4 mostra a cena da ofensa, retratada por um gravador anônimo. A inclusão dessa gravura em uma notícia de jornal sobre os "dias de outubro" demonstra a importância emocional do símbolo. Quando "o sagrado sinal da liberdade francesa" foi pisoteado, a própria nação foi insultada.[13] Mesmo naqueles primeiros meses da Revolução, símbolos deram

4. GRAVURA INTITULADA "ORGIA DOS GARDES DU CORPS EM VERSALHES, OUTUBRO DE 1789" De Révolutions de Paris, n° 13. Os soldados estão pisoteando a cocarda tricolor e saudando as pretas e brancas, segundo o texto que acompanha a gravura. (Foto de Library Photographic Services, University of California, Berkeley)

clareza aos lados opostos na luta, se é que não os fizeram efetivamente surgir.

Assim como a cocarda, também o barrete da liberdade, o altar patriótico e a árvore da liberdade surgiram nos primeiros meses da Revolução. Cada símbolo possuía genealogia própria, mas todos eles ganharam grande aceitação. Uma vez inventados e muito difundidos, não pararam de ensejar disputas e confrontos de vários tipos. Oponentes da Revolução arrancavam árvores da liberdade ou as vandalizavam, por exemplo, e os governos locais as replantavam. Os símbolos do poder eram envolvidos não só nas lutas políticas do momento, mas também nas tensões mais subterrâneas entre as autoridades e a massa empolgada. As autoridades às vezes tentavam apoderar-se de símbolos populares investigando suas origens até encontrar o indivíduo que presumivelmente inventara seu uso. No ano II, por exemplo, Grégoire escreveu um "Ensaio histórico e patriótico sobre as árvores da liberdade" no qual afirmava que a primeira delas fora plantada em maio de 1790 por um pároco rural de Poitou. Entretanto, os historiadores agora demonstraram que as primeiras "árvores" foram os mastros enfeitados que os camponeses do Périgord instalaram durante sua insurreição contra os senhores locais no inverno de 1790. Vários mastros insurgentes lembravam a forca e muitos traziam penduradas palavras de ordem ameaçadoras. Padres, notáveis e comissários nacionais enviados para investigar consideraram esses mastros "testemunhos insultantes", "símbolos de revolta" e "monumentos da insurreição".[14] Não demorou, porém, para que a árvore da liberdade se tornasse um símbolo geral de adesão à Revolução e, em maio de 1792, havia 60 mil árvores da liberdade plantadas por toda a França.[15]

Quando os símbolos provavam sua popularidade pela ampla difusão, eram adotados em um sentido mais oficial. Depois de 5 de julho de 1792, todos os homens *foram obrigados* a usar a cocarda oficial. Poucos dias antes, a Assembléia Legislativa pedira a todas as comunas que montassem um altar patriótico para a recepção dos recém-nascidos. Clubes jacobinos e governos locais incumbiram-se do plantio de árvores da liberdade e o transformaram em seu próprio tipo de cerimônia. Emitiram-se decretos proibindo exibições excessivas; em Beauvais, por exemplo, as autoridades preocupavam-se com a prática de arrastar adversários até a árvore recém-plantada e forçá-los a prestar homenagem.[16] Foram erigidas cercas para demarcar o solo consagrado e regular o acesso ao local. As cercas, os decretos e a incorporação desses símbolos às cerimônias e festivais oficiais marcaram o disciplinamento das novas formas de poder popular.

O exemplo mais revelador desse processo de disciplina foi a sistematização dos festivais, brilhantemente descrita por Mona

Ozouf.¹⁷ Nascidos nos dias de medo, pânico e júbilo em fins de 1789 e início de 1790, os primeiros festivais "selvagens" foram atos simples e improvisados de união contra tramas imaginadas ou em favor da imposição do novo simbolismo revolucionário, como por exemplo o plantio de uma árvore da liberdade, a obrigatoriedade do uso da cocarda ou o juramento de lealdade à Revolução. Os festivais da Federação em 1790 assinalaram o primeiro passo na regularização e, significativamente, homens uniformizados estiveram no centro da cerimônia. Por toda a França, ao meio-dia, soldados, guardas nacionais e autoridades tinham de prestar o juramento, que incluía promessas de proteger o povo e a propriedade e assegurar a livre circulação de grãos e a coleta de impostos.¹⁸ As classes populares reuniam-se na orla do espaço cerimonial para assistir quando a cocarda tricolor, o altar patriótico e outros sinais da liberdade eram santificados pelo uso no novo ritual do Estado (ver ilustração 2). Primeiro o entusiasmo popular investiu esses símbolos de significado; depois, cerimônias oficiais os regulamentaram. Dessa maneira, a contribuição popular foi ao mesmo tempo reconhecida e parcialmente atenuada.

Conforme os festivais tornaram-se mais elaborados, um sem-número de símbolos obscuros foi sendo incorporado — alguns de inspiração bíblica ou católica, mas a maioria deles baseados na Antigüidade ou na maçonaria, portanto com uma ressonância inerentemente menos "popular". O nível maçônico tornou-se o símbolo da igualdade; os fasces romanos, da união; o laurel romano e gaulês, da virtude cívica; o olho egípcio, da vigilância; e numerosas deusas representavam não só a liberdade, mas também a razão, a natureza, a vitória, a sensibilidade, a piedade, a caridade e coisas do gênero.¹⁹ Longas procissões levavam estandartes didáticos e visitavam "estações" alegóricas edificantes. Os santos do catolicismo foram substituídos pelas novas representações da Revolução; as autoridades e mestres-de-ceri-

5. SELO DA REPÚBLICA, 1792
(*Foto cedida pelos Archives nationales*)

mônias do novo regime tomaram o lugar dos padres e vigários da igreja.[20]

Assim como a igreja da Contra-Reforma em fins do século XVII tentara disciplinar as festividades religiosas populares, também as autoridades do regime revolucionário procuraram disciplinar os festejos políticos das massas. Incorporaram símbolos populares a festivais e cerimônias organizados e conceberam seus próprios símbolos para consumo popular. A deusa da liberdade é o exemplo mais conhecido e também o mais bem-sucedido. Quando a Liberdade foi escolhida para o selo da República em 1792 (ver ilustração 5; essa escolha é analisada mais pormenorizadamente no capítulo 3), não era uma figura desconhecida na iconografia francesa. Em 1775 Moureau a pintara como uma jovem vestida em estilo romano com um barrete da liberdade encimando sua lança.[21] A Liberdade evidentemente apareceu pela primeira vez durante a Revolução em uma medalha comemorativa do estabelecimento de um novo governo municipal em Paris em julho de 1789. Até sua promoção, em setembro de 1792, ela foi eclipsada por figuras como o *génie* (gênio) da França, estampado no reverso das novas moedas reais cunhadas em 1791, e por Mercúrio, Minerva e figuras femininas representando a cidade de Paris.[22] Mas, no fim da década, a Liberdade estava indelevelmente associada à memória da República que ela representava. Na memória coletiva, *La République* era "Marianne". O nome que primeiramente os oponentes da Revolução deram por zombaria à Liberdade — a República — logo se tornou um apelido carinhoso, e sua imagem reapareceu em toda República subseqüente.[23]

O porte sereno e confiante da Liberdade no selo de 1792 não evocava a frenética violência dos vários "dias" de mobilização popular revolucionária. Como uma santa da Contra-Reforma, ela representava as virtudes tão desejadas pela nova ordem: a transcendência do localismo, da superstição e da particularidade em nome de uma devoção mais disciplinada e universalista. A Liberdade era uma qualidade abstrata baseada na razão. Não pertencia a grupo algum, a nenhum lugar específico. Era a antítese dos "costumes ridículos, regras antiquadas, etiqueta absurda e pueril e do direito usurpado pelo clero" que os radicais já criticavam em 1790.[24] Assim que a Liberdade recebeu o reconhecimento oficial e ampla difusão, porém, também se tornou mais acessível a usos populares. O movimento da prática política revolucionária, como o da religião da Contra-Reforma, não se direcionou exclusivamente para a disciplina.[25]

O mais notável exemplo da maleabilidade dos símbolos, e da Liberdade em particular, foi o famigerado "Festival da Razão". Por decisão do governo radical da cidade de Paris, o festival em honra à Liberdade planejado para 10 de novembro de 1793 foi transformado em um "Triunfo da Razão". Originalmente marcado para realizar-se no antigo Palais Royal, o evento foi transferido para Notre Dame, para deixar mais explícito o ataque ao catolicismo. As próprias festividades incorporaram uma estranha mistura de temas elitistas e populares, o que seria de esperar, pois a *commune* de Paris ou governo da cidade julgava exercer a função de mediadora entre a visão racionalista dos deputados da Convenção e as preocupações mais práticas das classes inferiores parisienses.[26] No centro da antiga catedral estava uma montanha, símbolo da esquerda na Convenção. Adornando a montanha havia um pequeno templo, gravado com os dizeres: *À la philosophie*. À entrada do templo estavam bustos dos *philosophes*. Como observou um dos organizadores:

> Essa cerimônia nada tinha que lembrasse as pantomimas gregas e latinas; falava diretamente à alma. Os instrumentos não gemiam como as serpentes de igrejas. Um grupo musical republicano, postado ao pé da montanha, cantava na língua comum [*en langue vulgaire*] o hino que as pessoas compreendiam muito melhor porque expressava verdades naturais, e não adulações místicas e quiméricas.[27]

Duas fileiras de moças vestidas de branco e coroadas de lauréis desceram a montanha com tochas na mão, depois tornaram a subir. Nesse momento, a Liberdade, "representada por uma bela mulher", saiu do templo e sentou-se em um trono de folhagens para receber as homenagens dos republicanos presentes (ver ilustração 6).

A assombrosa inovação do festival, e o detalhe mais inesperado, foi o aparecimento de uma mulher viva como a Liberdade. Três dias antes, quando o governo da cidade votou a localização do evento, ainda se pensava na costumeira apresentação de uma estátua: "A estátua da Liberdade será erigida no lugar da 'antiga Virgem Santíssima'".[28] Não sabemos como essa mudança aconteceu, mas ela foi imitada em muitas cidades provincianas.[29] Por trás do apa-

6. FESTIVAL DA RAZÃO, NOVEMBRO DE 1793
Gravura de Révolutions de Paris, nº 215
(*Foto de Library Photographic Services, University of California, Berkeley*)

recimento da vinheta viva da Liberdade (ou Razão, Natureza, Vitória — em muitos lugares, mesmo em Paris, as distinções nem sempre estiveram claras para os participantes ou os organizadores)[30] estava o desejo de uma representação transparente, tão próxima da natureza que não evocasse coisa alguma do antigo fanatismo por falsas imagens. Como observou um jornal:

> Desde o primeiro momento houve o intuito de destruir o hábito de toda espécie de idolatria; evitamos pôr no lugar de um sacramento sagrado uma imagem inanimada da liberdade porque as mentes vulgares poderiam compreender mal e substituir o deus do pão por um deus de pedra [...] e essa mulher viva, apesar de todos os encantos que a embelezavam, não podia ser deificada pelos ignorantes como aconteceria com uma estátua de pedra.
>
> Uma coisa que nunca nos devemos cansar de dizer ao povo é

que liberdade, razão e verdade são apenas entidades abstratas. Não são deuses, pois, propriamente dito, são partes de nós.[31]

A Liberdade deveria ter a aparência de uma mulher comum, e não de um ícone supersticioso. Mas em quase toda parte a Liberdade escolhida parecia uma rainha de carnaval — a mulher mais bonita do povoado ou da região. O povo a fizera sua rainha por um dia. Desse modo, os rituais de festas populares apropriaram-se do impulso didático dos radicais de reprimir todos os ídolos. A Convenção não participara disso, pelo menos não oficialmente, e assim, quando o festival foi apresentado, os participantes foram até a Convenção convidar os deputados para uma repetição do ato. O povo, guiado por seu governo local em Paris, montara sua própria peça.

O Festival da Razão, como logo passou a ser chamado, mostrava as complexidades que atuavam no campo do poder simbólico. A Convenção, o governo da cidade de Paris, militantes locais e a população parisiense em geral tinham, todos, seus próprios interesses e aspirações. A convenção introduzira a deusa romana da liberdade como um substituto francês apropriado para o rei como símbolo central do governo e sua legitimidade. Os deputados queriam um símbolo abstrato que tivesse pouca ou nenhuma ressonância com o passado monárquico da França. Na época do Festival, o governo da cidade de Paris estava procurando modos de enfrentar o domínio do catolicismo; a Liberdade era secular, facilmente associada à razão (ambas eram representadas iconograficamente como figuras femininas) e podia ser contraposta à figura feminina central do catolicismo, a Virgem Maria. O povo presente era capaz de converter a deusa abstrata e secular em uma deusa viva de carnaval, que fazia lembrar as rainhas dos rituais religiosos populares tradicionais. Entretanto, a multidão só tinha sua deusa viva em um cenário fornecido pela ópera, com a participação de integrantes do balé e música do repertório da ópera.³² O povo adotou a Liberdade, mas acabou descobrindo que ela era uma atriz, desempenhando um papel para instruí-lo.

O uso de símbolos para combater em lutas políticas e desenvolver posições políticas não se limitou, de modo algum, aos partidários da Revolução. Em maio de 1799 o governo municipal de Toulouse escreveu ao ministro da Polícia em Paris queixando-se de manifestações na cidade ao pé da estátua da Virgem Negra. A estátua de madeira negra de Notre-Dame-la-Noire tivera papel de destaque nas cerimônias religiosas locais durante séculos, e ainda em 1785 fora acompanhada pelos membros do conselho municipal da cidade em uma procissão pública organizada para suplicar por chuva. Em 1799 a estátua foi tirada do esconderijo e novamente exposta em uma igreja local: "As coletas produziram quantias vultosas, e todas as ridículas bênçãos usadas pelos padres foram renovadas; todos queriam um lenço, um anel ou um livro que houvesse tocado a Madona". Os administradores municipais estavam indignados porque "no fim de um século iluminista, vimos reproduzidos em nossa comuna todos os miseráveis meios de fanatismo que devem seu êxito mortal unicamente aos tempos de ignorância e superstição". A estátua foi queimada poucos dias depois.³³

Além da restauração de símbolos religiosos tradicionais, os oponentes das inovações revolucionárias também revitalizaram práticas carnavalescas populares. Pouco antes da Quaresma, comunidades locais organizavam desfiles, procissões e bailes que freqüentemente descambavam para turbulentos e até mesmo revoltosos desafios às autoridades locais. Era comum, nessas festividades, usar máscara e travestir-se de mulher. Depois de 1794, vários membros de esquadrões "antiterroristas" usaram esse expediente para esconder sua identidade das autoridades. Em janeiro de 1797 a administração do departamento da Gironda em Bordeaux emitiu um decreto proibindo o uso de disfarces ou máscaras e especificamente o uso de "roupas do sexo oposto". O comissário do Diretório Executivo explicou a necessidade desse decreto:

É sob a máscara que a vingança audaciosamente aponta suas adagas; é sob a máscara que pessoas rancorosas insultam e maltratam com impunidade aqueles a quem consideram inimigos; é sob a máscara que o ladrão e o trapaceiro encontram facilidade para roubar aqueles cuja sorte eles invejam; é sob a máscara que alguém se entrega ao último grau de imprudência naqueles jogos irrefreados que levam a ruína e a desolação às famílias.[34]

Na visão oficial, máscaras e disfarces facilitavam, se é que não provocavam de fato, praticamente toda perversidade política e moral conhecida pela humanidade.

Esses tipos de resistência simbólica à Revolução tinham raízes na cultura popular tradicional. Nos séculos XVI e XVII, as pessoas usavam as máscaras de carnaval e os santos locais para defender suas identidades coletivas contra as incursões dos bispos da Reforma e dos aspirantes a notáveis na localidade. No fim do Antigo Regime já não havia tanta hostilidade nessas batalhas, mas a Revolução as reviveu com uma infusão de novo conteúdo político. Na opinião de certos descontentes, os ideólogos revolucionários e os notáveis da República haviam simplesmente tomado o lugar dos bispos e donos de terras do Antigo Regime. Para os republicanos convictos, em contraste, as máscaras de carnaval e as Virgens Negras representavam tudo o que a Revolução estava tentando vencer: realismo, fanatismo, ignorância, superstição, em suma, tudo o que era reprensível no passado francês. Virgens Negras insultavam a deusa da liberdade; máscaras de carnaval ultrajavam cidadãos transparentes.

Os republicanos sabiam que essas batalhas simbólicas estavam longe de ser "meramente" simbólicas, e muitos brandiam seus porretes simbólicos com furor racionalista. Em 1796 a resolutamente republicana administração municipal de Toulouse pediu permissão para comprar uma capela e usá-la como armazém cerealista; nesse mesmo ano, tentou transformar o convento carmelita em museu botânico, e em 1798 pediu para converter o convento em mercado cerealista.[35] Não é difícil imaginar que algumas pessoas defendiam ostensivamente a Virgem Negra local para demonstrar rejeição a tais medidas descristianizantes. Muitos republicanos espantavam-se com a intensidade do antagonismo despertado por esses conflitos simbólicos. Ao ser chamado de "terrorista", por exemplo, um administrador toulousiano explicou: "Sempre demonstrei opiniões baseadas na mais branda filantropia", e citou Rousseau, Voltaire e Helvétius como fonte de seus "princípios morais".[36] Tais princípios inexoravelmente provocavam batalhas contra a Igreja Católica e símbolos do Antigo Regime.

Os revolucionários só poderiam ter esperança de vencer suas batalhas "simbólicas" se conseguissem educar o público. Era necessário um curso intensivo de educação política para ensinar o povo a distinguir entre a Liberdade do presente republicano e a Virgem Negra do passado realista. Em conseqüência, a prática política dos republicanos era fundamentalmente didática; eles tinham de ensinar o povo a ler o novo texto simbólico da Revolução. O ensinamento começou mais obviamente com as crianças do país. Uma nova geração de verdadeiros republicanos só poderia ser criada por um sistema nacional organizado e laico de instrução pública. Como afirmou Romme em seu relatório de 1793, "a Constituição dará à nação a existência política e social; a instrução pública, a existência moral e intelectual".[37]

Assim, as várias assembléias da Revolução criaram ambiciosos projetos para reestruturar todos os níveis da educação. Retirou-se da Igreja Católica o controle sobre a educação, e a instrução primária foi franqueada a todas as crianças, independentemente de origem social. O "mestre" foi substituído por um instrutor (*instituteur*, ou o que institui novos valores) leigo, remunerado pelo Estado.[38] Embora a maioria desses planos tenha permanecido na gaveta por falta de dinheiro e tempo, e as idéias mais radicais sobre igualdade e educação gratuita fossem abandonadas após 1795, dezenas de manuais educacionais e "catecismos republicanos" foram publicados e distribuídos aos novos professores.[39] Em teoria, os alunos deveriam aprender a Declaração dos Direitos do Homem e do Cidadão, as divisões territoriais da República, poemas e hinos republicanos e os princípios do governo republicano, além de gramática francesa, leitura e escrita, um pouco de história natural e os exemplos de repúblicas anteriores. Muitos administradores locais encarregados de supervisionar a educação constatavam, porém, que os professores eram poucos e despreparados e com freqüência também sem nenhum entusiasmo pela nova ordem.[40]

De qualquer modo, os republicanos não podiam dar-se ao luxo de esperar pela formação de uma nova geração, por isso se empenhavam principalmente em reformar os adultos. Uma das mais importantes "escolas jacobinas" foi o exército de 1792-4.[41] A Convenção enviou deputados a cada um dos exércitos em campanha para supervisionar a disciplina republicana dos soldados e oficiais. Os enviados prenderam supostos traidores, estabeleceram tribunais revolucionários e distribuíram boletins, comunicados, proclamações, instruções e até jornais. O governo subsidiou 5 mil assinaturas do jornal jacobino, *Journal des hommes libres*, e por nove meses remeteu diretamente para o exército até 1 milhão de exemplares do *Père Duchesne*. No auge do esforço de propaganda, a Convenção mandava para o exército 30 mil jornais por dia.[42] Além disso, havia festivais da vitória planejados especialmente em benefício do exército, e muitos festivais cívicos incluíam uma enorme parcela de militares. A avaliação que fundamentava tais esforços ficou bem clara quando um tenente escreveu a um funcionário do ministério da Guerra pedindo ainda mais jornais: "O soldado tem bom coração, mas precisa ser esclarecido".[43]

Até mesmo as autoridades revolucionárias tinham de ser educadas para seus novos papéis. Com essa finalidade, o governo produzia um fluxo interminável de boletins informativos e explicações minuciosas dos deveres e fundamentos burocráticos. O governo nacional exigia prestação de contas regularmente de seus agentes nos departamentos, e estes, por sua vez, requeriam relatórios de seus agentes nas municipalidades. A coleta regular e uniforme de informações permitia ao governo manter contato com a opinião pública e, ao mesmo tempo, não deixava que os agentes nos escalões inferiores da burocracia esquecessem suas lealdades. Uma carta do comissário do Diretório no departamento da Vendéia capta bem o espírito dessa iniciativa. Ele escreveu aos comissários ligados à administração municipal do departamento lembrando-lhes que deveriam remeter um "relatório analítico" da situação em sua área a cada *décade* (período de dez dias, segundo o novo calendário revolucionário). Queixou-se da falta de empenho demonstrada por muitos e frisou: "Tenho o direito de esperar dos senhores precisão metódica, resultados ponderados, algumas novas idéias e, sobretudo, exatidão". Para incentivá-los, ele anexou formulários impressos divididos em colunas com espaços para cada pergunta. E concluiu afirmando que o empenho (palavra que usou várias vezes na carta) daqueles funcionários era essencial ao "aperfeiçoamento da máquina política".[44]

Educação nacional, propaganda para o exército e imposição da rotina burocrática eram estratégias de extensão do poder. Contribuíam para o "aperfeiçoamento da máquina política" incorporando autoridades e cidadãos comuns ao Estado republicano. Nunca antes fora empreendido um programa tão ambicioso de disciplina política. Depois da proclamação da República, em setembro de 1792, autoridades republicanas viram o potencial para luta entre as forças da regeneração e as forças da conspiração contra-revolucionária em quase toda parte. Jornais, fardas do exército, formulários burocráticos e livros didáticos eram símbolos políticos, tanto quanto as cocardas e as árvores da liberdade. Mas até mesmo as medidas de espaço, tempo e peso passaram a ser questionadas. Todos deviam falar a mesma língua, usar os mesmos pesos e medidas e entregar as moedas antigas. Uma comissão trabalhou para estabelecer o sistema métrico, e a Convenção instituiu um novo calendário. Em vez da semana de sete dias, haveria a *decade*, período de dez dias sem variação de mês para mês. No lugar dos nomes da "época vulgar", os nomes dos meses e dias refletiriam a natureza e a razão. Germinal, floreal e prairial (fins de março a fins de junho), por exemplo, evocavam os brotos e flores da primavera, enquanto *primidi*, *duodi* etc. ordenavam os dias racionalmente, sem a ajuda de nomes de santos.[45] Em Toulouse, as autoridades municipais chegaram a contratar um relojoeiro para "decimalizar" o relógio da Câmara Municipal.[46] Até os relógios podiam testemunhar a Revolução.

O governo revolucionário possuía uma organização hierárquica que se acentuou quando os radicais assumiram o poder após 1792. A assembléia (em 1792-5, Convenção Nacional) em Paris organizava o governo central e pressupunha que a autoridade fluiria a partir dali para os departamentos e por fim para as municipalidades. Contudo, embora a Convenção aprovasse as leis e os decretos reestruturando a educação, o exército e a burocracia, as estratégias e táticas de poder não se propagavam simplesmente da cúpula em Paris para as esferas inferiores. Assim como alguns símbolos revolucionários provieram de práticas populares, o mesmo se deu com algumas das táticas de reeducação política, que se originaram regionalmente. Em 1789, governos locais criaram procedimentos burocráticos próprios antes de os deputados em Paris nem sequer terem cogitado em reorganizar a burocracia.⁴⁷ Em alguns departamentos, governos locais tentaram reorganizar a educação pública antes de a Convenção concordar com um plano.⁴⁸ Além disso, o êxito das atividades governamentais nessas áreas dependia em grande medida do "empenho" dos funcionários locais.

Durante a maior parte do período revolucionário, mas sobretudo em 1792 e 1793, a mobilização política aconteceu principalmente fora dos canais governamentais oficiais regulares. Os clubes, sociedades populares e jornais incumbiram-se de converter à causa republicana as populações locais, incluindo guarnições do exército. Clubes femininos e sociedades de artesãos e lojistas explicitamente se dedicaram ao auto-aperfeiçoamento republicano. Uma "sociedade patriótica" de artesãos e lojistas foi criada em Bordeaux em 1790, por exemplo, porque "como todo homem é um membro do Estado, a nova ordem das coisas pode convocar qualquer um para a administração pública". O propósito dessa sociedade era educar cada homem para aquelas potenciais responsabilidades analisando os decretos da Assembléia Nacional e lendo jornais e periódicos.⁴⁹

Em suma, o poder do Estado revolucionário não se expandiu porque seus líderes manipularam a ideologia da democracia e as práticas da burocracia em benefício próprio; o poder expandiu-se em todos os níveis à medida que pessoas de várias camadas sociais inventaram e aprenderam novas "microtécnicas" políticas.⁵⁰ Redigir minutas, comparecer a uma reunião no clube, ler um poema republicano, usar a cocarda, costurar uma bandeira, cantar uma canção, preencher um formulário, fazer uma doação patriótica, eleger um político — todas essas ações convergiam para produzir a cidadania republicana e o governo legítimo. No contexto da Revolução, essas atividades comuns investiam-se de extraordinária importância. Conseqüentemente, o poder não era uma quantidade finita em posse de uma ou outra facção; era um conjunto complexo de atividades e relações que criaram previamente recursos inimagináveis. As surpreendentes vitórias dos exércitos revolucionários foram apenas as mais fascinantes conseqüências dessa descoberta da nova energia social e política.

Embora a prática da política revolucionária multiplicasse as estratégias e táticas do poder, também incorporava as mesmas tensões que cercavam a retórica revolucionária. A mais importante era a tensão entre a crença na possibilidade de transparência e a necessidade de didatismo. Se a verdade e a justiça da vontade do povo eram evidentes, ou seja, estavam gravadas no coração dos homens, bastava então que a vontade do povo fosse expressa para que a virtude reinasse suprema. Portanto, os mecanismos políticos eram secundários, se não descabidos, pelo menos em teoria. Como afirmou Robespierre: "As virtudes são simples, modestas, pobres, muitas vezes ignorantes, às vezes toscas; são o atributo do desafortunado, o patrimônio do povo".[51] Se todo coração fosse transparente, a virtude brilharia. E se os homens fossem virtuosos, uma república de virtude seria uma conseqüência quase automática. A política só era necessária em sociedades corruptas; de fato, a própria existência da política era sinal de que a sociedade estava corrompida. Assim, a prática da Revolução somente poderia consistir em libertar a vontade do povo dos grilhões da opressão passada.

Entretanto, conforme a Revolução foi sendo vivenciada, ficou claro que a ignorância e a superstição não eram tão fáceis de vencer. O próprio Robespierre reconheceu esse problema quando confessou: "Erigimos o templo da liberdade com mãos ainda enfraquecidas pelos ferros do despotismo".[52] No fim da década, Madame de Staël concluiu que "a República chegou à França antes do iluminismo que deveria ter lhe preparado o caminho".[53] Em conseqüência, os revolucionários precisaram ter muita fé em sua capacidade para reformular a sociedade e o indivíduo em tempo curtíssimo. Para isso, mobilizaram colossais energias pedagógicas e politizaram todos os aspectos possíveis da vida cotidiana. A transparência só poderia funcionar se o didatismo preparasse o caminho.

Pode se ver a tensão entre transparência e didatismo na elaboração dos símbolos do poder. Símbolos inventados "popularmente", como a cocarda e a árvore da liberdade, tiveram de ser incorporados ao repertório simbólico porque pareciam representar a voz do povo. Mas ao mesmo tempo as autoridades procuraram disciplinar essas formas populares e impor as suas próprias formas (como a Liberdade, representação feminina da República) a fim de educar o povo sobre seus direitos e deveres. A disciplina governamental só era legítima, porém, se prometesse restaurar a voz do povo e os valores ditados pela natureza e pela razão. O didatismo justificava-se pela crença na transparência.

Por vezes, a tensão entre transparência e didatismo expressava-se como um contraste entre palavras e imagens, entre representações verbais e visuais. Os líderes republicanos atribuíam extraordinária importância às palavras, especialmente na forma de prosa extensa. Um camponês podia pendurar um lema ameaçador no mastro da praça, e artesãos e diaristas pobres na cidade conseguiam compreender cartazes toscos ameaçando comerciantes cerealistas. Os líderes republicanos esperavam muito mais das palavras; elas eram os signos e a garantia da liberdade, mas também um meio de disciplinar por interpretação. Festividades populares espontâneas não requeriam proclamações, mas cada um dos festivais parisienses organizados era acompanhado por programas impressos, cartazes de identificação e imagens gravadas com palavras. Judith Schlanger designa a prática como "fundamento discursivo do didatismo político": "As inscrições manifestam a crença na superioridade da função esclarecedora [*l'explicitation*] do falar sobre a potencialidade do mostrar".[54]

A explicação verbal era essencial porque a estrutura simbólica da Revolução requeria constante esclarecimento. A cultura política revolucionária estava, por natureza, continuamente fluindo; o presente mítico atualizava-se com freqüência. Novos símbolos e imagens surgiam a cada poucos meses, e "velhas" imagens passavam por constantes modificações. Na fluida situação política da Revolução, a incerteza "normal" na leitura de imagens e símbolos era exacerbada, e em decorrência os textos verbais pareciam suplementos ainda mais necessários. Os discursos, bandeiras e inscrições dirigiam a atenção de participantes e espectadores; reprimiam leituras indesejadas e ensejavam as "corretas".[55] Além disso, os discursos e textos asseguravam a continuidade da experiência revolucionária. Embora os cargos oficiais trocassem repetidamente de ocupante (ver capítulos 5 e 6) e muitos símbolos fossem alterados, os princípios de interpretação permaneciam em grande medida iguais.

Nenhuma outra questão demonstra a tensão entre transparência e didatismo mais notavelmente que a do vestuário revolucionário. Desde os primeiros tempos da Revolução, a indumentária foi investida de significação política. Quando os Estados Gerais iniciaram suas atividades com uma procissão cerimonial em 4 de maio de 1789, por exemplo, muitos observadores surpreenderam-se com a insistência da corte em diferentes trajes para as diferentes ordens: os deputados do Terceiro Estado deviam trajar-se sobriamente de preto, enquanto os nobres usavam debruns dourados, meias brancas, gravata de renda e graciosas plumas brancas no chapéu.[56] Como observou o visitante John Moore, a distinção no vestir-se não apenas foi insultante, mas também precipitou uma espécie de revolução no vestuário político: "De modo que, em pouco tempo, uma pequena casaca preta sobre um casaco marrom puído tornou-se respeitável; e depois, quando os mantos foram postos de lado [...] vestir-se com grande simplicidade, ou melhor, com andrajos, era [...] presumivelmente indício de patriotismo".[57]

Nos primeiros anos após 1789 os revolucionários salientaram a eliminação da odiosa distinção no vestuário. Foram abolidos os trajes religiosos, e a única distinção permitida às autoridades municipais, por exemplo, era um lenço tricolor no pescoço.[58] Ao mesmo tempo, certos aspectos da ornamentação pessoal podiam indicar aceitação ou rejeição da Revolução; a cor da cocarda e até mesmo o material de que ela era feita (lã era menos pretensioso do que seda) eram significativos. Após 1792, a igualdade social tornou-se uma consideração cada vez mais importante no vestir-se. Alguns aspirantes a políticos começaram a usar o paletó curto, as calças compridas e até os tamancos dos sans-culottes, a classe popular urbana.[59] Militantes das seções em Paris com freqüência usavam o barrete frígio vermelho, ou barrete da liberdade (de lã, obviamente), embora a maioria dos líderes burgueses desprezasse essas exibições e continuasse a usar culotes e camisas franzidas.

Em maio de 1794 a preocupação com o vestuário culminou com uma solicitação ao deputado-artista David; o Comitê de Segurança Pública pediu-lhe que opinasse sobre como melhorar a indumentária nacional e torná-la mais apropriada ao caráter republicano e revolucionário. O jeito mais racional de assegurar a aparência de igualdade e impedir a expressão de diferenças políticas por intermédio da indumentária era inventar um uniforme civil nacional.[60] O comitê gostou de seus desenhos e encomendou 20 mil cópias das gravuras para distribuir a autoridades de todo o país. Em estudo recente sobre os trajes revolucionários, Jennifer Harris concluiu que David se baseou em fontes históricas, teatrais e contemporâneas para criar o traje civil. A túnica aberta e curta usada com calções justos lembrava a moda renascentista; os mantos, o drapeado clássico.[61]

Ainda mais surpreendente que o ecletismo e o classicismo da criação de David é seu óbvio afastamento da indumentária dos sans-culottes. Se todos os homens deviam ter a mesma aparência, que fosse apropriadamente com brio. O nivelamento, se fosse para acontecer, deveria ser por cima, não por baixo. Em vez de representar um impulso radical em direção à igualdade, os desenhos de David expressavam uma fantasia burguesa de imitar os clássicos. Na prática, era óbvio que apenas uma elite burguesa podia dar-se ao luxo de assumir o papel, e os trajes de David nunca foram produzidos. Ainda assim, a encomenda do comitê e a resposta de David não foram um mero detalhe curioso. Foram parte de uma contínua busca pela aparência do republicano. A indumentária, o modo de apresentar-se aos outros, foi um aspecto importante da definição da prática revolucionária.

A busca de um traje revolucionário apropriado incorporou todas as ambigüidades da política revolucionária. Não só o projeto de David para o uniforme civil era muito diferente das roupas dos sans-culottes, mas também era apenas parte de um esforço mais amplo para fornecer trajes distintivos para as funções militares, legislativas, judiciárias e administrativas. Seis mil cópias de cada uma das gravuras desses trajes oficiais foram encomendadas na mesma época.[62] Embora David desenhasse o traje oficial bem parecido com o civil, ainda assim eles eram distintos. Juízes e legisladores, por exemplo, deveriam usar mantos até o tornozelo.[63] Era preciso que o povo fosse capaz de reconhecer seus representantes. A indumentária parecia inevitavelmente envolver diferença e diferenciação. Havia dois impulsos contraditórios no projeto de David. Por um lado, os deputados ou representantes do povo eram supostamente um mero reflexo transparente do povo, ou seja, eram exatamente como as pessoas comuns por serem eles também comuns. Assim, todos deveriam usar um novo uniforme nacional que apagasse as diferenças. Por outro lado, os representantes obviamente eram outros, diferentes, não exatamente iguais às outras pessoas, porque eram os preceptores, os governantes, os guias do povo. Portanto, os uniformes das autoridades tinham de ser distintos o bastante para permitir o reconhecimento.

Após a queda de Robespierre e o fim do Terror, a idéia do traje civil caiu no esquecimento. Mas a indumentária oficial continuou a preocupar os legisladores. Em outubro de 1794 o reconstituído Comitê de Segurança Pública concordou em pagar ao gravador Denon pela reprodução dos desenhos de David; ele recebeu aproximadamente 20 mil francos por um total de quase 30 mil estampas.[64] Um dos últimos atos da Convenção foi aprovar uma lei prescrevendo o traje oficial para o novo governo do Diretório: deveriam ser criados trajes para os membros dos dois Conselhos, o diretório Executivo, ministros, mensageiros do Estado, bailios, o Judiciário, os juízes de paz e as administrações departamentais e municipais (25 de outubro de 1795).[65]

A lei sobre o traje oficial adotada em 1795 baseou-se principalmente no relatório de Grégoire de 14 de setembro de 1795, que forneceu a justificativa mais clara para a adoção oficial de um uniforme: "A linguagem dos sinais tem eloqüência própria; trajes distintivos são parte deste idioma, pois despertam idéias e sentimentos análogos a seu objeto, especialmente quando se apoderam da imaginação com sua própria vividez".[66] Os trajes não eram disfarces ou máscaras, e sim um meio de aumentar a percepção de verdades naturais. "O traje do funcionário público diz aos cidadãos: aqui está o homem da lei. [...] um povo livre não precisa de um ídolo, mas em tudo precisa de ordem, bons costumes, justiça; um povo livre honra-se, respeita-se, quando honra e respeita seus legisladores, seus magistrados, em outras palavras, sua própria obra [*ouvrage*]."[67] Os trajes para funcionários públicos serviriam a dois propósitos: ajudariam a delinear uma esfera política específica destacando as autoridades do resto da população e, no processo, estabeleceriam maior disciplina política, ou o que Grégoire chamava de respeito pelos legisladores. As pessoas saberiam que eram representadas e seriam incentivadas a honrar e a respeitar essa representação como sendo distinta de si mesmas e ao mesmo tempo nascida de sua vontade.

Quando Grégoire falou, em 1795, estava preocupado em evitar os "excessos" democráticos associados ao reino do Terror:

O traje terá não só a vantagem de distinguir de certa maneira os legisladores, mas também, sem dúvida, de organizar um pouco a vivacidade francesa: a partir de agora, o local das sessões não mais será um cenário instável cujos corredores estão incessantemente bloqueados pelos que entram e saem; as sessões serão talvez menos freqüentes ou menos longas. [...] E esse turbilhão de eventos e paixões que no decorrer de três anos deu origem a 15 mil decretos se dissipará. Então pouparemos mais tempo, que é a coisa mais preciosa depois da verdade e da virtude. Todas as sessões serão plenas, e a legislatura, pela gravidade de seu porte e a dignidade de sua indumentária, lembrará a majestade da nação.[68]

Nessa passagem, Grégoire revela o muito que os deputados esperavam de algo tão aparentemente trivial quanto uma toga (ver ilustração 7). Fixando a identidade do legislador, o traje estabeleceria nítida diferenciação entre representante e representados, entre os mandatários da nação e o povo. As sessões não seriam mais perturbadas pelos que, na galeria, se imaginavam detentores de igual influência e que, no passado, se vestiam de modo bem parecido ao dos membros do plenário. Em outras palavras, a diferenciação e a ordem política seriam produzidas pela indumentária oficial. Enquanto debatiam acerca de mantos e chapéus, os deputados estavam desenvolvendo suas idéias sobre política, representação e hierarquia.

A indumentária oficial continuou a ocupar os deputados por vários anos. O relatório de Grégoire recomendava túnicas longas

7. SESSÃO DO CONSELHO DOS ANCIÕES, 1798-9
(*Foto do Cabinet des Estampes, cedida pela Bibliothèque Nationale*)

de diferentes cores e chapéus de veludo (ver ilustração 8). Vermelho, branco e azul eram as cores predominantes, como seria de esperar, e todos os tecidos deveriam provir da França. Em novembro de 1797 os Conselhos reconheceram que o projeto de Grégoire era difícil demais para ser concluído, por isso simplificaram a tarefa igualando os trajes de todos os deputados: paletó "francês" em "azul nacional", cinto tricolor, manto escarlate *à la grecque* e chapéu de veludo com penacho tricolor.[69] Apesar de algumas dificuldades na entrega, os deputados puderam começar a usar a indumentária em fevereiro do ano seguinte.[70] A recepção do público não foi tão entusiasmada quanto Grégoire previra. O *Moniteur* observou que "essa grande quantidade de roupas vermelhas fatiga extremamente os olhos; entretanto, deve-se admitir que esse traje tem algo de belo, imponente e verdadeiramente senatorial".

8. TRAJES OFICIAIS, 1798-9
(*Foto do Cabinet des Estampes, cedida pela Bibliothèque Nationale*)

Ainda assim, advertiu o editor, apenas o uso regular e consistente do traje reprimiria um possível sarcasmo.[71] Um estrangeiro em visita a Paris achou o traje legislativo "muito nobre e pitoresco; porém, por ser demasiado distante da indumentária comum, tem um ar teatral [...] e esse defeito impede-o de ser, ao menos por ora, seriamente dignificado e de fato imponente".[72]

Sob o regime do Diretório (1795-9), a preocupação com o modo de vestir-se dos civis não desapareceu, embora a legislatura houvesse desistido da idéia de um uniforme civil. O traje nunca deixara de ser uma liberdade pessoal (foi declarado um direito pela Convenção em 29 de outubro de 1793), e no entanto já em dezembro de 1798 o Conselho dos Quinhentos debateu sobre a possibilidade de punir os que não usavam a cocarda nacional e de proibir os estrangeiros de usá-la.[73] Fora dos salões da legislatura, os "sinais de filiação" continuavam a ser tão potencialmente divisivos como antes. Em 1798 uma brochura ilustrada com o título *Caricatures politiques* descreveu as cinco "classes" de homens que podiam ser encontradas entre os republicanos.[74] As classes eram distinguíveis por seus princípios, emblemas e lemas, ou seja, por sua política. Mas eram ainda mais facilmente reconhecíveis por seu traje cotidiano e por seus *genres*, ou maneiras de se comportar no mundo.

Os "independentes" eram, claramente, os verdadeiros republicanos; eram "bem-educados e capazes de coisas grandiosas". Na aparência, eram nobres e altivos, tinham modos confiantes, asseio, roupas brancas de linho e em geral usavam calções justos de fino tecido, botas na altura dos tornozelos, fraque e chapéu arredondado (ver ilustração 9). Em contraste, os "exclusivos" tinham humor brusco, "desconfiado" e inquieto (ver ilustração 10). Seus olhos não apreciavam a luz do dia; eles se sentiam mais à vontade no escuro (uma referência nada sutil à sua natureza pouco civilizada). Em geral traziam os cabelos em desalinho, e às vezes as roupas sujas. Usavam casacas curtas, calças de lã comum e sapatos amarrados com cordões de couro. Andavam com chapéus exóticos, e grande parte do tempo eram vistos fumando cachimbos curtos de barro, o que lhes dava um mau hálito pavoroso. Os "exclusivos" eram os líderes militantes dos sans-culottes.

Podia-se distinguir um bom republicano pelo modo como ele se vestia. O traje certo era sinal de virtude, e a indumentária em geral evidenciava o caráter político da pessoa. A roupa de um bom republicano era previsível, enquanto os "vendidos" (*les achetés*) nunca possuíam uma aparência própria, os "sistemáticos" mudavam a cada duas semanas e os "novos-ricos" (*les enrichis*) usavam o que lhes desse na telha, contanto que fosse resplandecente e luxuoso. Esse refinamento de categorização com base no vestuário foi mais característico das preocupações políticas sob o Diretório.

9. "O INDEPENDENTE"
(*Foto cedida pela Bibliothèque Nationale*)

Após a queda de Robespierre, as distinções políticas tornaram-se cada vez mais complicadas, e com isso avaliar a aparência de um republicano passou a ser uma operação ainda mais delicada e sutil. Mesmo entre os republicanos havia cinco classes.

Os trajes civis e oficiais foram alvo de tanta preocupação porque a indumentária era um sinal político. Sob o Antigo Regime, as diferentes ordens e numerosas profissões e ofícios eram identificados pelo modo de vestir: nobres, clérigos, juízes e até mesmo pedreiros eram conhecidos pelas roupas. Os revolucionários queriam eliminar o sistema de distinções sociais odiosas, mas continuavam a acreditar que o traje revelava algo sobre a pessoa. A roupagem era, por assim dizer, politicamente transparente: podia-se distinguir o

10. "O EXCLUSIVO"
(*Foto cedida pela Bibliothèque Nationale*)

caráter político da pessoa pelo modo como ela se vestia. Essa convicção, em seu grau mais extremo, levou à busca de um uniforme civil apropriado. Se a virtude devia ser encontrada igualmente em todas as classes ou grupos, não havia justificativa para distinções sociais ou políticas no vestuário. Todos os verdadeiros republicanos deviam ter a mesma aparência.

Por outro lado, os republicanos reconheceram a distância que sua nova nação tinha de percorrer antes de se tornar verdadeiramente livre. Primeiro era preciso remodelar o povo segundo o molde republicano. O vestuário, dessa perspectiva, não era reflexo do caráter; era um modo de refazer o caráter. Usar um uniforme civil nacional tornaria os cidadãos mais nacionalistas, mais uniformemente republicanos, assim como falar francês, e não em dialeto, lhes intensificaria a orientação nacional e o espírito cívico. Vestir togas vermelhas daria mais seriedade ao porte dos legisladores e, conseqüentemente, tornaria o próprio processo político mais efetivamente republicano. O traje, mais que a medida do homem, era seu formador.

As incertezas quanto ao significado político do traje exacerbavam-se ainda mais com as confusões republicanas acerca da igualdade. Os políticos do Diretório sabiam que precisavam confrontar diretamente esse problema porque desejavam evitar o que consideravam os excessos do regime anterior. Por isso, o autor de *Caricatures politiques* explicitamente distanciou os bons republicanos ("os independentes") dos sinceros mas abrutalhados sans-culottes ("os exclusivos"). Não era difícil detectar o elemento social burguês nessa distinção; bons republicanos vestiam-se como bons burgueses, sem as pretensões associadas à aristocracia do Antigo Regime. Mesmo em pleno Terror, os deputados na Convenção haviam mostrado preocupação com a deterioração do vestuário e conduta pessoal. Grégoire falou pelo governo jacobino quando criticou "essa prática de dizer impropriedades cujo contágio atingiu muitas mulheres [...] essa degradação da língua, do gosto e da moralidade é verdadeiramente contra-revolucionária. [...] somente a linguagem decente e cuidadosa (*soigné*) é digna dos refinados sentimentos [*sentiments exquis*] de um republicano".[75] Ele poderia perfeitamente ter dito vestuário em vez de linguagem nesta passagem. Se havia esperança para as classes inferiores, era que aprendessem a emular seus superiores; estes não tencionavam degradar-se.

Mas a principal confusão em torno da igualdade não era social, e sim política. Poucos ou talvez até nenhum dos líderes jacobinos acreditavam que todos deveriam ou poderiam ser socialmente iguais; raros eram os que desejavam parecer-se com um sans-culotte. Como Rousseau, os jacobinos achavam que os extremos de desigualdade eram perigosos, mas não imaginavam que o governo pudesse fazer algo além de atenuar disparidades gritantes. O problema mais urgente provinha da democracia e, em particular, da relação entre o povo e seus representantes. Até os membros do Diretório eram de opinião de que o povo devia participar do governo por meio de eleições freqüentes; os representantes deveriam ser, como disse Grégoire, sua *ouvrage*. Mas quais eram os limites nessa relação? Com o avanço da Revolução, eles pareciam inexistir. Um fluxo constante de petições, cartas e comunicados levava as reivindicações do povo à atenção dos deputados. Quando a Assembléia se transferiu para Paris, em outubro de 1789, os legisladores viram-se frente a frente com o povo parisiense, que não hesitava em verbalizar suas preferências e aversões no recinto da legislatura. Em meados de maio de 1793, a Convenção mudou-se para novas instalações na *Salle de Spectacle* das Tulherias, possibilitando ainda mais a participação do público. Mesmo assim, Robespierre não ficou satisfeito; propôs que a Convenção construísse um local de reunião que pudesse receber 12 mil espectadores, pois só desse modo a vontade geral, a voz da razão e o público interessado seriam ouvidos.[76] Participação popular era uma expressão a ser interpretada ao pé da letra.

Depois da experiência da extensão da democracia em 1793-4, uma das principais preocupações dos redatores da nova Constituição do ano III (1795) foi limitar o número e o papel dos espectadores.[77] Para os sucessores de Robespierre, era preciso definir com mais clareza os limites entre o povo e seus representantes. A arena política precisava ser mais nitidamente delineada para que a vida política pudesse ter alguma perspectiva de estabilidade. Como declarou Grégoire, os trajes oficiais distinguiriam os legisladores "de certa maneira" e eliminariam o "cenário instável" que perturbava os trabalhos nas sessões legislativas. O traje oficial não se justificava porque restabeleceria a hierarquia social, e sim porque promoveria o apropriado respeito republicano (político). Legisladores, juízes, administradores e oficiais militares não eram necessariamente superiores na esfera social, ao menos não em teoria, mas eram politicamente diferentes. Os deputados esperavam que os trajes oficiais viessem a estabilizar o sistema de signos políticos e eliminassem as constantes incertezas na interpretação política. A roupa oficial identificaria a voz da nação.

O vestuário não incutiu novos hábitos políticos tão rapidamente como esperavam os deputados, e as vistosas togas vermelhas não impediram a ascensão de Napoleão. Entre os de túnica escarlate estavam os homens que levaram Bonaparte para os corredores do poder. O republicanismo era, de fato, mais um estado de espírito que uma moda. Ainda assim, apesar de todo o exotismo e grandiloqüência de seus esforços, os republicanos haviam aprendido um importante e duradouro conjunto de verdades. O aprendizado do republicanismo realmente requeria novos hábitos e novos costumes, se não novos trajes. A República não podia sobreviver sem uma arena política circunscrita, sem respeito pelos legisladores e sem massas politicamente educadas. A sobrevivência do republicanismo após a queda da República e as notáveis semelhanças entre a prática política sob o Diretório e a política sob a prolongada Terceira República mostram que os republicanos da década de 1790 não eram sonhadores utópicos. Suas togas vermelhas não emplacaram, e muitas Virgens Negras sobreviveram. Mas Marianne, os banquetes políticos, os barretes vermelhos, a bandeira tricolor e "liberdade, igualdade, fraternidade" tornaram-se, todos, parte de um repertório clássico de oposição e contestação. Na época, quem poderia ter previsto qual deles perduraria e qual desapareceria? Foi só no calor do momento, na barafunda da política republicana que os símbolos e rituais do republicanismo foram experimentados, postos à prova e por fim escolhidos. Sem eles, não teria havido a memória coletiva do republicanismo nem a tradição de revolução.

3. As imagens do radicalismo

Toda autoridade política requer o que Clifford Geertz chama de "moldura cultural" ou "ficção mestra" na qual possa definir-se e afirmar-se. A legitimidade da autoridade política depende de sua ressonância com pressuposições culturais mais globais, até mesmo cósmicas, pois a vida política é "envolta" em concepções gerais sobre como a realidade se forma.[1] Além disso, muitos antropólogos e sociólogos asseveram que toda moldura cultural possui um "centro" com status sagrado.[2] O centro sagrado possibilita uma espécie de mapeamento social e político, dando aos membros da sociedade sua noção de posição. Ele é o cerne das coisas, o lugar onde cultura, sociedade e política se encontram.

A autoridade política francesa durante o Antigo Regime enquadra-se bem nesse modelo; sob a monarquia, o rei era o centro sagrado, e a moldura cultural de sua autoridade era firmemente assentada sobre antigas concepções acerca de uma ordem hierárquica católica.[3] Os reis situavam-se entre os meros mortais e o Deus cristão na grande cadeia do ser, e a realeza era, portanto, mística, semidivina. Já em janeiro de 1792 um jornal conservador apresentou a seguinte explicação: "Assim como o Eterno, com sua onipotente mão, amarra ao pé de seu trono o primeiro elo da grande cadeia, que liga todos os seres por ele criados, dos milhares de esferas em rotação sobre nossas cabeças ao movente monte de terra no qual vivemos, também a paternidade dos reis reascende ao próprio Deus".[4] Até 1789 a moldura cultural dessa autoridade parecia tão imperecível que era considerada "tradicional"; dispensava justificações constrangidas e, de modo geral, não recebia nenhuma além de suas repetidas encenações cerimoniais nas coroações, cerimônias de posse e rituais afins.

Assim, quando a Revolução Francesa contestou a autoridade política do Antigo Regime, também questionou sua moldura cultural. Os republicanos ferrenhos acabaram por dedicar-se com entusiasmo ao lado político desse desafio, mas quanto aos aspectos culturais eles não tiveram tanta certeza. Aonde seu confronto os levaria? Os radicais rejeitaram o modelo tradicional de autoridade; expuseram a si mesmos e a quem os observasse a ficcionalidade da "ficção mestra" do Antigo Regime e, no processo, criaram um atemorizante vácuo em seu espaço político e social. Recusando-se a reconhecer o carisma do rei, descentralizaram a moldura da autoridade tradicional. Como afirmou o mesmo editor do jornal conservador, "para fazer as pessoas esquecerem essa linhagem sagrada [...] eles contestaram o direito de Deus aos louvores da Terra, os direitos dos reis aos tributos de seus súditos e os direitos dos pais ao respeito de seus filhos".[5]

Onde estava o novo centro da sociedade, e como ele poderia ser representado? Aliás, deveria mesmo haver um centro, e ainda por cima sagrado? A nova nação democrática podia ser situada em alguma instituição ou em algum meio de representação? Trazendo à baila essas questões fundamentais, a Revolução Francesa tornou-se mais do que apenas outro exemplo de como a política é moldada pela cultura; a experiência da Revolução mostrou, pela primeira vez, que a política era moldada pela cultura, que uma nova autoridade política requeria uma nova "ficção mestra" e, sobretudo, que os membros da sociedade podiam inventar a cultura e a política por conta própria. Os revolucionários franceses não buscaram meramente outra representação de autoridade, um substituto para o rei; acabaram por questionar o próprio ato da representação.

A crise de representação só emergiu gradualmente. Nos arrebatadores dias de 1789-90, realizar um festival e prestar um juramento coletivo eram suficientes. A nova comunidade parecia entrar em ação quase sem esforço, criando e recriando sua própria presença sagrada e ressaltando a nação como um contrapeso à monarquia. Já que a monarquia como instituição passou a ser cada vez mais questionada, a maioria dos revolucionários concordou que os símbolos do Antigo Regime tinham de ser obliterados, embora se debatesse sobre o grau em que essa obliteração deveria ser pública e explícita. Na reunião inaugural da Convenção Nacional em 21 de setembro de 1792, um deputado procurou mostrar que era desnecessária uma declaração oficial da abolição da realeza: "Não me importo com o rei nem com a monarquia; preocupo-me inteiramente com minha missão [estabelecer um novo governo], sem pensar que tal instituição [a monarquia] *possa algum dia ter existido*".[6] Não havia necessidade de declarar oficialmente a abolição da realeza porque ela já era uma instituição do passado.

Refutando esse argumento, o deputado Grégoire (ver ilustração 11) expressou uma opinião quase unânime; as instituições do Antigo Regime podiam estar extintas, mas seus lembretes tangíveis tinham de ser extirpados da consciência popular: "Decerto nenhum de nós jamais proporá que se conserve a letal raça dos reis na França [...]. Mas devemos tranquilizar plenamente os amigos da liberdade; é necessário destruir a palavra rei, que continua a ser um talismã cuja força mágica pode servir para estupefazer muitos homens. Proponho, pois, que por uma lei solene consagreis a *abolição da realeza*".[7] Após uma manifestação espontânea de apoio à proposta de Grégoire, a Convenção tratou de aprovar um novo selo para seus registros oficiais: substituiu o rei como insígnia do selo oficial do Estado por "uma mulher apoiada com uma das mãos no fasces* e empunhando com a outra uma lança encimada por um barrete da liberdade, com a legenda 'Archives de la République française'".[8] Pouco depois, esse selo (ver ilustração 5) tornou-se o de todos os ramos da administração pública, e a Convenção decretou que todos os atos públicos dali por diante fossem datados de ano I da República Francesa. Duas semanas mais tarde, os deputados decretaram que os selos da realeza, o cetro e a coroa fossem despedaçados, levados para a Casa da Moeda e fundidos para fazer moedas republicanas. Os marcos da velha moldura cultural haviam sido transmutados em material para a nova.

O debate sobre a abolição da monarquia fez aflorar a crescente preocupação com o lugar apropriado dos símbolos e imagens na vida política. Nos anos seguintes, o selo do Estado serviria como uma espécie de barômetro da crise de representação. Já que a realeza e seus símbolos haviam sido abolidos, o que deveria ocupar seu lugar, se é que alguma coisa deveria ocupá-lo? Um sinal ou insígnia deveria ser necessário a um governo republicano? Em um relatório entregue ao Conselho dos Quinhentos mais de três anos após o primeiro debate sobre os selos, o onipresente Grégoire mencionou uma "estranha questão" que fora suscitada: "É necessário que haja um selo da República? Dizem que no princípio os selos eram usados apenas para compensar a ignorância ou a imperfeição da palavra escrita".[9] Na visão mais radical, um povo com acesso à imprensa e aos

---

*Feixe de varas envolvendo o cabo de um machado, insígnia romana que representava o direito de punir. (N. T.)

11. HENRI GRÉGOIRE
Grégoire (1750-1831), filho de alfaiate pobre, tornou-se padre em 1775 e líder do movimento pela tolerância religiosa na década de 1780. Participou de quase todas as legislaturas revolucionárias e distinguiu-se como um dos deputados mais sensíveis às questões de cultura e legitimidade política. Também foi membro dos conselhos legislativos de Napoleão, e por fim tornou-se conde.
(Foto do Cabinet des Estampes, cedida pela Bibliothèque Nationale)

debates públicos não precisava de ícones. Como afirmou um escritor: "Os princípios metafísicos de Locke e Condillac devem tornar-se populares, e o povo deve ser habituado a ver em uma estátua apenas pedra, e em uma imagem apenas tela e cores".[10] Uma vez libertada dos símbolos e imagens supersticiosos do passado, a nação não teria necessidade de criar outros.

Na verdade, essa posição racionalista extrema raramente foi defendida, e a resposta de Grégoire em 1796 foi bem mais comum. Ele argumentou que todos os povos civilizados constatavam que "um sinal, um tipo, era necessário para conferir um caráter de autenticidade" a todos os atos públicos. Em essência, a nação só era reconhecida por sua representação em algum tipo de símbolo público. O uso de um selo de Estado fundamentava-se na razão, segundo Grégoire, pois um selo era mais facilmente reconhecível do que uma assinatura, mais permanente e mais difícil de falsificar. O selo tornava a autoridade pública, e não privada; representava algo muito mais geral do que a assinatura de um homem jamais poderia representar. Grégoire admitia que "os ridículos hieróglifos da heráldica agora são para nós apenas curiosidades históricas". O selo de uma república não deveria ser supersticioso nem obscuro como as insígnias da aristocracia e da realeza. Mas isso não significava que os símbolos deveriam ser totalmente descartados.

> Quando se reconstrói do zero um governo, é necessário republicanizar tudo. O legislador que desconsiderar a importância dos emblemas fracassará em sua missão; ele não deve perder uma única oportunidade de atrair os sentidos para despertar idéias republicanas. Logo a alma é penetrada pelos objetos reproduzidos constantemente diante de seus olhos; e essa combinação, essa coleção de princípios, de fatos, de emblemas que retraçam incessantemente para o cidadão seus direitos e deveres, essa coleção de formas, por assim dizer, [é] o molde republicano que lhe dá um caráter nacional e a conduta de um homem livre.[11]

Grégoire expôs, com isso, sua interpretação da psicologia de Condillac; a seu ver, o sinal e o símbolo, quando corretamente escolhidos, podiam servir ao propósito da propaganda política "atraindo os sentidos" e penetrando a alma. Assim, o selo não era apenas uma representação da autoridade pública, mas também um instrumento de educação, um elemento do "molde republicano". Como parte de uma nova moldura cultural, novos símbolos podiam fazer novos homens.

Entretanto, nem mesmo a ardente argumentação de Grégoire em favor de um selo deixava de ter suas incertezas. Grégoire entregou seu longo relatório em 1796, pois os deputados estavam mais uma vez deliberando sobre a escolha de um selo. A decisão em setembro de 1792 fora quase ao acaso, e o selo proposto havia sido desenhado inicialmente para os arquivos da Convenção. Na época, os deputados não tinham uma noção clara de onde o desejo de uma nova autoridade política os levaria. Em 1796, após três anos de experimentos com o "molde republicano", o selo continuava no limbo. Apesar dos esforços de Grégoire, ele assim permaneceu até o advento de Napoleão. Embora a maioria dos deputados pudesse concordar que era necessário algum tipo de insígnia, não concordaram por muito tempo sobre que tipo deveria ser. Tanto a estrutura da autoridade política como suas representações culturais permaneciam incertas.

As controvérsias acerca da escolha do selo revelam a importância atribuída pelos revolucionários a seus símbolos centrais. O selo nunca foi definitivamente fixado, pois a própria Revolução esteve sempre em processo. Os debates foram mais intensos nos três principais momentos críticos da Revolução: quando a República foi instituída, em setembro de 1792, durante o Terror (verão de 1793 — verão de 1794) e logo depois da inauguração de um novo sistema legislativo, mais moderado, em fins de 1795 e início de 1796. Os debates sobre os selos podem ser interpretados de duas perspectivas: como um indicador de conflitos políticos imediatos e como uma arena dramática para descobrir o papel da representação de modo mais geral. Esses dois aspectos não podem ser claramente separados, assim como a autoridade política não pode ser separada de sua moldura cultural. Os debates acerca dos emblemas da autoridade punham em questão a própria função dos sinais e símbolos, e toda decisão em torno destes tinha conseqüências políticas, às vezes impremeditadas.

Em setembro de 1792, abolida a monarquia e proclamada a República, a escolha de uma nova insígnia parecia quase automática. O arquivista propôs que escolhessem a Liberdade, e nenhum dos relatos sobre o debate menciona polêmicas acerca do tipo eleito para o novo selo. Em seu estudo sobre a "alegoria cívica feminina", Maurice Agulhon apresenta várias razões para essa identificação praticamente reflexiva: na tradição iconográfica, a maioria das qualidades e, em particular, os diferentes princípios de governo, inclusive a monarquia, eram representados por figuras femininas; o barrete frígio, ou gorro da liberdade da deusa, oferecia um contraste especialmente gritante com a coroa da autoridade régia (um contraste que a figura feminina reforçava); o catolicismo tornava os franceses mais receptivos a uma figura mariana (o apelido Marianne sem dúvida era semanticamente próximo ao nome de Maria, mãe de Jesus), e a República Francesa podia encontrar na alegoria feminina uma figura convenientemente distante dos heróis da vida real que no processo revolucionário se transformaram em vilões. Enquanto Mirabeau, Lafayette e muitos outros decepcionaram seus seguidores e saíram do cenário histórico, Marianne perdurou, graças à sua abstração e impessoalidade.[12]

Agulhon delineou, além disso, as implicações políticas dos diferentes modos de representar Marianne. No selo de 1792 ela era retratada em pé, jovem e decidida, embora não exatamente agressiva. Empunhava a lança da revolução popular, encimada pelo barrete frígio da libertação. Essa representação era, em muitos aspectos, intermediária, interpondo-se entre as poses mais radicais da Liberdade marchando de seios nus e expressão feroz, usadas em 1793, e as poses mais conservadoras preferidas por governos posteriores na década de 1790 e no século XIX, nas quais a Liberdade aparecia sentada, imperturbável, tranqüila e freqüentemente sem lança ou barrete da liberdade.¹³ As mesmas escolhas entre figuras radicais e conservadoras da Liberdade retornariam à cena em 1848 e após 1871, sob a Segunda e a Terceira República.

Depois de gerações de controvérsias em torno da república e, em conseqüência, de seu emblema, Marianne, a alegoria cívica feminina, não só foi aceita mas também amplamente difundida na França. Porém durante a Revolução sua predominância não foi tão certa.¹⁴ A primeira contestação de Marianne partiu das fileiras dos republicanos. Em outubro de 1793, após a prisão dos deputados girondinos (que se opunham ao crescente poder dos distritos de Paris e seus líderes jacobinos radicais), e em meio aos frenéticos esforços para inserir a República em um molde mais radical, a Convenção decretou que o selo e as moedas da República deveriam a partir daquele momento ter como emblemas a arca da Constituição e os fasces. A nova legenda do selo, "Le peuple seul est souverain" (só o povo é soberano), frisava a nova base de apoio popular. Contudo, dentro de um mês a Convenção tornou a mudar de idéia. No início de novembro de 1793, o deputado-artista David propôs que a Convenção deliberasse sobre a construção de uma colossal estátua para representar o povo francês. Dez dias depois, a convenção votou a favor de que a estátua se tornasse o tema do selo do Estado.¹⁵ Os deputados haviam escolhido um gigantesco Hércules como emblema da República radical.

A intenção da Convenção foi reafirmada em pelo menos duas outras ocasiões no ano II: em fevereiro e em abril de 1794.¹⁶ O Musée Carnavalet em Paris possuía vários esboços do gravador oficial Dupré condizentes com as diretrizes da Convenção para o novo selo (ver ilustração 12).¹⁷ Embora esse selo não fosse usado com exclusão dos outros, ele aparece no fim de decretos oficiais publicados no *Bulletin des lois de la République* de junho de 1794 (prairial, ano II) até junho de 1797 (prairial, ano V).¹⁸ O fato de David estar pensando em Hércules como o modelo para a estátua

12. ESBOÇO DE HÉRCULES, POR DUPRÉ
Das coleções do Musée Carnavalet
(*Foto de Lynn Hunt*)

e o selo evidencia-se pela iconografia do esboço de Dupré — a figura segura a característica clava e tem ao seu lado a pele de leão do herói mitológico — e pelo texto original de David: "Esta imagem do povo *em pé* deve ter na outra mão a terrível clava com que os Antigos armavam seu Hércules!".[19] Uma gigantesca figura mítica, masculina, agora eclipsava Marianne.

O significado político da figura de Hércules é mais claramente revelado pelas circunstâncias em que ela surgiu. O primeiro uso público importante da figura ocorreu em 10 de agosto de 1793, durante um elaborado festival planejado por David.[20] Embora o festival acontecesse no primeiro aniversário da revolta que derrubou a monarquia, foi explicitamente concebido para celebrar a derrota do federalismo, a rebelião do verão de 1793 em apoio aos deputados presos conhecidos como girondinos. Nesse momento crítico, David orquestrou um festival que pretendia nada menos que recapitular o avanço da Revolução. Era um auto de edificação com um conjunto de notáveis mensagens alegóricas. Quatro "estações" rememoravam os principais momentos críticos da Revolução em preparação para a cerimônia final do reconhecimento da nova Constituição: uma figura da natureza sentada no local da queda da Bastilha, um arco do triunfo dedicado às heroínas de outubro de 1789, uma estátua da Liberdade (muito parecida, se não idêntica, à da ilustração 1), relembrando a execução do rei em janeiro de 1793, e finalmente um colosso representando o povo francês (ver ilustração 13), usando a clava para esmagar a hidra do federalismo. A figura no festival não foi mencionada oficialmente como Hércules, mas a iconografia não passou despercebida aos participantes educados. Um dos mais conhecidos "trabalhos" de Hércules era a morte da Hidra, que ao longo dos séculos fora símbolo de vários tipos de males, do sofismo ao vício, da ignorância ao inimigo da nação na guerra.[21] Um gravador que esteve no local mais cedo, no dia do festival, comentou sobre "a colossal figura de Hércules, com sete metros de altura [...]. Esse Hércules tinha o pé esquerdo na garganta da [figura representando a] contra-revolução".[22]

A posição de Hércules em relação à Liberdade é particularmente importante. A estátua da Liberdade vinha logo antes de Hércules na procissão comemorativa. Deduzia-se que a Liberdade era importante, mas representava apenas um momento específico, que agora passara. No local da estátua da Liberdade, delegados dos departamentos punham fogo nos detestados símbolos da monarquia, com isso reencenando o sacrifício ritual do monarca à deusa

13. GRAVURA INTITULADA "O POVO FRANCÊS SUBJUGANDO A
HIDRA DO FEDERALISMO", AGOSTO DE 1793
Das coleções do Musée Carnavalet
(*Foto de Lynn Hunt*)

da República (o rei fora executado em janeiro, nove meses antes). Na parada seguinte, nada havia para os delegados fazerem; Hércules — o povo francês — era o único ator. Com uma das mãos ele segurava os fasces, símbolo da união, enquanto com a outra usava a clava para esmagar o monstro do federalismo (metade mulher, metade serpente, segundo observadores).[23] O significado político dessa progressão era evidente: os representantes do povo estabeleceram a liberdade quando puniram Luís XVI por seus crimes, e depois o próprio povo protegia a República contra o monstro da desunião e do sectarismo. Hércules não precisava da ajuda dos deputados, embora se postasse firmemente no alto da montanha, a qual, apesar de inerte, representava os deputados virtuosos na

Convenção (incluindo David, obviamente). Sem essa intervenção do povo, a República e sua Constituição não poderiam ser cultuadas com segurança na última estação — a Revolução não poderia ser totalmente concretizada. Assim, em comparação com a Liberdade, Hércules representava um estágio superior no desenvolvimento da Revolução, caracterizado pela força e união do povo, e não pela sagacidade de seus representantes.

Quando David propôs a construção da colossal estátua três meses depois do festival, as circunstâncias políticas eram diferentes. A crise federalista havia passado, mas novos problemas surgiam em seu lugar. No início de setembro, a Convenção, cercada por coléricos e famintos sans-culottes, concordara oficialmente em pôr o terror na "ordem do dia". Estipulou-se um teto para os preços e aceleraram-se as execuções pelo Tribunal Revolucionário em Paris. Em 16 de outubro a rainha foi guilhotinada. Em novembro ganhou ímpeto a questão mais divisiva de todas: a descristianização. Durante a mesma sessão na qual David fez sua proposta pela primeira vez (7 de novembro de 1793), vários padres e bispos entre os deputados abjuraram publicamente suas funções clericais.[24] Três dias depois da proposta de David e apenas uma semana antes de a Convenção decidir que o colosso seria o tema do selo, realizou-se o famigerado Festival da Razão na Catedral de Notre-Dame, agora chamada Templo da Razão. Os deputados radicais apresentaram Hércules como uma resposta simbólica àquele conjunto de crises políticas e culturais.

Hércules tinha pela frente uma série de tarefas à altura de sua fama. Os deputados mais radicais e seus seguidores queriam nada menos que uma revolução cultural que repudiasse todos os antecedentes cristãos. O calendário revolucionário introduzido em outubro de 1793 foi uma notável manifestação desse desejo (ver cap. 2). Os cinco dias adicionais no ano foram chamados sans-culottides e consagrados aos festivais nacionais do Talento, Trabalho, Virtude, Opinião e Recompensa.[25] O calendário, o Festival da Razão e Hércules destinavam-se, todos, a ser parte de uma nova linguagem simbólica criada para as massas recém-mobilizadas. Robespierre, David e os outros líderes jacobinos tinham de satisfazer o desejo de inovação radical (e as exigências populares de um governo punitivo e intervencionista), mas ao mesmo tempo queriam obter um controle mais firme sobre o movimento, que ameaçava alienar um grande segmento da população ainda fervorosamente católica. Assim, desde o princípio, o Hércules de David teve de representar aspirações radicais e ao mesmo tempo refreá-las.

As intenções políticas imediatas de David evidenciavam-se no discurso formal que ele proferiu em 17 de novembro de 1793, dia em que a Convenção votou pela adoção de sua estátua como protótipo do selo. A estátua deveria ser um monumento à "glória do povo francês" e um lembrete do triunfo do povo sobre o despotismo e a superstição. A "dupla tirania dos reis e padres" seria vencida simbolicamente na construção da base da estátua, cujo material seriam os detritos das estátuas do rei derrubadas de seus pórticos em Notre-Dame. Desse modo, a Convenção, com sua "energia libertadora", libertava o presente, o futuro e até mesmo o passado da "vergonha de uma longa servidão".[26] A estátua representaria o poder do povo no sentido mais literal possível: com catorze metros de altura, Hércules eclipsaria a lembrança até mesmo dos reis mais populares, como Henrique IV, cuja imagem, meramente em tamanho natural, Hércules substituiria na Pont-Neuf.

A escolha do gigantesco Hércules ao mesmo tempo encarnava e se esforçava para transcender as ambigüidades na visão radical da representação. David enfatizou explicitamente a oposição entre povo e monarquia; afinal, Hércules foi escolhido para tornar ainda mais evidente essa oposição. Mas o discurso de David, assim como a própria imagem, se referia implicitamente também à incômoda tensão entre o povo e a Convenção, o novo soberano e seus representantes. Quando escolheram Hércules para o selo da República, os radicais comprometeram-se com a idéia de que era necessário algum tipo de representação da soberania. Em Hércules, buscaram a "mais transparente" possível, uma espécie de ponto de representação diminuidor. Como queriam uma imagem que transmitisse a majestade soberana do povo unido, não incluíram na estátua referências óbvias aos deputados nem à Convenção. Contudo, mesmo essa representação podada foi constantemente subvertida por sua natureza como imagem. Era uma imagem-representação do povo fornecida pelos representantes do povo, e por isso inerentemente incluía a interpretação do povo pelos representantes. Esse elemento interpretativo implícito ameaçava restabelecer, na forma cultural, a própria relação de autoridade política (autoridade fora do povo) que os radicais estavam prometendo abolir. Portanto, mesmo enquanto proclamava a supremacia do povo, a imagem reintroduzia a superioridade dos representantes do povo.

Quando discursou para a Convenção, David procurou ressaltar a simplicidade de sua concepção. "Vosso comitê [de Instrução Pública, para o qual David falava] era de opinião que, no monumento proposto, tudo, tanto os materiais como as formas, tinha de expressar de modo sensível e eloqüente as grandiosas memórias de nossa revolução." A estátua seria feita de bronze suprido pelas vitórias dos exércitos franceses. E "como se trata de uma representação nacional, toda beleza é pouco". O tamanho imenso da figura haveria de transmitir "um caráter de força e simplicidade", as virtudes do povo.[27] Em uma de suas gigantescas mãos, o colosso (que agora David já não chamava de Hércules) teria pequenas figuras da Igualdade e Liberdade, bem juntas uma da outra, mostrando, afirmou David, que elas dependiam inteiramente do talento e da virtude do povo.

Em 1793-4 a enorme figura masculina tinha conotações

poderosas. A nova república radical não precisava dos "homens pequenos e fúteis" que Robespierre criticara como inimigos naturais da Revolução; esta gerara um novo homem, heróico, de proporções mitológicas:

> O povo francês parece ter avançado 2 mil anos em relação ao resto da humanidade; fica-se até mesmo com a tentação de considerá-lo, em seu meio, uma espécie diferente. A Europa ajoelha-se perante as sombras dos tiranos que estamos punindo. [...] A Europa não consegue conceber que se possa viver sem reis, sem nobres; e nós, que se possa viver com eles. A Europa derrama seu próprio sangue para reforçar os grilhões da humanidade; nós derramamos o nosso para rompê-los.[28]

Quem mais, além de um colosso, poderia romper esses grilhões da humanidade?

A metáfora hercúlea já aparecera no discurso radical antes de David sequer ter pensado em usar a imagem em seu festival de 10 de agosto. Em fins de junho de 1793 Fouché assim descreveu a vitória do povo de Paris sobre os girondinos:

> O excesso de opressão transpôs as barreiras à indignação do povo. Um brado terrível fez-se ouvir nesta grande cidade. O sino de alerta e o canhão de alarme despertaram o patriotismo, anunciando que a liberdade estava em perigo, que não havia um momento a perder. As 48 seções armaram-se subitamente e se transformaram num exército. Esse formidável colosso ergue-se, marcha, avança, move-se como Hércules, atravessa a República para exterminar essa feroz cruzada que jurou morte ao povo.[29]

O memorável pronunciamento de Fouché revela a força arrebatadora da imagem de Hércules para os radicais de Paris; era uma figura que nada tinha em comum com a de Marianne. Quando Fouché se refere alternadamente ao povo e ao colosso, exprimindo-se nos tempos passado e presente, passando de "eles" a "ele", quase podemos ver a assombrosa transformação acontecer, uma espécie de monstro "terrível" (ou seja, "sublime", inspirador de temor reverente) erguendo-se das profundezas da cidade e de seu povo para executar a vingança contra os inimigos do povo. Onde está agora o centro sagrado? Com a democracia, ele se tornou um campo de força em vez de um ponto fixo: "o povo" está em toda parte, mas quando se reúne, quando se junta em uma massa crítica, transforma-se em uma nova e poderosa energia. "O Terror" era uma forma radical e emergencial de governo, instituída para confrontar uma série de crises extremamente ameaçadoras, mas podemos ver nesta passagem que também foi uma experiência real e perturbadora para os homens que supostamente o inventaram. O Terror era o povo em marcha, o Hércules exterminador. Hércules, o povo, estava nos olhos dos radicais que o evocaram para ser um potencial Frankenstein.

A aterradora imagem do monstro só começou a aparecer no discurso radical durante o Terror, quando o poder do povo reunido se tornou mais visivelmente impressionante. Antes da Revolução, Hércules tinha uma longa história iconográfica que decerto era bem conhecida pelos líderes políticos burgueses. Hércules não era uma figura "popular"; não aparecia, por exemplo, no repertório de xilogravuras populares (*imagerie populaire*), muito difundido pelo reino sob o Antigo Regime.[30] De fato, era mais comum vê-lo como representação mitológica de reis franceses, o Hércules gaulês (*Hercule gaulois*). Essa figuração provém da Renascença francesa. Em 1549, por exemplo, o arco do triunfo projetado para a entrada de Henrique II em Paris era encimado por um Hércules gaulês representando o predecessor de Henrique, Francisco I.[31] Como várias versões renascentistas de Hércules, esta possuía correntes que lhe saíam da boca e iam até os ouvidos de seus companheiros, pois se supunha ser característico de Hércules liderar pela persuasão, e não pela força.³²

Na época da Revolução Francesa, Hércules passara por uma espécie de metamorfose iconográfica. Luís XVI, o último Bourbon, evidentemente nunca foi associado a Hércules.³³ A certa altura, a figura migrou para a América. Em algum momento depois de 1776, nosso mesmo gravador Dupré cunhou uma medalha para Benjamin Franklin que mostrava a cabeça de uma menina com o emblema *Libertas Americana* em uma face, e na outra uma criancinha estrangulando duas serpentes. Esse bebê Hércules estava sendo atacado por um leopardo, que por sua vez estava prestes a ser golpeado pela lança de uma deusa empunhando um escudo com borda de flor-de-lis.³⁴ Nesta representação, a França monárquica estava protegendo o novo Hércules republicano na América. Em 4 de julho de 1776, quando foi formado um comitê para elaborar um lema para o selo dos Estados Unidos da América, um de seus membros, John Adams, propôs que se adotasse a gravura "O julgamento de Hércules", de Gribelin, estampada no frontispício do conhecido tratado de Shaftesbury sobre a necessidade da clareza na arte (1723).³⁵ Também nos Estados Unidos a escolha do selo não foi simples. A decisão final só foi tomada em 1782, após seis anos de deliberações e tentativas malogradas. E então a escolha de uma águia imperial foi, como afirma um historiador da arte, "obscura, 'enigmática' [na acepção de Shaftesbury] e muito além da compreensão de todos, exceto os *gentlemen* das classes média e alta que a tinham inventado". A águia era o emblema do imperador Carlos V, do Sacro Império Romano, e fora extraída de um livro alemão de emblemas e lemas.³⁶

Hércules apareceu em algumas estampas e gravuras na França revolucionária antes de 1793, mas David (talvez instado por Dupré) foi quase o único responsável por revivê-lo e transformá-lo em um poderoso novo símbolo no repertório revolucionário. Hércules já perdera havia tempos a associação com a retórica e a persuasão; no principal dicionário de iconologia impresso nos cinco anos da Revolução, Hércules aparecia apenas nos verbetes "Coragem" e "Força".[37] Os comentários em "Força" indicam, além disso, como as alegorias haviam sido feminizadas: "Os iconologistas representam a Força com a figura de uma mulher coberta por uma pele de leão e armada com a clava de Hércules".[38] David não estava exatamente dando continuidade a uma tradição iconográfica, e sim escolhendo nela certos elementos e invertendo-lhes o significado. Aos olhos da elite instruída, Hércules representara, na história francesa, o poder dos reis individualmente; no presente revolucionário, David transformou-o na representação de um poder popular coletivo. Usou um dos emblemas favoritos da monarquia e o reproduziu, elevou e monumentalizou no emblema de seu oposto.

É impossível saber com exatidão o que os deputados da Convenção tinham em mente quando escolheram Hércules para o selo, já que a escolha não foi acompanhada de muitas explicações oficiais. Talvez os deputados não se tenham dado conta exatamente da história iconográfica de Hércules, sobretudo porque essa história fora atenuada nas últimas gerações do Antigo Regime. Entretanto, quase certamente a masculinidade da figura foi um atrativo, pois já se havia votado pela substituição da deusa da liberdade no selo. A decisão foi, antes de tudo, política: escolher Hércules permitia aos jacobinos distanciar-se iconograficamente de seus oponentes, os girondinos. Hércules representava o povo do qual os jacobinos dependiam para sua precária superioridade na política nacional.

Mas não se tratava apenas de uma mensagem política direta. O Hércules de David retomava e reabilitava uma representação distintamente viril da soberania, conceito que, em qualquer caso, tinha conotações de dominação e supremacia. Contudo, Hércules não era um emblema de autoridade paterna; na figuração de David e Dupré, ele era um irmão poderoso que protegia as figuras-irmãs da Liberdade e Igualdade. A masculinidade de Hércules refletia-se indiretamente nos próprios deputados; por intermédio dele, reafirmavam a imagem de si mesmos como o grupo de irmãos que haviam substituído o pai-rei. Além de suplantar o rei, Hércules eclipsava suas companheiras femininas. Desse modo, a introdução de Hércules servia para distanciar os deputados da crescente mobilização das mulheres no ativismo político. Argumentando que a participação ativa das mulheres na política acarretaria "os tipos de problemas e desordens que a histeria pode produzir", a Convenção proibira todos os clubes femininos no fim de outubro de 1793.[39] Essa ação precedeu em apenas alguns dias a proposta de uma estátua colossal apresentada por David. No entender da liderança jacobina, as mulheres estavam ameaçando interpretar Marianne como uma metáfora para a participação ativa feminina; em tal situação, nenhuma figura feminina, por mais feroz e radical que fosse, poderia ter atrativo para eles. Hércules punha as mulheres de volta na perspectiva desejada, em seu lugar e relação de dependência. O macho monumental agora era a única figura ativa.

Como todos os símbolos poderosos, Hércules era polivalente, transmitia mais de uma mensagem ao mesmo tempo. Podia ser "popular", fraternal, parricida e antifeminista mesmo sendo um emblema transposto e magnificado da própria monarquia. Hércules refletia aspirações radicais e jacobinas, simbolizava a aliança entre os deputados radicais e as classes populares de Paris e servia de arma em seu arsenal ideológico. Podia ser interpretado como um alerta quase explícito aos homens instruídos, lembrando-os de como seu mundo fora transformado pela Revolução. O povo, o novo, formidável gigante, tornara-se rei. Até mesmo os deputados deviam prestar-lhe contas. Mas o que Hércules representava para o povo? O colosso — oficialmente sem nome — era apenas um gigante para as classes populares. Para elas, a ressonância não era com os clássicos ou a história francesa, mas com os monstros, heróis e talvez até os santos de histórias populares.[40]

A interpenetração de imagens elitistas e populares de Hércules pode ser vista no festival de 21 de janeiro de 1794 em Grenoble. O festival celebrava a morte do rei no ano anterior. Numa plataforma, um boneco representava Luís Capeto (com coroa e chifres de marido enganado!), tendo à sua direita o "chamado" papa e à sua esquerda uma figura representando a nobreza. Quando a multidão reunida na praça bradava por vingança, o "Hércules francês" surgia por trás daquelas figuras e as liqüidava com uma clava. Em seguida, as figuras derreadas eram arrastadas na lama e pisoteadas pelos participantes.[41] Para a elite, o *Hercule français* substituía o *Hercule gaulois*; agora ele era uma figura verdadeiramente nacional, e não limitada à monarquia. Para as classes populares, as duas figuras de Hércules tornavam-se parte de um cenário revivido de carnaval, rico em motejo e inversão de papéis tradicionais. Assim como o mastro festivo da tradição transformara-se de expressão de homenagem à autoridade em sinal de sedição e poder camponês,[42] também o Hércules do poder real fora convertido em sinal do poder do povo.

A origem cultural de Hércules, porém, era muito diferente da origem da árvore da liberdade. O mastro festivo era um símbolo "popular" com raízes profundas na cultura camponesa da França, pelo menos no sudoeste francês.[43] Em contraste, Hércules proveio mais diretamente da cultura de elite, mesmo podendo ser visto como uma imagem com atração para as classes populares. A transformação de Hércules, além disso, não foi efetuada pelas classes populares; ele foi reinventado pelos radicais no governo jacobino de Paris. Conseqüentemente, Hércules pode ser interpretado como uma expressão não apenas da tentativa dos radicais de reestruturar a sociedade em linhas mais populares, mas também de sua ambivalência quanto às fontes de poder. Porque Hércules nunca aparece como um gigante inteligente. No relato de Fouché, é uma força poderosa, gritando com a dor da traição, feroz quando provocado; ele reage mais como um animal ferido do que como agente de seu próprio destino. O plano de David para a estátua ressalta este aspecto de modo curioso: David recomendou a gravação de várias palavras-chave no corpo do gigante. Na testa seria escrito "luz" (débil referência à inteligência); "natureza" e "verdade" apareceriam no peito; "força" e "coragem" nos braços; e "trabalho" nas mãos.[44] Na visão de David, Hércules trazia luz e verdade ao mundo não graças a seu intelecto e astúcia, mas à sua força, coragem e "trabalho".

A escolha de palavras por David explicitava como os radicais viam o povo. O gigante era uma força da natureza; sua transparência fazia dele o veículo natural da verdade e da luz. Aparentemente desprovido de raciocínio, ele não mudava de idéia, não tinha segredos nem potencial para as mais temidas combinações, a conspiração contra a Revolução. Sua contribuição não era no reino das idéias, obviamente, mas como soldado e trabalhador; eram dele a coragem e a força sem as quais a causa radical estaria condenada. Ele era a espinha dorsal daquele "terror, sem o qual a virtude é impotente".[45] E, mais importante, talvez, seja que o gigante representava aqueles que trabalhavam com as mãos, os "sans-culottes", os que usavam calças compridas em vez dos calções (*culottes*) das classes ociosas. Durante o Antigo Regime, o trabalho era depreciado; trabalhar com as mãos era para membros das "classes mecânicas vulgares".[46] Os radicais estavam tentando reavaliar o trabalho como uma fonte de orgulho e dignidade; o que mais desprezavam era o rico indolente. No entanto, o Hércules de David solapava essa reavaliação ao procurar celebrá-la; "trabalho" em suas mãos tornou-se mais um símbolo do status do gigante como uma força muda. Só as palavras de David podiam fazê-lo falar.

A inscrição proposta foi apenas um exemplo da ambigüidade existente no esforço de representar o povo para si mesmo. A massa da estátua, por si só, já supostamente transmitiria uma mensagem inequívoca: o povo era monumental e temível, avassaladoramente forte. E o povo estava sozinho. No entanto, eram os representantes do povo que forneciam as interpretações, o que lhes permitia continuar a esgueirar-se de volta para dentro do quadro. Quando Hércules pela primeira vez apareceu no festival de 10 de agosto de 1793, era chamado simplesmente "Colosso dos Inválidos" porque sua estátua fora erigida na praça com esse nome (place des Invalides). Quando os participantes se reuniram diante da estação, o presidente da Convenção explicou exatamente o que o povo deveria ver na estátua: "Povo francês! Estais olhando para vós mesmos na forma de um emblema que é rico em lições instrutivas. O gigante cuja mão poderosa reúne e reagrupa em um feixe os departamentos que compõem sua grandeza e sua força, esse gigante sois vós!".[47] Os deputados haviam organizado a alegoria de modo a mostrar ao povo sua própria imagem, mas o reconhecimento do significado pelo povo dependia de discursos feitos por seus representantes. A imagem visual só funcionava corretamente num contexto de palavras.

Hércules como imagem radical foi levado um passo além em um editorial de periódico que analisava o discurso original de David sobre a estátua. O editor do *Révolutions de Paris* percebeu de imediato o significado político da imagem: "Veremos o povo em pé, carregando a liberdade que conquistou e uma clava para defender sua conquista. Sem dúvida entre os modelos participantes da competição preferiremos aquele que melhor projete o caráter de um sans-culotte com sua figura do povo". E prosseguiu com elogios à escolha de David das palavras para a estátua, afirmando que

14. GRAVURA INTITULADA "LE PEUPLE MANGEUR DE ROIS"
Das coleções do Musée Carnavalet
(*Foto de Lynn Hunt*)

os egípcios escreviam em seus monumentos públicos porque estes eram "os únicos livros básicos da multidão". O editor não resistiu a acrescentar uma sugestão própria: por que não terem o mesmo tipo de monumento em cada cidade e povoado da França? Por que não erigir uma estátua monumental em cada ponto crítico da fronteira? E, como "Homero chamava os reis de *mangeurs de peuples* [comedores de pessoas], escreveremos nas figuras dos sans-culottes franceses as palavras *Le peuple mangeur de rois* [o povo comedor de reis]".[48] Logo depois, o jornal apresentou sua própria imagem impressa da figura (ver ilustração 14).

Aqui Hércules se tornou um sans-culotte. A clava iconográfica do herói mitológico transformou-se em um instrumento real de poder popular. Na figuração de Dupré (ver ilustração 12), o Hércules clássico estava nu, levemente reclinado em sua clava "simbólica". Na charge, ele usa ativamente a clava contra a figura da monarquia.

Além disso, seu traje lembra muito um sans-culotte improvisado, de barrete frígio e calças enroladas nas pernas, pronto para seu trabalho do dia. Cabeludo e barbudo, ele se distingue dos deputados bem barbeados e cuidadosamente penteados, bem como do Hércules sem pêlos concebido por David (ver ilustrações 12 e 13). O Hércules desnudo de David não tinha identificação social. Era uma figura inteiramente abstrata, acima de classes e política partidária. Em suma, a figura da charge era uma imagem ainda mais radical que a de David; o Comedor de Reis é mais transparente porque é mais verossímil, não-clássico, claro no contexto social e explícito em sua ação. Não é obscuro nem "enigmático". A imagem não é alegórica; a figura é o sans-culotte, que é o povo. Em conseqüência, a imagem aproxima-se do ponto zero de representação, no qual não há conteúdo metafórico. Como imagem radical, destinava-se a ser um reflexo da realidade, e não sua reinterpretação abstrata distorcida.

A figura da charge claramente procura atrair apelando para fontes populares. Em típica inversão carnavalesca, o rei tornou-se um pigmeu, um brinquedo impotente nas mãos da força bruta popular. Mas desta vez a troca de papéis não é de brincadeira; o povo não é rei por uma hora ou um dia. Agora o povo devora reis (e por implicação torna-se o que come, a encarnação do poder soberano). O comentário do editor também reforça sutilmente a ênfase subjacente na conquista fraterna do poder. A figura deveria carregar "a liberdade que conquistou e uma clava para defender sua conquista". A liberdade, essa conquista preciosa e frágil, agora é um troféu da guerra aos reis. Os irmãos a capturaram das mãos dos inimigos (os governantes patriarcais) e agora têm de defender sua "conquista" com todas as forças. Não há papel ativo para as mulheres. É possível que a Liberdade não apareça realmente na gravura porque na época a questão da participação feminina já não era debatida. Tanto para os líderes jacobinos como para seus seguidores sans-culottes, a política era uma briga de homens.[49]

Apesar do empenho em fazer dele uma imagem transparente do povo, o Comedor de Reis ainda partilhava da ambivalência fundamental da figuração de David. Como o Hércules clássico, a figura na charge encarna a ação e não a razão; como força bruta, age sem pensar. Como David, o jornalista radical tem de fornecer o logos, a razão por trás da ação do povo. Essa figura também é "inscrita". Os radicais escrevem no corpo do povo a fim de reincorporá-lo, e a seu poder, ao mundo político radical. Novamente, os radicais representam o povo para si mesmo — "aqui estais, defendendo violentamente vossa conquista da liberdade". Mas alguém poderia imaginar essa figura redigindo uma Constituição? Afinal de contas, a figura da força é um bruto.

Embora a concorrência pela estátua proposta por David fosse postergada juntamente com muitos outros projetos, parece ter sido construído algum tipo de versão em argamassa.[50] Um historiador de fins do século XIX afirmou que uma representação de Hércules foi realmente erigida no Pont-Neuf, mas a descrição que ele faz condiz com a figura do festival de 10 de agosto (Hércules golpeando com sua clava a hidra do federalismo), e não com a do Hércules da estátua.[51] Gravuras do Festival do Ser Supremo de 8 de junho de 1794 mostram uma estátua de Hércules em local proeminente ao lado da montanha erigida no Campo de Marte (ver ilustração 15). Essa estátua segue as diretrizes dadas por David para o colosso do Pont-Neuf; não é tão grande quanto fora proposto, mas a figura clássica traz na mão as duas pequeninas representações da Liberdade e da Igualdade.[52] Evidencia-se com essa gravura que David, Robespierre e os outros radicais na Convenção não pensavam em um afastamento do modelo clássico de Hércules para representar o povo. A brutalidade e a violência da figura da charge são eliminadas neste modelo de graça e compostura. A figura do povo faz sua própria oferenda ao Ser Supremo e não tem a postura exigente do outono de 1793. O povo, nesse meio-tempo, fora posto sob controle.

15. DETALHE DE UMA GRAVURA DO FESTIVAL DO SER SUPREMO, JUNHO DE 1794
Das coleções do Musée Carnavalet
(*Foto de Lynn Hunt*)

A gravura do Festival do Ser Supremo suscita uma pergunta que não pode ser respondida, mas que ainda assim merece ser feita. É acidental que o Hércules na gravura tenha tanta semelhança com o Davi de Michelangelo?[53] Seria esse um sinal de egolatria de David (ter seu nome agora associado a Hércules, ao povo e ao herói bíblico), ou se trata de uma observação irônica do gravador anônimo? Essa mesma estátua aparece nas gravuras do Festival da Vitória realizado no fim de outubro de 1794, três meses depois da queda de Robespierre e do próprio David. Entretanto, não se pode confiar na exatidão dessas gravuras, pois, como afirma Bronislaw Baczko, a festiva Paris das gravuras teve pouquíssima relação com os acontecimentos reais ou com a topografia. Os gravadores eliminavam o caráter provisório dos monumentos de argamassa, e os representavam como feitos de mármore ou granito. Às vezes chegavam a incluir estátuas ou monumentos que nem sequer existiam![54] Também os gravadores eram motivados por intenções didáticas; seu trabalho destinava-se a reconstituir o mundo, e não a descrevê-lo.

Como muitas das representações em argamassa usadas nos festivais jacobinos, o colosso foi destruído no início de 1795.[55] No fim de outubro de 1795 um deputado sugeriu que a Convenção deliberasse sobre a adoção de um selo que retratava uma colméia. A proposta foi rejeitada depois que outro deputado observou que colméias eram realistas, no mínimo porque tinham uma abelha-rainha. Na opinião desse deputado, os emblemas apropriados para uma república eram o barrete da liberdade e o nível (os símbolos da liberdade e da igualdade).[56] Em outras palavras, após a queda dos radicais os deputados remanescentes cada vez mais buscaram símbolos abstratos. O relatório de Grégoire de 1796 revela essa influência. Grégoire propôs que se escolhesse entre três desenhos: uma figura feminina sem o distintivo barrete da liberdade, um triângulo que representasse a união dos dois conselhos legislativos e do Diretório Executivo (com o barrete da liberdade encimando o triângulo), ou três círculos interligados no centro de um escudo cuja borda representaria a cadeia invencível dos departamentos unidos (com o barrete da liberdade inserido em um dos círculos).[57] O selo da ata oficial do Conselho dos Quinhentos consistia em uma oval com um barrete da liberdade, raios de sol, uma bússola e uma balança.[58] Como os republicanos americanos antes deles, os republicanos franceses caminhavam para o abstrato e o enigmático na representação simbólica. O povo já não era representado diretamente nas imagens; a república podia ser para o povo, mas não era feita por ele, nem lhe pertencia.

Embora Hércules não se apoderasse do selo da República, ele não desapareceu totalmente de circulação depois da queda de Robespierre e seus seguidores radicais. Uma lei aprovada em agosto de 1795 dividiu as moedas da República em dois tipos: as de prata teriam a figura de Hércules "unindo Liberdade e Igualdade" com a legenda "União e Força", e as menos valiosas, de bronze, trariam a figura da Liberdade com a legenda "República Francesa".[59] Mas Hércules havia mudado: fora amansado (ver ilustração 16, um esboço de Dupré que condiz com as diretrizes do decreto).[60] Aparecia como um irmão em tamanho natural da Liberdade e da Igualdade; não era um gigante, não mais carregava suas irmãzinhas na mão imensa e não empunhava a ameaçadora clava iconográfica do poder popular. Em vez disso, parecia mais velho, mais sábio, conciliador, até mesmo um tanto paternal. As forças populares também haviam sido amansadas; depois dos últimos e desesperados levantes na primavera de 1795, os sans-culottes retiraram-se da arena política. Numerosas figuras femininas abstratas, que tinham pouquíssima semelhança com mulheres reais, retornaram à cena iconográfica.

Muitos dos deputados bem que gostariam de eliminar Hércules totalmente. Em julho de 1798 o Conselho dos Quinhentos propusera que "uma figura alegórica representando uma mulher sentada" substituísse Hércules nas moedas de prata. A legenda seria: "Liberdade, prosperidade".[61] Hércules — o povo — daria lugar a uma figura tranqüila, inativa, contando com a futura abastança. O macho e a fêmea radicais (até a Liberdade da ilustração 5 era mais ativa) deviam ser suplantados. O conselho superior, Conselho dos Anciãos, concordou que tal mudança era "inevitável", pois considerava a figuração de Hércules "uma alegoria cuja con-

16. ESBOÇO PARA A MOEDA DE HÉRCULES, POR DUPRÉ, 1795
Das coleções do Musée Carnavalet
(Foto de Lynn Hunt)

cepção e execução não eram felizes".[62] Mas, como os anciãos sentiam-se na obrigação de recusar todo o resto da proposta monetária, Hércules continuou em circulação por mais algum tempo.[63]

Depois de 1799 a memória de Hércules dissipou-se gradualmente. Marianne, a figura da Liberdade e da República, não desapareceu, mas logo foi eclipsada por representações do próprio Bonaparte. Quando Marianne reapareceu em repúblicas subseqüentes, Hércules também retornou, mas como figura secundária:

foi revivido em moedas francesas em 1848, 1870-8 e até mesmo em 1965.[64] Ele nunca mais foi tão proeminente como na época do Terror em 1793-4. Porém, embora a figura masculina nunca tenha sido suprema nas imagens republicanas depois da Revolução, desempenhou efetivamente um papel de destaque na iconografia socialista e proletária. Eric Hobsbawm procurou explicar por que a figura feminina perdeu importância com a transição das revoluções democráticas plebéias do século XIX para os movimentos proletários e socialistas do século XX.[65] Ele menciona a tendência das mulheres a parar de trabalhar ao se casarem, a exclusão delas nos sindicatos e a associação de figuras femininas com o milenarismo pré-industrial em declínio.

Independentemente do mérito dessas justificativas sociais e políticas em si (e elas foram contestadas[66]), elas não explicam a competição anterior entre figuras masculinas e femininas durante a Revolução. O "trabalhador de torso nu" não aparece pela primeira vez no início do século XIX (Hobsbawm não aponta uma data precisa); já existe na representação do povo feita por David (com *travail* escrito nas mãos), muito antes da ascensão de um movimento proletário-socialista. De fato, como Hobsbawm inadvertidamente mostra, Hércules é com freqüência o modelo para a iconografia socialista; de quem mais poderia ser a imagem que Hobsbawm descreve como "uma figura musculosa nua, com apenas um exíguo pano cobrindo-lhe os quadris, ajoelhado sobre uma rocha, em luta com uma grande serpente (no emblema da divisão de exportação do Sindicato dos Portuários na década de 1890)?[67] Já em 1818 um movimento sindicalista inglês era designado como o "Hércules Filantrópico".[68] E a figura era suficientemente evocativa na França de meados do século XIX para influenciar Gustave Flaubert; seu único personagem heróico em *Educação sentimental*, o trabalhador Dussardier, é caracterizado como "uma espécie de Hércules" quando introduzido na narrativa.[69]

Em sua crítica a Hobsbawm, Maurice Agulhon afirma que a figura masculina foi preferida pela esquerda no século XIX porque a figura feminina havia sido intensamente associada à república moderada.[70] Mas não era preciso a experiência da Segunda e Terceira Repúblicas no século XIX para revelar a tensão entre as concepções moderada e radical do republicanismo; a escolha entre Marianne e Hércules já se colocava na década de 1790. Além disso, a colossal figura masculina representava mais do que apenas o repúdio à imagem cívica feminina moderada; lembrava quem a contemplasse que a revolução radical, como o trabalho industrial e boa parte da política socialista, era "serviço de homem".

A figura hercúlea incorporava as mesmas tensões básicas que continuaram a perseguir a autodenominação dos movimentos proletários e socialistas posteriores. Hércules não representava o povo sem ambigüidade. A figura escolhida por David não era a auto-imagem do povo, refletida das profundezas da cultura popular. Era, isso sim, a imagem do povo concebida pelo político-intelectual-artista para a edificação do povo. As figuras proletárias descritas por Hobsbawm transmitiam o mesmo tipo de ambivalência: raramente tinham aparência realista. O mais das vezes eram idealizadas, clássicas, em geral figuras de poderosa masculinidade nuas ou seminuas, e não as figuras extenuadas, subnutridas e encardidas das minas de carvão e fábricas européias. Como o Dussardier de Flaubert, que era um "sujeito grandalhão [*le terrible garçon*] [...] tão forte que foi preciso no mínimo quatro deles [policiais] para dominá-lo", a figura fazia pensar em força bruta sem muita inteligência.[71] Descobriu-se que os trabalhadores, como o povo da Revolução Francesa, eram difíceis de representar, mas ainda assim os que abraçaram sua causa sentiram-se compelidos a fazê-lo.

Embora as imagens radicais do povo fossem carregadas de tensão e ambivalência, ainda assim conseguiram produzir novas rachaduras no terreno social e político. Os radicais conclamavam o povo a olhar para si mesmo, reconhecer-se como figuras centrais, fazer com que seu "brado terrível" retumbasse nos salões da Convenção e nas ruas de Paris. O poder e a tensão na representação radical do povo podem ser ouvidos no memorável discurso de Robespierre sobre os "Princípios morais e políticos da política interna" proferido em fevereiro de 1794:

Mas quando, por prodigiosos esforços da coragem e da razão, um povo rompe os grilhões do despotismo para torná-los troféus da liberdade, quando pela força de seu temperamento moral ele sai, por assim dizer, dos braços da morte, para recobrar todo o vigor da juventude, quando ele é alternadamente sensível e orgulhoso, intrépido e dócil e não pode ser detido por baluartes inexpugnáveis nem pelos inúmeros exércitos dos tiranos contra ele armados, mas refreia-se diante da imagem da lei, então se ele não ascende rapidamente ao ápice de seus destinos, *só pode ser por culpa dos que o governam*.[72]

Para Robespierre, o povo era a força da Revolução, o motor que a movia. Porém, uma vez em movimento, era difícil fazê-lo parar. Seus representantes deviam erguer diante dele a "imagem da lei" para detê-lo em tempo, para explicar que a lei era sua obra e para guiá-lo pelo caminho certo, "para o ápice de seus destinos". Sem o povo, a Revolução não tinha força motora; sem os representantes do povo, a Revolução não tinha senso de direção.

A profundidade das rachaduras abertas pelos apelos dos radicais ao povo pode ser medida pela determinação das tentativas subseqüentes de tornar a fechá-las e fingir que nunca haviam existido. Depois de 1794 todas as exortações ao povo foram reprimidas. O Hércules monumental desapareceu das vistas, e as representações da República agora eram, em sua maioria, em tamanho natural, abstratas, misteriosamente alegóricas, muitas delas atra-

17. VINHETA OFICIAL DO DIRETÓRIO EXECUTIVO, 1798
(*Foto do Cabinet des Estampes, cedida pela Bibliothèque Nationale*)

vancadas com uma profusão de símbolos enigmáticos. Hércules precisara de algumas palavras de identificação, mas as alegorias abstratas da república burguesa vieram com páginas de explicações, destinadas aos que eram capazes de ler prosa complexa. A vinheta oficial do Diretório (ver ilustração 17) foi publicada com uma página inteira de comentários sobre seu conteúdo alegórico. Apresentava uma figura da Liberdade com seu barrete, mas essa figura era cercada por numerosos outros símbolos bem menos fáceis de reconhecer.[73] Em contraste com a Marianne de 1792 (ver ilustração 5), esta Liberdade está sentada, com ar contemplativo, e não pronta para a ação. Não empunha lança, e reclina-se languidamente sobre a lâmina da Constituição do ano III. E, mais importante, talvez, seja o fato de ela estar olhando para o lado (direito!), e não para quem a contempla. A Liberdade não faz exigências a seu público. Simplesmente espera sentada.

Em 1800, David, reabilitado, supervisionou a recolocação da estátua de argamassa da Liberdade, cujo lugar, na "praça da Revolução", rebatizada como "praça da Concórdia" (place de la Concorde), foi ocupado por uma coluna nacional. O arquiteto Moreau projetou uma coluna de vinte metros de altura encimada por uma figura da Liberdade que tinha, segundo um observador, "um ar triste e taciturno".[74] A Liberdade era agora uma figura realmente distante, elevada muito acima das cabeças do povo. Poucos meses depois, até mesmo essa remota Liberdade foi demolida em favor do Arc de Triomphe de Napoleão. O Estado imperial alicerçado na vitória militar triunfara sobre a República.

O selo do Estado e as demais representações da Revolução foram mais do que reflexos pitorescos de intermináveis conflitos políticos. Como os elaborados rituais de vestir o rei que cativaram a corte de Luís XVI, as representações da Revolução deram definição à experiência do poder. Quando a "ficção mestra" da monarquia foi solapada, os republicanos trataram de buscar novos modos de estruturar seu mundo. Marianne e Hércules foram duas figuras centrais em seu novo cosmo político. Nos Estados Unidos, os republicanos conseguiram chegar a um consenso definitivo sobre o selo porque a classe política pôde concordar acerca do significado da república. Na França, as representações do poder continuaram a causar polêmica porque a classe política encontrou dificuldade para concordar sobre onde terminava a Revolução. A crise de representação nunca foi resolvida durante a década revolucionária, mas, em conseqüência, os republicanos e especialmente os radicais levaram a questão até seus limites. Ousando representar o povo, com toda ambivalência e ambigüidade que essa representação encerrava, os radicais suscitaram novas questões sobre a natureza e as possibilidades do governo. Tais questões tiveram grande impacto, pois não se limitaram a tratados e ensaios sobre política, ecoando por todos os segmentos da sociedade francesa. A memória da Revolução não se perpetuou em um livro ou documento. Propagou-se graças a alguns lemas simples, fitas, barretes e memoráveis figuras que pareciam vivas.

PARTE II
A SOCIOLOGIA DA POLÍTICA

4. Geografia política da Revolução

Retórica, rituais e imagens forneceram a estrutura simbólica para a cultura política revolucionária. Embora o conteúdo político dos discursos, festivais e representações da autoridade, como selos e moedas, mudasse ao longo da década, muitos dos princípios e aspirações que os moldaram permaneceram fundamentalmente os mesmos. Entre essas motivações contínuas destacaram-se o desejo de se afastar da deferência para com as tradições, a crença na possibilidade de uma nação regenerada, a dependência do racionalismo e do universalismo para a construção de novos valores e a ênfase nas necessidades da comunidade acima dos interesses de indivíduos e grupos específicos. Até mesmo as tensões básicas na teoria revolucionária foram recorrentes: entre transparência e didatismo, entre o povo e seus representantes e entre a evidência da natureza e da razão e a opacidade dos símbolos e costumes. No processo de desenvolver esses princípios e polaridades, os revolucionários exploraram novos terrenos políticos, incluindo a democracia direta, o Terror e por fim o governo autoritário.

A estrutura simbólica da Revolução deu unidade e continuidade à nova cultura política. As constantes referências à nova nação, à comunidade e à vontade geral ajudaram a gerar um sentimento mais intenso de propósito nacional. Marianne, Hércules, a cocarda nacional e os festivais foram concebidos para agradar a todo o povo francês. Árvores da liberdade, altares patrióticos, clubes jacobinos e procedimentos eleitorais foram estabelecidos sob formas quase idênticas por toda parte. Essa estrutura simbólica, na verdade, não foi um reflexo de sentimentos de nacionalismo ou empenho democrático já existentes nas massas, e sim a criadora dessas atitudes. As procissões, os juramentos e a cunhagem de moedas com a imagem da Liberdade ou de Hércules evocavam e consolidavam a nova nação que a retórica revolucionária primeiramente postulara.

A maioria das novas práticas recebeu aprovação oficial de Paris, e sua operação muitas vezes contribuiu para aumentar o poder do governo centralizador e burocratizante. Pesos e medidas padronizados, cunhagem uniforme de moedas, procedimentos eleitorais idênticos etc. facilitaram a tarefa de governar de Paris. Entretanto, a nova cultura política não foi dominada pela capital. Os valores e símbolos revolucionários foram poderosos, pois muitas pessoas em muitos lugares diferentes passaram a agir sob a influência deles de comum acordo, com o objetivo de reestruturar a vida social e política. Houve pessoas, em locais distantes de Paris, que criaram seus próprios símbolos e rituais; no entanto, mesmo quando se dispuseram a seguir as diretrizes parisienses, fizeram-no à sua maneira e segundo lhes convinha. Além disso, pensando bem, o que era parisiense na política central? Boa parte da população residente em Paris compunha-se de imigrantes das províncias, e a esmagadora maioria dos deputados nas legislaturas nacionais tinha origem provinciana. O governo em Paris podia afirmar que falava pela nação porque era integrado por pessoas de diferentes partes da França.

Fazer uma nova nação por meio de uma revolução foi, assim, um processo complexo; era preciso mais que a incorporação da periferia pelo centro em uma nova organização política. Em conseqüência, mapear a difusão e o desenvolvimento da revolução não é uma tarefa fácil. Entretanto, estas questões são essenciais: onde a revolução foi mais bem recebida, em que lugares e entre quais grupos? A quem os novos valores mais agradaram? Quem foi responsável por colocá-los em prática? O significado do conjunto de práticas políticas que juntas constituíram o processo da revolução não pode ser deduzido de suas origens intelectuais e filosóficas. As práticas têm de ser situadas em seu contexto social. As árvores da liberdade foram plantadas por alguém, e os festivais foram mais bem-sucedidos em alguns lugares do que em outros. Uma estrutura simbólica não cai do céu, nem é extraída de livros. Ela é moldada pelo povo que encontra algum atrativo na visão apresentada pela nova cultura política.

A segunda metade deste livro parte da suposição de que pessoas, especialmente agindo juntas, produzem cultura. Não se supõe aqui que o significado de cultura ou política pode ser deduzido da identidade social das pessoas envolvidas, mas que a identidade social fornece importantes indicadores sobre o processo de inventar e estabelecer novas práticas políticas. Os contemporâneos da Revolução fizeram essa mesma suposição. Em 1791 Edmund Burke afirmou: "Os homens endinheirados, os mercadores, os grandes negociantes e os homens de letras [...] são os principais agentes na Revolução Francesa".[1] Os conservadores franceses na década de 1790 viam a obra de maçons, protestantes, multidões insensatas, anticlericais fanáticos, jacobinos ou, de modo mais geral, homens de ambição irrefreável. Os revolucionários, por sua vez, abominavam fazer tais distinções, pois desejavam salientar o caráter geral do processo. Seus oponentes eram simplesmente facciosos, egoístas, aristocráticos ou impatrióticos. Em

1795, por exemplo, o republicano conservador Boissy d'Anglas afirmou que "a Revolução Francesa [...] não é absolutamente produto de alguns indivíduos, mas resultado de esclarecimento e civilização".²

Embora os revolucionários preferissem destacar a universalidade do processo revolucionário, no dia-a-dia preocupavam-se muito com as várias formas de resistência que encontravam. A burocracia expandiu-se, em grande medida, para obter informações sobre a opinião pública. O governo queria informes regulares e servidores leais para poder estar a par das diferenças locais em resposta às suas inovações. Atendendo a esse interesse, o governo da década de 1790 coligiu volumes imensos de informações sobre a disseminação de práticas revolucionárias. Enquanto proclamava ao público a unidade da nação, o governo freneticamente estudava as fontes de desunião.

Além do tradicional cuidado policial com a ordem pública, a principal preocupação do governo revolucionário era o ritual anual das eleições. Embora os festivais reunissem um grande número de pessoas, incluindo mulheres e crianças sem direito a voto, as eleições eram a expressão mais reveladora da soberania da nova nação. As eleições haviam sido a pedra angular das realizações revolucionárias desde 1789; eram as eleições que franqueavam aos talentosos as carreiras políticas, judiciárias, eclesiásticas e até militares.³ Sob o Antigo Regime, muitos cargos elevados eram patrimônio; magistraturas passavam de pai para filho como propriedades, e funções clericais e militares com freqüência eram concedidas a quem pagasse mais, porém dentro de certos círculos familiares restritos. Assim, as eleições eram essenciais para a revolução contra o privilégio, e nenhum governo revolucionário cogitou em solapá-las, mesmo depois de 1795. Entretanto, o sistema eleitoral também foi o ponto mais fraco da precária estrutura constitucional. Como a maioria dos franceses adultos tinha direito a votar nas "assembléias primárias", as eleições proporcionavam uma oportunidade regular para a mobilização das massas e para manifestações de resistência à direção política do momento. Depois do golpe de Estado de Napoleão, seus partidários não se cansaram de pregar sobre os perigos de eleições freqüentes sob a República. Segundo o dr. Cabanis, por exemplo, "eleições anuais deixam o povo em estado febril por no mínimo seis meses a cada doze".[4]

As eleições, portanto, estiveram entre as mais importantes práticas simbólicas da Revolução. Ofereciam participação imediata na nova nação por meio do cumprimento de um dever cívico, e concediam o acesso, anteriormente restrito, a cargos de responsabilidade política. Por terem tamanho impacto direto sobre a estrutura política, atraíram a atenção das autoridades e, em decorrência, foram uma das mais bem documentadas práticas revolucionárias. Boa parte da série F^{1c} III dos *Archives nationales* é dedicada à correspondência relacionada a resultados eleitorais, e os arquivos departamentais e municipais também possuem rica documentação sobre interesses do governo. Além disso, diferentemente dos festivais ou do plantio de árvores da liberdade, as eleições deixaram documentados resultados específicos: os nomes dos escolhidos para representar os eleitores. Hércules, Marianne e a cocarda tricolor representavam todas as pessoas, e por isso é difícil ler as mensagens de conflito e luta inseridas nessas imagens. A atratividade desses símbolos devia-se, em parte, a carecerem de particularidades. Em contraste, os homens que eram eleitos representavam seu clube, profissão, bairro, povoado, cidade, departamento — além da vontade geral. Eram eleitos por gente de determinado lugar; portanto, quase necessariamente representavam algo particular. Os resultados eleitorais são, por isso, excelentes indicadores das diferenças na recepção da Revolução.

Isso não quer dizer, porém, que a interpretação de resultados eleitorais é totalmente direta. Os eleitores não deram votos contra ou a favor da Revolução; escolheram homens para representá-los nos tribunais, municipalidades, departamentos e legislatura nacional. Quanto mais remoto o cargo, menos os eleitores sabiam a respeito dos homens que estavam escolhendo. Os deputados da legislatura, por exemplo, eram escolhidos em duas etapas: primeiro os votantes reuniam-se em assembléias primárias para escolher eleitores, depois os eleitores de cada departamento reuniam-se em um local central para escolher os deputados.[5] Conseqüentemente, a tradução de "deputados" para "opinião pública" é incerta. Mesmo em âmbito local, onde as eleições eram diretas, são notáveis as dificuldades de interpretação. Como a retórica da Revolução militava contra a identificação partidária, o desenvolvimento de rótulos partidários era, no mínimo, incoerente. Além disso, votar era novidade demais para constituir um hábito arraigado e, por isso, a proporção de votantes variava imensamente de eleição para eleição e de lugar para lugar, às vezes caindo para um a cada dez.[6] Em alguns locais, votar passou a ser uma declaração de apoio ao regime, e não um teste para as diferenças de opinião política.

Ainda assim, os resultados eleitorais oferecem possibilidades de comparação, embora grosseiras, que são demasiado interessantes para ser menosprezadas. Estudos de departamentos específicos, por exemplo, mostraram que divisões políticas estabelecidas durante a Revolução de 1789 perduraram, com freqüência de cantão para cantão, até 1849 e mesmo até 1956.[7] Pela primeira vez, os franceses tiveram contato com o sufrágio praticamente universal para homens adultos.[8] Como não é de surpreender, a freqüência das eleições favoreceu o desenvolvimento de organizações proto-partidárias, como os clubes jacobinos, embora os partidos propriamente ditos fossem oficialmente desprezados. Estudos locais e de eleições específicas mostraram que muitos dos que efetivamente votavam faziam-no com a consciência de sua posição política.

Desde o início da formação, os clubes jacobinos empenharam-se ativa e eloqüentemente em angariar votos, e mesmo sob o relativamente repressivo regime do Diretório, clubes jacobinos ressuscitados organizaram manifestações, assembléias e banquetes públicos para influenciar as eleições locais.[9] Em resposta, realistas e moderados começaram a desenvolver suas próprias organizações eleitorais.[10] Jornais das grades capitais provinciais e de Paris faziam proselitismo para suas várias causas, e o governo no poder usava *commissaires*, representantes em missão e administradores locais para influenciar eleições locais em seu favor.[11] Os eleitores, embora às vezes pouco numerosos, não faziam escolhas num vácuo político.

O crescimento da política eleitoral aguçou em todos a noção do que significava divisão política. Ao longo da década, conseqüentemente, houve notável expansão do vocabulário da política. A profusão de denominações era assombrosa: havia democratas, republicanos, patriotas, ultrapatriotas, exclusivos, jacobinos, *enragés* (enraivecidos), sans-culottes, panteístas, Montanha, anarquistas, moderados, girondinos, *feuillants*, monarquistas, realistas, ultra-realistas, federalistas, sem falar nas inúmeras denominações associadas a políticos e épocas específicos da Revolução.[12] Muitas dessas denominações continuaram a ter importância política por boa parte do século XIX. Mas talvez a mais duradoura de todas tenha sido a divisão da Assembléia Nacional em "direita" e "esquerda", os dois lados do salão divididos pela cadeira do presidente. Mirabeau chamava-a de "geografia da Assembléia". À semelhança do país como um todo, a legislatura nacional possuía diferenciações espaciais; os deputados que pensavam de modo parecido sentavam-se juntos, do mesmo lado em relação ao corredor central.[13] Durante a Convenção Nacional, a topografia tornou-se ainda mais sutil: os deputados mais radicais tornaram-se conhecidos como a Montanha, ou *montagnards* (montanheses), porque preferiam sentar-se nas fileiras de bancos mais altas. Seus oponentes eram conhecidos como girondinos porque alguns de seus líderes provinham do departamento da Gironda, sediado em Bordeaux. O numeroso centro, em grande medida apartidário, era denominado Planície ou Pântano, termos que se referiam aos bancos nos patamares mais baixos que seus deputados ocupavam. Jornais e clubes ensinaram essas novas categorias aos eleitores.

Mesmo enquanto se desenvolviam as sensibilidades políticas, os politicamente engajados continuaram a empregar a retórica da transparência, virtude e comunidade. Essa combinação incômoda pode ser encontrada em um típico panfleto eleitoral pró-jacobino de Amiens em 1798:

> Os realistas em seus antros sinistros já estão preparando listas de candidatos para os eleitores, para os conselhos legislativos, as administrações e as cortes. Querem ressuscitar os que foram esmagados pelo clube republicano em 18 Frutidor [data do golpe anti-realista na legislatura]. Qual deve ser, portanto, vossa tarefa na abertura das assembléias primárias? Ei-la: desde a primeira sessão, depurai, se é que posso usar esse termo, os votantes; examinai com atenção os que desejam exercer essa honrada função [...]. Lede o semblante dos que se apresentam como votantes e vereis os homens que são infiéis à esfera de seu comprometimento. [...] É essencial indicar homens enérgicos que professem nossos princípios e partilhem dos nossos sentimentos. Precisamos de caracteres decididos, almas fortes, espíritos musculosos e atléticos.[14]

O autor podia sugerir manobras políticas, mas o único partido diretamente mencionado era a oposição, os realistas. Ele sabia que alguns homens estavam do seu lado e outros não, mas só podia apregoar publicamente as qualidades mais vagas: energia, firmeza, força de caráter. Entretanto, não demorou muito tempo para que esse mesmo impressor publicasse um panfleto bem mais direto, dessa vez a favor de um novo Círculo Constitucional, nome comumente dado aos clubes jacobinos reconstituídos: "Que estais esperando, pois, para organizar Círculos Constitucionais? Apressai-vos! É ali que encontrareis as armas para esmagar os reacionários [*les réacteurs*]: uni-vos, sede úteis, apoiai uns aos outros".[15] O conflito político contínuo ensinou aos militantes as virtudes da ação combinada.

Embora existissem homens com essas convicções por toda a França, apenas em alguns lugares eles conseguiram influenciar eleições. Com a ajuda de uma técnica estatística conhecida como análise discriminante, é possível mapear os resultados de eleições parlamentares (ver mapa 1).[16] Estudos anteriores da eleição de deputados em 1792 para a Convenção Nacional e em 1795-8 para os Conselhos Diretoriais constataram a existência de agrupamentos políticos distintos entre os deputados eleitos.[17] Os eleitos em 1792 subseqüentemente dividiram-se em montanheses, girondinos e centro ou Planície, não comprometidos. Ainda mais fundamental foi a divisão dos deputados quanto à questão da punição apropriada para o rei. Pouco mais de metade deles votou pela sentença de morte sem comutação nem recurso. Os eleitos em 1795, 1797 e 1798 foram identificados pelos agentes do governo nos departamentos como realistas (contra-revolucionários), jacobinos (terroristas ou anarquistas) ou diretoriais (partidários do governo). Usando informações coligidas sobre as inclinações políticas dos deputados, o governo do Diretório prendeu, expulsou ou desautorizou a posse a numerosos deputados em expurgos voltados contra supostos realistas em 1797 e contra supostos jacobinos em 1798. O procedimento estatístico usa todas essas informações sobre os deputados e as combina em uma função ou funções que situam departamentos individuais em um *continuum*, de modo que possam ser separados em grupos distintos. Em outras pala-

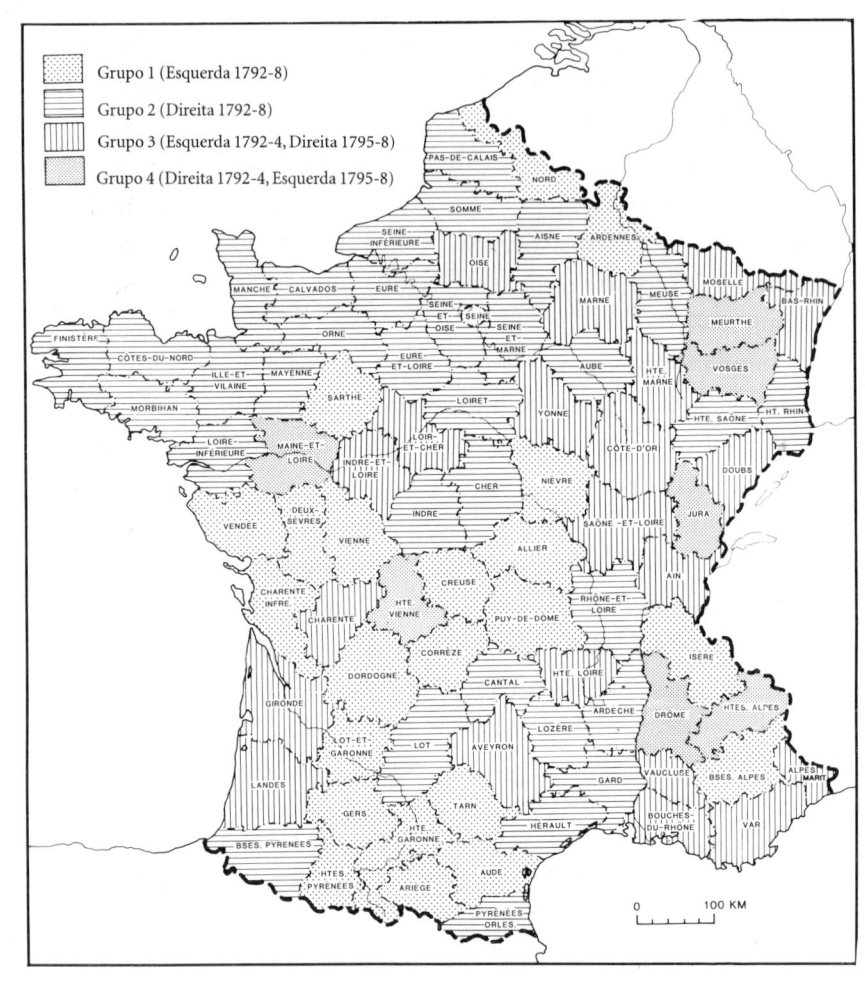

MAPA 1
Geografia política da França revolucionária

vras, a delegação nacional dos departamentos serve de indicador da natureza política do departamento.

Com o objetivo de identificar lealdades políticas, foram feitas três perguntas: Quais departamentos estiveram à direita e à esquerda na época da Convenção (1792-4)? Quais departamentos estiveram à direita e à esquerda durante o regime do Diretório (1795-9)? E, finalmente, qual foi a continuidade ou descontinuidade da lealdade política do primeiro para o segundo período? "Esquerda" e "direita" foram usadas porque a Revolução as transformou nas clássicas categorias políticas de divisão. Embora houvesse um "centro" identificável na legislatura, a maioria das decisões críticas forçava os deputados a escolher um dos dois lados. Além disso, em âmbito local a maioria das eleições lançava um lado contra o outro. Em 1797, por exemplo, os eleitores posicionaram-se contra ou a favor da candidatura da direita; em 1798, votaram contra ou a favor do revivescimento jacobino.[18] A estrutura política parecia dividir-se mais naturalmente em duas.

A análise discriminante mostra que esquerda e direita não eram categorias artificiais, pois as funções discriminantes derivadas por esse método foram estatisticamente significantes.[19] Se os eleitores estivessem assinalando decisões aleatórias ou inteiramente pessoais, seria improvável a existência de padrões distintos nas escolhas departamentais. Não só os padrões foram distintos, mas também foram relativamente persistentes. A maioria dos departamentos manteve-se no mesmo campo (54, em contraste com 29 que mudaram de campo). Houve continuidade no período do Diretório, 1795-8, e também em toda a era republicana, 1792-8. Em meio às freqüentes convulsões e reviravoltas da política nacional, os eleitores mantiveram a noção das categorias políticas.

O mapa 1 mostra que as eleições nacionais produziram padrões regionais definidos. A direita parlamentar era mais forte na bacia de Paris (o próprio departamento do Sena passou da esquerda para a direita), no vale do Ródano e no noroeste. A esquerda parlamentar era mais forte no centro-oeste e no sudoeste. Muitos dos departamentos que passaram da esquerda para a direita situavam-se em região próxima de uma grande cidade: Paris, Bordeaux, Lyon, Marselha e Estrasburgo. A maioria dos departamentos que mudaram da direita para a esquerda ficava nas montanhas, próximo à fronteira. De modo geral, a esquerda era mais forte na periferia (exceto no sudeste). Esse padrão geográfico é revelador: mostra que os deputados jacobinos obtinham mais apoio da periferia, e não do centro do país.[20] Paris, por sua vez, era volúvel no apoio à esquerda, e as regiões em suas proximidades em geral defendiam ferrenhamente a direita. Os deputados que abraçavam com mais entusiasmo a nova retórica, rituais e imagens provinham de lugares muito distantes do refinamento parisiense.

Esse mapa permaneceu significativo até muito depois da Primeira República. Muitas regiões continuam até hoje a votar de modo semelhante. Na década de 1970, por exemplo, quando a esquerda não estava no poder, os bastiões da força socialista (não-comunista) ainda estavam situados no extremo norte e no centro-sudoeste.[21] Nas eleições legislativas de junho de 1981, a esquerda não comunista obteve seus melhores resultados no sudoeste e em partes do centro e nordeste. Os partidos da "ex-maioria" (gaulistas e giscardienses) foram mais bem-sucedidos na metade setentrional do país e em uma fileira de departamentos que se estendem em direção ao rio Ródano.[22] Até agora, ninguém estudou sistematicamente a continuidade das filiações políticas ao longo dos dois últimos séculos, mas a divisão entre o norte conservador e o sul muito mais radical parece ser quase "tradicional".[23] A análise discriminante demonstra que ela remonta à Primeira República.

Sob a Segunda República (eleições de 1849), departamentos que haviam consistentemente apoiado a direita na década de 1790 continuaram a votar nessa linha.[24] Os departamentos que passaram da esquerda para a direita durante a Primeira República também tenderam a apoiar a direita em 1849. Muitas das exceções a esse padrão foram encontradas no sudoeste. Em seu estudo do Var, Maurice Agulhon constatou que esse departamento passou a apoiar a direita durante a Revolução, foi ferrenhamente legitimista na primeira metade do século XIX, mas depois foi conquistado pelo republicanismo radical durante a Segunda República de 1848.[25] Um processo semelhante evidentemente estava ocorrendo em departamentos próximos.

Com a importante exceção dos departamentos do extremo norte e do centro-sudoeste, os que deram seus votos à esquerda durante a Primeira República foram menos constantes nas preferências políticas do que os que votaram para a direita. Houve mais departamentos que passaram da esquerda para a direita do que vice-versa. Além disso, no longo prazo, o sul, que em geral era mais receptivo à esquerda, revelou-se bem mais volátil que o norte. Não só vários departamentos do sudeste haviam passado da esquerda para a direita e depois voltado para a esquerda em 1849, mas também muitos dos departamentos do oeste tinham passado da esquerda para a direita em 1849. Os departamentos de Vendéia, Deux-Sèvres e Charente-Inférieure deram menos de 20% de seus votos para a esquerda em 1849.

A notável mudança dos departamentos da Vendéia ilustra as limitações de estudar as eleições para a legislatura. Esses departamentos situavam-se na famigerada região da Vendéia, que foi assolada por movimentos contra-revolucionários populares durante a Primeira República. Em resposta à ameaça, notáveis republicanos da região puderam galvanizar apoio eleitoral limitado mas decidido para uma república radical (isto é, deputados da esquerda). Os rebeldes não votavam e, portanto, deixavam o campo livre para os jacobinos. Nessa região, até mesmo o governo do Diretório incentivou organizações jacobinas como contraposição à influência dos rebeldes; não reprimiu a esquerda com a mesma determinação mostrada em outras partes porque não podia dar-se ao luxo de alienar os que apoiavam a República, por mais radicais que fossem.[26] Assim, embora as massas na região mostrassem muito menos entusiasmo com a república, os homens que votavam podiam expressar seu apoio à esquerda. Essa situação não perdurou além da década de 1790, e no século XIX a região da Vendéia, exceto Sarthe e Maine-et-Loire, passou a apoiar a direita.

O padrão geográfico dos votos sob a Primeira República contém significado social. De fato, as diferenças sociais entre as regiões que votaram à esquerda e à direita foram mais significativas do que as diferenças no modo como vivenciaram as convulsões da Revolução.[27] A escolha entre esquerda e direita não esteve associada às taxas de emigração no departamento, às taxas de execuções durante o Terror ou às atitudes do clero local em relação à Revolução (ver tabela 1). Dada a associação, nos séculos XIX e XX, entre sentimento religioso e convicção política (áreas de prática religiosa consistente votaram para a direita), poderíamos esperar alguma relação durante a Primeira República.[28] A tabela 1 mostra que não há diferença entre esquerda e direita nesse aspecto. Ademais, os departamentos mais voláteis (que mudaram as preferências políticas) possuíam clérigos especialmente submissos. A atitude do clero não teve efeitos políticos óbvios. As únicas diferenças dignas de nota registradas pela tabela 1 são as altas taxas de emigração nos departamentos que mudaram para a direita e as baixas taxas de mortes relacionadas ao Terror nos departamentos que mudaram para a esquerda. Entretanto, é difícil extrair muito significado desses números; altas taxas de emigração podem ter contribuído para um clima político especialmente instável nos departamentos que mudaram para a direita, mas não parece haver razão para que baixas taxas de mortes relacionadas ao Terror tivessem impelido alguns departamentos para a esquerda em vez de deixá-los satisfeitos com o governo no poder.

Uma análise de correlação baseada em todos os departamentos independentemente de categorias políticas mostra, igualmente, pouca relação entre experiências específicas da Revolução, como a emigração, e a maioria das escolhas eleitorais (ver Apêndi-

TABELA 1
DIVISÕES POLÍTICAS E VIVÊNCIA DA REVOLUÇÃO (MÉDIAS)

Divisões políticas	Juramentos clericais (%)	Emigração (por 100 mil hab.)	Mortes relacionadas ao Terror (por 100 mil hab.)
Esquerda (N = 16)*	50	337	50
Direita (N = 21)	50	310	75
Mudaram p/ a Direita (N = 15)	61	793	49
Mudaram p/ a Esquerda (N = 5)	62	304	2

Fontes: Ver OATH, EMPIER e TEMPER no Apêndice A.
*Para fins de comparação, foram incluídos apenas os departamentos classificados com alto grau de confiança. Ver nota 16, cap. 4.

ce A). A correlação entre as votações das delegações departamentais no julgamento do rei e as taxas de juramentos clericais departamentais, por exemplo, foi próxima da completamente aleatória (r = -0,04). Entretanto, e nada surpreendente, as taxas de emigração e de execuções mostraram correlação negativa com as taxas de juramentos clericais (r = -0,26 e -0,23, respectivamente); quanto menos dócil o clero, maior a probabilidade de o departamento apresentar altas taxas de emigração e de mortes durante o Terror. Não obstante, essas experiências traumáticas não influenciaram substancialmente a votação em eleições nacionais.

Em contraste, as diferenças econômicas e sociais entre direita e esquerda foram importantes (ver tabela 2). A esquerda foi mais bem-sucedida longe de Paris, onde a população era menos urbana (a urbanização média para a França como um todo era de 18,8%),[29] menos abastada e menos alfabetizada do que a média (33,3% para todos os departamentos).[30] Os departamentos que mudaram sua preferência para a esquerda não se prestam muito bem à análise, pois eram pouco numerosos, mas a presença de departamentos nas montanhas evidencia-se no alto índice de alfabetização, na baixa urbanização e no baixo imposto territorial *per capita*.[31] As montanhas no leste, em especial, eram conhecidas por suas altas

TABELA 2

DIFERENÇAS SOCIAIS EM DEPARTAMENTOS AGRUPADOS
POLITICAMENTE (MÉDIAS)

Divisões políticas	Distância de Paris (lieus)	Alfabetizados (%)	Urbana (%)	Imposto territorial (francos per capita × 1000)
Esquerda (N = 16)	129	22	14	80
Direita (N = 21)	68	41	17	91
Mudaram p/ a Direita (N = 15)	95	31	26	91
Mudaram p/ a Esquerda (N = 5)	126	51	14	13

Fontes: Ver DISTPAR, TOTLIT, URB1806 e PCFONC no Apêndice A.

taxas de alfabetização sob o Antigo Regime, mas seu terreno não favorecia o desenvolvimento de grandes cidades ou de agricultura intensiva.

A direita apresentava dois componentes socioeconômicos distintos; os departamentos que persistiam na direita eram ricos, agrícolas, alfabetizados e próximos de Paris, enquanto aqueles que mudaram sua preferência para a direita eram mais distantes, mais urbanos e menos alfabetizados que os anteriores. As características socioeconômicas dos departamentos que mudaram para a direita refletem a importância fundamental de certas grandes cidades periféricas (notavelmente Marselha, Bordeaux e Estrasburgo) no afastamento da esquerda após 1794. Paris e seu departamento, o Sena, também pertenciam a esse grupo. A maior volatilidade, especialmente a mudança para a direita, foi encontrada nos departamentos mais urbanizados. As divisões políticas mais consistentes (direita ou esquerda, sem mudanças) estiveram no interior agrícola. Portanto, em vez das duas Franças da análise de Edward Whiting Fox, parece ter havido pelo menos quatro ou cinco Franças. Este estudo, em lugar de dividir o país entre cidades do interior e cidades da periferia, demonstra que o próprio interior era marcantemente dividido entre direita e esquerda. As grandes cidades comerciais da periferia realmente ocuparam posição de significativa influência, mas, em vez de impelir seus departamentos a apoiar a Gironda, empurraram-nos — depois do Terror — para as fileiras dos sucessores da Gironda, a direita parlamentar.[32] Nesse aspecto, as cidades periféricas não destoaram de Paris — acompanharam-na.

A importância de fatores socioeconômicos salienta-se quando fazemos uma comparação mais restrita entre departamentos de direita e de esquerda (ver tabela 3). Para essa comparação, foram escolhidos departamentos entre os classificados com maior probabilidade. Onze deles foram selecionados no grupo dos que consistentemente deram votos para a direita no norte; a Britânia e os poucos departamentos isolados do sul foram excluídos, restando Aube, Calvados, Eure, Loiret, Mancha, Orne, Pas-de-Calais, Seine-et-Marne, Seine-et-Oise, Seine-Inférieure e Somme. Foram incluídos nove departamentos do grupo que consistentemente votou na esquerda, todos das regiões central e sudoeste (excluindo-se os departamentos da Vendéia porque sua situação era singular). As taxas mais baixas de emigração e execuções dos esquerdistas são aqui notavelmente eclipsadas pelo fato de que tanto a esquerda como a direita estiveram muito abaixo da média nesses cômputos; os departamentos com tendências políticas consistentes sofreram poucas experiências traumáticas durante o Terror. Os núcleos da esquerda e da direita parlamentar não se formaram em reação aos acontecimentos mais dramáticos da década. Mas as diferenças socioeconômicas são marcantes: as regiões de direita eram ricas e alfabetizadas, e as de esquerda eram relativamente pobres, distintamente não-urbanizadas e apresentavam um deplorável índice de analfabetismo. Eram dois interiores agrícolas distintos: um moderno, rico e próximo de Paris, o outro atrasado e muito distante do centro cultural e comercial.

TABELA 3
ESTATÍSTICAS SOCIOECONÔMICAS E POLÍTICAS PARA UMA
AMOSTRA DE DEPARTAMENTOS (MÉDIAS)

Grupo da amostra	Alfabetizados (%)	Urbana (%)	Imposto territorial (francos per capita × 1000)	Juramentos clericais (%)	Mortes relacionadas ao Terror (por 100 mil hab.)	Emigração (por 100 mil hab.)
Esquerda (N = 9)	19	11	75	50	4	263
Direita (N = 11)	54	18	118	57	12	330
Todos os departamentos (N = 83)	33	17	84	53	45	452

Fontes: Ver tabelas 1 e 2.

Devido às inadequações das mensurações estatísticas no século XVIII, é difícil determinar com precisão a atuação dos fatores socioeconômicos, mesmo se analisados isoladamente. É impossível, por exemplo, testar a hipótese de Charles Tilly de que a contra-revolução foi favorecida por taxas desiguais de urbanização, pois as informações disponíveis para os departamentos referem-se a níveis de urbanização, e não de crescimento urbano.[33] Além disso, fatores socioeconômicos não podem ser analisados apropriadamente quando isolados, pois seus efeitos variam conforme o contexto. A urbanização é um exemplo esclarecedor.[34] As tabelas 2 e 3 mostram que os departamentos que consistentemente votaram na direita e os que mudaram para a direita tinham maior probabilidade de ser altamente urbanizados. Mas as correlações parciais para todos os departamentos considerados em conjunto (matriz de correlação no Apêndice A) indicam que o nível de urbanização favoreceu tipos variados, e até mesmo contraditórios, de envolvimento político. A urbanização apresentou correlação positiva com o apoio à direita em 1797 (r = 0,64), com o apoio à esquerda em 1798 (r = 0,41) e com o apoio ao golpe de Bonaparte em 1799 (r = 0,41). Em outras palavras, às vezes departamentos altamente urbanizados mudaram suas preferências políticas de ano para ano, e as taxas de urbanização, analisadas isoladamente, não podem predizer como os departamentos fizeram suas escolhas políticas.

Apresenta-se aqui um conjunto de hipóteses sobre o desenvolvimento de diferentes culturas políticas regionais. As hipóteses condizem com as informações mostradas nas tabelas 1 a 3, mas não podem ser testadas por métodos quantitativos. As culturas políticas regionais desenvolveram-se dentro dos limites estabelecidos por fatores sociais e econômicos, porém foram mais do que meras traduções desses fatores em política. Os agentes locais do governo logo descobriram que a chave para a política local e regional era o desenvolvimento de círculos concêntricos de relações pessoais. O governo dependia de contatos pessoais para obter informações, e as organizações políticas concorrentes dependiam desses contatos para o êxito eleitoral. Como escreveu um agente departamental ao Ministério do Interior em 1798: "Existe em cada cantão certo número de homens enérgicos e virtuosos que são sinceramente adeptos da República. Eles conservam toda a influência necessária para neutralizar os esforços dos mal-intencionados e direcionar escolhas no sentido da Revolução".[35] O jacobinismo e o realismo eram propagados por panfletos, brochuras e jornais, mas só criavam raízes quando sua mensagem era transmitida de uma pessoa a outra, de um povoado a outro, de um clube a outro. Em alguns lugares a mensagem jacobina viajava mais longe e mais depressa, enquanto em outros a resistência à inovação e o apoio clandestino à restauração prevaleciam. É preciso procurar a variabilidade nos padrões locais de recepção a diferentes formas de relações políticas.

Além dos numerosos grupos paramilitares rurais que atuavam contra a República, o realismo popular construiu uma base nas cidades maiores usando relações de clientelismo. Em alguns lugares, redes federalistas podem ter inaugurado esse padrão.[36] O realismo popular contou com bases sólidas em Paris e em Lyon depois de 1794, e as autoridades temiam que ele pudesse espalhar-se também para outras grandes cidades.[37] Em 1799, por exemplo, um histérico relatório policial afirmava que partidários de Luís XVIII tinham uma enorme organização paramilitar em Bordeaux.[38] Um relatório oficial de abril de 1799 concluiu que apenas oito departamentos podiam ser considerados confiavelmente republicanos: Creuse, Meurthe, Haute-Saône, Hautes Pyrénées, Finistère, Jura, Haute-Garonne e Pyrénées-Orientales. Significativamente, havia apenas duas grandes cidades (Nancy e Toulouse) nessas áreas; àquela altura, todas as demais eram suspeitas.[39]

Estudos de cidades como Lyon e Marselha mostraram que as grandes cidades possuíam populações numerosas e flutuantes de trabalhadores diaristas e assalariados freqüentemente desempregados, nada parecidos com os mais estáveis e militantes sans-culottes descritos por Soboul.[40] Em épocas de escassez de alimentos e incerteza política, eles eram facilmente recrutados por grupos de direita organizados em torno de relações de clientelismo. Por exemplo, em Bordeaux a polícia informou em setembro de 1796 que agitações antijacobinas atraíam muitos operários e artesãos de oficinas e armazéns do distrito de Chartrons, dominado pelos ricos mercadores e expedidores da cidade.[41] Paris parece uma exceção nesse aspecto somente se limitarmos nossa análise ao período do Terror, quando os jacobinos conseguiram mobilizar alguns segmentos da população de artesãos e assalariados. Depois de 1794 a direita republicana estabeleceu seu controle também sobre Paris. O rápido crescimento urbano nas décadas anteriores à Revolução, o deslocamento econômico provocado por colheitas ruins e escassez relacionada à guerra, a apatia popular depois da extinção dos clubes locais, as acerbas divisões geradas pelo Terror (houve mais execuções em departamentos altamente urbanizados), e até mesmo conflitos religiosos entre protestantes e católicos, tudo isso contribuiu para as confusões e comoções políticas nas grandes cidades.[42]

Os departamentos de esquerda no sudoeste e centro-oeste aglomeravam-se ao redor de algumas cidades "antigas" (que alguns chamaram de "*villes-villes*"), e não em novos centros industriais ou comerciais. A "vermelha" Toulouse era a maior e mais preocupante para o regime do Diretório, mas seus jacobinos e neojacobinos tinham equivalentes em muitas cidades semelhantes do Sudoeste. Em seu estudo das eleições de 1798, por exemplo, Woloch encontrou importantes redutos jacobinos em Brive, Tulle (ambos no Corrèze), Perigueux (Dordonha), Auch (Gers), Clermont e Issoire (Puy-de-Dôme).[43] Todos eles tradicionalmente desfrutavam de grande influência e prestígio em suas relativamente atrasadas regiões e, embora nenhum fosse particularmente um centro industrial ou manufatureiro em rápido crescimento (muitos, se não todos, podiam ser caracterizados como relativamente estagnados), destacavam-se como os centros comerciais e culturais de suas regiões interioranas pobres e quase sempre analfabetas.

Essas modestas cidades do sudoeste tornaram-se centros de uma duradoura tradição esquerdista, pois ali os jacobinos puderam estabelecer sua influência não só na cidade, mas também nas áreas rurais circundantes. O estudo de Bois sobre o departamento de Sarthe mostra, por exemplo, que os jacobinos de 1792-3 tinham suas sedes nas cidades (especialmente Le Mans) e burgos e que conseguiram dominar a metade oriental do departamento e as eleições departamentais. O que possibilitava esse domínio era a pobreza dos camponeses na metade leste do departamento, pobreza essa que tornava os camponeses dependentes das relações estabelecidas pelos tecelões desempregados organizados nas cidades. Assim como os comerciantes das cidades puderam penetrar no interior com relações comerciais, também os jacobinos conseguiram adentrar o interior com suas novas relações políticas. Nos lugares onde encontraram resistência no campesinato mais próspero e independente, como na metade oriental do departamento, a Revolução fracassou, e movimentos contra-revolucionários puderam estabelecer uma base.[44]

Marcel Reinhard demonstrou que esse tipo de penetração continuou no departamento de Sarthe depois de 1794. Durante o revivescimento jacobino de 1798 os jacobinos de Le Mans fundaram um Círculo Constitucional que logo ampliou sua influência. Quase todo *décadi* (o dia de descanso no calendário revolucionário) o círculo organizava uma procissão até uma cidade ou povoado próximo, onde os participantes plantavam uma árvore da liberdade e ofereciam uma "sopa cívica"; o evento culminava com a fundação de um novo Círculo Constitucional. Não demorou para que outros círculos passassem a organizar procissões iguais. Seu maior sucesso foi na metade oriental do departamento, a mesma que os jacobinos haviam conquistado. Em encontros gerais, os círculos faziam listas de candidatos para as eleições e as divulgavam.[45]

Nos departamentos do centro e do sudoeste que votavam na esquerda, o mesmo processo se repetia vezes sem conta. Os jacobinos não necessariamente haviam conquistado o entusiasmo das massas; como afirmou a administração departamental de Vienne em 1798, "a massa do povo não tem absolutamente nenhum peso na Revolução".[46] Mas haviam feito prosélitos decididos que se empenhavam ativamente pelo êxito eleitoral. Em Poitiers, capital do departamento da Vienne, o Círculo Constitucional tinha seiscentos membros na primavera de 1798 e era filiado a sociedades menores nas outras cidades do departamento. Os sucessos de 1798 em geral refletiam os ganhos obtidos nos primeiros anos da Revolução. No Gers, por exemplo, havia catorze clubes jacobinos associados ao clube de Paris em março de 1791. O clube de Auch era o principal e tinha estreita relação com o clube maior em Toulouse.[47] No departamento de Ariège, a influência do Clube Jacobino de Toulouse era tamanha que a administração departamental se queixou ao ministro do Interior em 1792.[48] Pequenos clubes de povoados eram filiados a clubes de uma cidade maior; os clubes maiores eram filiados uns aos outros e a Paris.

Os comerciantes, advogados, lojistas e artesãos dos clubes jacobinos puderam exercer essa influência porque, entre outras coisas, tinham poucos rivais nesses departamentos. Exceto Toulouse, Grenoble e Douai, não havia cidades nos departamentos consistentemente esquerdistas com *Parlements* e suas decorrentes nobres dinastias de magistrados. Além disso, o clero não mostrara muita simpatia pela Revolução. Conseqüentemente, os peixes menores das cidades e centros mercantis viram-se com uma oportunidade sem paralelos para exercer novos tipos de poder. No centro e no sudoeste, os indivíduos que formavam esses grupos urbanos estavam entre os relativamente pouco numerosos alfabetizados da região. O sul da França como um todo era menos alfabetizado que o norte, e a disparidade entre as taxas de alfabetização nas cidades e no campo era em geral bem maior no sul do que no norte, onde muitas cidades industriais mais novas tinham taxas bastante baixas de alfabetização.[49] Os camponeses analfabetos que não falavam francês em Corrèze, por exemplo, tendiam a seguir a liderança de Brive e Tulle, enquanto os camponeses alfabetizados e prósperos de Calvados eram menos dependentes da liderança intelectual e política de Caen.

Assim como o governo dos notáveis republicanos não foi combatido de cima nos departamentos esquerdistas, também não sofreu ameaça vinda de baixo. Como nenhum dos departamentos esquerdistas (com exceção do totalmente excepcional Nord) possuía cidades grandes com enormes comunidades de trabalhadores (em contraste com Rouen, no norte, ou Marselha no sul, por exemplo), os líderes burgueses e pequeno-burgueses nessas áreas não enfrentaram os problemas criados pela mobilização de pessoas da classe inferior, sem qualificação profissional, freqüentemente desempregadas e famintas. Ali a burguesia mais modesta dos departamentos esquerdistas, poupada das tensões das grandes cidades com seus trabalhadores, nobres locais, clérigos refratários e burguesia dividida (também não havia comunidades numerosas e ricas de comerciantes nos departamentos de esquerda, exceto no Nord, ou pelo menos nenhuma comparável a Bordeaux ou Nantes, por exemplo), pôde se dedicar sem percalços ao aprendizado do republicanismo.

Assim, paradoxalmente, a cultura política de esquerda — o partido do movimento — criou raízes mais firmes em um contexto de relativa estabilidade social, talvez até de estagnação econômica. Em meio a um mundo político que mudava rapidamente, os que vivenciaram com menos problemas a modernização social e econômica tinham mais a esperar do advento da nova ordem política.

Inversamente, o republicanismo e o realismo de direita buscaram apoio junto aos notáveis da política que viviam em regiões com grande potencial de conflito social. Por exemplo, a tecelagem em um departamento rural como Sarthe dava aos camponeses pobres uma renda adicional e consolidava relações de clientela favoráveis à burguesia republicana, mas nos departamentos mais urbanos a tecelagem impelira camponeses a deixar o campo rumo às cidades, onde era maior sua potencial ameaça ao controle burguês. Diante das massas de desempregados e trabalhadores intratáveis, os notáveis desses departamentos voltaram-se para a direita; democracia e igualdade tinham, para eles, uma conotação diferente, mais ameaçadora. A Revolução revelara os perigos da mobilização política. De modo semelhante, os proprietários de terras, novos e antigos, das regiões de grandes unidades agrícolas e cerealistas do norte não viam vantagem na mobilização dos trabalhadores do campo sem terra e dos pequenos agricultores. A rapidez com que ocorreram a modernização e o crescimento econômico propiciou uma cultura política favorável ao desenvolvimento da política de direita. O apoio ao golpe de Bonaparte, por exemplo, apresentou correlação positiva com urbanização, alfabetização, riqueza e apoio prévio à direita (ver Apêndice A).⁵⁰

Em contraste, a mobilização popular mais contida nas áreas relativamente não desenvolvidas do sudoeste e centro-oeste favoreceu os jacobinos. Nas poucas cidades grandes e nas cidades pequenas, os jacobinos puderam controlar não só a maioria dos clubes, mas também muitos dos novos cargos locais, e nessas áreas os clubes e cargos públicos integravam as camadas superiores dos sans-culottes e a burguesia republicana (ver capítulo 5 sobre esse processo em Toulouse). Nas regiões distantes de Paris, afastadas das tensões do desenvolvimento econômico acelerado e sem grandes divisões religiosas, o republicanismo local prosperou. A ênfase em falar com franqueza, as virtudes das pessoas simples e a política do didatismo encontraram um público receptivo nesses lugares.

Uma análise quantitativa de base nacional não pode revelar a atuação da cultura política em âmbito local. Ela serve, antes, para indicar os tipos de contexto nos quais se desenvolviam as diferentes opiniões políticas. Entretanto, os números efetivamente excluem certos tipos de explicação. A análise demonstra, por exemplo, que Paris não era o modelo para a política nacional, ao menos não um modelo para a política de esquerda durável, apesar da importância da aliança de 1793-4 entre jacobinos e sansculottes. Ao mesmo tempo, a análise estatística mostra que a França revolucionária não se caracterizou por um particularismo extremo; a França não foi uma colcha de retalhos totalmente aleatória de bairros, aldeias, cidades e departamentos. É bem verdade que o país não se dividia nitidamente ao meio, entre classes, entre regiões ou entre modernidade e atraso. A burguesia do norte escolheu opções diferentes das preferidas pela burguesia do sul. Partes do norte foram esquerdistas, e partes do sul foram direitistas; algumas áreas atrasadas apoiavam a direita, e outras, a esquerda. Mas as divisões não eram ao acaso: a esquerda ganhava eleições onde os jacobinos das cidades e povoados conseguiam desenvolver relações e organizações favoráveis à retórica da liberdade, igualdade e fraternidade, e a direita ganhava eleições onde os realistas e/ou partidários de uma república da ordem conseguiam galvanizar seus clientes em movimentos contra a República inovadora.

Alguns elementos da diferença entre esquerda e direita são apontados aqui, mas outros permanecem misteriosos. Pouco se sabe, por exemplo, sobre como fatores culturais regionais influenciavam o desenvolvimento político. Um estudo recente sobre a maçonaria no século XVIII mostra que a difusão das lojas não correspondia à densidade populacional, a padrões de riqueza regional ou à alfabetização, e no entanto os mapas de cidades de menos de 2 mil habitantes com lojas sugere alguns paralelos interessantes com o êxito da esquerda na década de 1790; a densidade dessas cidades era maior no quadrante sudoeste do país e menor na metade setentrional.[51] É possível, portanto, que embora as lojas não se transformassem automaticamente em clubes jacobinos,[52] tanto a maçonaria como o jacobinismo refletissem inclinações sociais e culturais que tinham conseqüências políticas distintas. A sociabilidade de cidade pequena no sudoeste pode ter tornado os habitantes mais receptivos às promessas da República.

Mesmo com as limitações dessa análise, a geografia política da Revolução indica algumas novas direções de pesquisa. Por que a política tinha base regional? Se havia quatro ou cinco regiões distintas (o oeste contra-revolucionário, o norte direitista, o sudoeste esquerdista e o volátil e freqüentemente violento sudeste), qual a razão de serem distintas? Como as culturas políticas tomaram forma em cada região? Embora essas questões ainda não tenham respostas completas, o próprio mapa conta histórias muito interessantes. A retórica da Revolução atraiu as periferias do país, as pessoas que viviam longe dos avanços econômicos, sociais e culturais. Mas foram essas pessoas que estiveram na linha de frente do movimento de união e integração, que acreditaram que a política podia mudar a vida cotidiana e, com ela, o caráter dos homens. Nos próximos capítulos mudaremos nosso enfoque dos lugares para as pessoas, a fim de determinar que grupos assumiram a liderança nesse processo.

5. A nova classe política

Os trabalhos mais recentes sobre a identidade social dos revolucionários dividem-se em dois campos nitidamente antagônicos. De um lado, o falecido Albert Soboul e seus seguidores marxistas salientam as atividades organizadas e ideologicamente engajadas dos jacobinos e sans-culottes.[1] Em seus textos, os revolucionários são descritos como militantes empenhados que têm em comum determinada perspectiva social (o igualitarismo), porém são unidos mais fortemente, ainda que de modo temporário, por objetivos políticos comuns (isto é, defesa da República, crença na democracia ou hostilidade contra o Antigo Regime). Nessa visão, a coalizão revolucionária entre jacobinos burgueses e sans-culottes pequeno-burgueses serviu aos interesses da burguesia no longo prazo.

Do outro lado, os revisionistas chamam a atenção para os menos sublimes interesses de uma variedade de grupos que não se encaixam em nenhum tipo previsível de estrutura de classe social. Alfred Cobban afirmou que a burguesia revolucionária compunha-se de profissionais liberais e altos funcionários régios "decadentes", e não de comerciantes capitalistas e manufatores "ascendentes".² Em uma linha revisionista mais extrema, Richard Cobb concentra-se nos alicerces pessoais e psicológicos da militância. Nessa visão, os sans-culottes, por exemplo, eram "uma aberração da natureza, mais um estado de espírito que uma entidade social, política ou econômica".³ Nos trabalhos de Cobb e seus seguidores, os revolucionários parecem verdadeiramente marginais à sociedade normal; são as criaturas da derrocada social e política, e não os arquitetos de uma nova ordem duradoura.

Grande parte da polêmica acerca da interpretação social baseia-se em dados notavelmente limitados, como por exemplo a composição social do movimento sans-culotte em uma cidade, as identidades ocupacionais de deputados de uma ou duas assembléias nacionais ou apenas as diferenças entre facções em uma legislatura.⁴ A meu ver, houve três elementos definidores no contexto social da ação política revolucionária: localização geográfica, identidade social e laços e valores culturais. No capítulo 4 mostrou-se que a ação política apresentou padrão regional distinto; os departamentos mais revolucionários eram geograficamente periféricos e relativamente desfavorecidos nas esferas econômica, social e cultural. Neste capítulo, examino sistematicamente a identidade social da elite revolucionária. A análise dos dados indicará que a nova classe política foi definida tanto por suas posições e relações culturais como por sua participação em grupos sociais definidos por ocupação.

Com base em uma análise ocupacional da Assembléia Constituinte (os delegados do Terceiro Estado nos Estados Gerais) e da Convenção Nacional, Alfred Cobban asseverou que "os *officiers* [altos funcionários régios, que geralmente detinham cargos hereditários] e os homens de profissões liberais prepararam e dirigiram a Revolução".⁵ Não só é duvidoso que a direção da Revolução possa ser atribuída unicamente a alguns líderes nacionais, mas também a afirmação de Cobban não é totalmente correta. Se ele aprofundasse sua investigação no período do Diretório, teria constatado que a proporção de *officiers* diminuiu, mesmo na legislatura nacional, de quase metade dos deputados do Terceiro Estado para apenas um quarto dos *conventionnels* e somente um oitavo dos deputados diretoriais.[6] Os altos funcionários do Antigo Regime não dirigiram a Revolução; participaram em grande número no início, mas afastaram-se regularmente depois.

Apesar disso, a outra metade da avaliação de Cobban sobre os deputados nacionais continua sendo verdadeira: a maioria deles tinha formação de advogado ou profissional liberal, mesmo não sendo ex-funcionários da Coroa. Os comerciantes nunca chegaram a integrar mais de 14% da legislatura, e o número deles diminuiu constantemente ao longo da década, até alcançar 4% nos conselhos diretoriais.[7] O constante declínio do número de deputados comerciantes indica que a legislatura estava se profissionalizando; os eleitores preferiam cada vez mais políticos profissionais a veneráveis notáveis locais. Uma indicação dessa preferência é a idade dos deputados nacionais: não eram mais velhos que os altos funcionários locais, ou seja, eram escolhidos por suas habilidades políticas, e não por tempo de serviço ou notabilidade na região. A idade média dos deputados diretoriais em 1795, por exemplo, era 43 anos. Em 1789, 32% dos deputados da Assembléia Constituinte tinham menos de quarenta anos; em 1793, 46% dos deputados da Convenção Nacional também tinham menos de quarenta anos, e em 1795, 40% dos deputados diretoriais também estavam abaixo dessa idade.[8] Os líderes locais estavam aproximadamente nessa mesma faixa etária. Em Nancy, por exemplo, a idade média dos conselheiros municipais era 43 anos sob a monarquia constitucional, 43 sob o Terror e 47 sob o Diretório.[9] Em outras palavras, os deputados nacionais eram selecionados do mesmo grupo de homens que os altos funcionários locais.

Os deputados em geral assumiam cargos nacionais tendo já alguma bagagem política, cuja natureza, porém, foi mudando com o passar dos anos. Não só o número de ex-funcionários régios declinou, mas também diminuiu a proporção de ex-deputados. Apenas 37% dos deputados da Convenção haviam sido deputados e, embora os que se mantivessem na Convenção decretassem que os primeiros Conselhos Diretoriais deveriam ter dois terços de seus membros escolhidos entre os da Convenção que estavam de saída, a proporção de *conventionnels* caiu drasticamente a cada eleição, de 67% no ano IV para 12% no ano VII. O número de deputados que haviam integrado legislaturas anteriores (incluindo todos os corpos legislativos, 1789-4) reduziu de 77% no ano IV para 16% no ano VII. Nesse último ano, apenas 4% dos deputados haviam participado da Assembléia Constituinte (ou Nacional) original.[10] Os deputados eram constantemente sufocados por ondas de novatos. Essa situação levou um desiludido observador a declarar que "somos forçados a ver a principal [causa dos problemas da Revolução] na avalanche de novos homens convocados todos de uma vez para cargos tão novos quanto eles próprios [...] esses novos homens transformam-se em joguetes dos facciosos".[11] O profissionalismo não garantia a permanência no cargo.

Embora muitos deputados fossem novatos em cargos nacionais, tinham considerável experiência em âmbito local. Quase todos os deputados na Convenção Nacional (86%) haviam ocupado algum tipo de cargo revolucionário, e mesmo no ano VII três quartos dos deputados dos Conselhos Diretoriais haviam servido em cargos locais.[12] Assim, embora novos homens relativamente jovens continuassem a surgir na cena política em Paris, ingressavam em seus novos papéis com experiência política e formação profissional. Além disso, os deputados continuaram a chegar a Paris pelas mesmas vias. Um dos mais óbvios lugares de preparação eram as administrações departamentais. Quatro dos onze funcionários executivos (*procureur général-syndic*, depois *commissaire du pouvoir exécutif*) do departamento de Allier, por exemplo, passaram a atuar como deputados nacionais, e dez dos outros conselheiros departamentais foram promovidos de modo semelhante. Na Marne, três dos nove funcionários executivos atuaram na legislatura nacional; na Haute-Saône, dez conselheiros tornaram-se deputados.[13] Inversamente, os que serviram nas assembléias anteriores da Revolução em geral voltavam para suas regiões e assumiam cargos locais. Etienne Douyet, por exemplo, era um tabelião de 36 anos quando foi eleito para o conselho departamental de Allier em 1790. Depois de servir na Assembléia Legislativa, voltou para sua terra e não ocupou cargo público durante o Terror. Foi escolhido como administrador de seu distrito novamente no ano III e depois de novo promovido ao departamento no ano IV. Napoleão nomeou-o prefeito de sua cidade natal.[14]

A carreira de Douyet salienta uma das características estabilizadoras da política revolucionária: embora as autoridades não ocupassem cargos específicos por longos períodos, muitas saíam de um cargo para assumir outro. A circulação de autoridades facilitou a formação de uma nova classe política, familiarizando os políticos uns com os outros e com os problemas encontrados em diferentes níveis do governo. As administrações departamentais foram os elos críticos nesse sistema político interligado, pois os homens que tinham o dinheiro, o tempo e as habilidades necessárias para empenhar-se por interesses políticos nacionais geralmente participaram em algum momento de administrações departamentais.

Como se poderia prever, as administrações departamentais eram compostas principalmente por advogados, tabeliões e, cada vez mais, por homens que estavam fazendo carreira como autoridades revolucionárias. No Haut-Rhin, segundo Roland Marx, a administração departamental incluiu poucos comerciantes, prati-

camente nenhum artesão, expressiva proporção de advogados e uma mistura de "profissões burguesas", como professores, funcionários públicos e médicos. Nos departamentos de Haut-Rhin e Bas-Rhin, os eleitores mostraram preferência por quem possuía experiência política: prefeitos, administradores que deixavam cargos, autoridades distritais e outros do gênero. Os administradores nesses dois departamentos eram, na maioria, citadinos, e apenas alguns eram agricultores (*laboureurs* ou *cultivateurs*).[15]
No departamento de Allier, França central, os advogados destacaram-se ainda mais: 59% dos administradores que declararam ocupação eram advogados ou ocupavam cargos em jurisdições do Antigo Regime. Nessa área menos urbanizada, os proprietários de terras tinham influência: 23% dos administradores declararam-se *propriétaires*. Os demais eram médicos, comerciantes, clérigos ou oficiais militares aposentados. Muitos dos administradores que não mencionaram ocupação declararam-se prefeitos ou autoridades distritais. Em Allier, assim como nos departamentos da Alsácia, experiência política era essencial: 43% dos administradores departamentais escolhidos depois de agosto de 1792 haviam sido autoridades distritais e, ao todo, quase três quartos dos administradores sob a República haviam ocupado cargos locais revolucionários antes de serem indicados para o conselho departamental.[16]
Embora proprietários de terras rurais tivessem certa influência no departamento de Allier, aparentemente não dominaram os conselhos departamentais em nenhuma parte da França. Na Marne em 1790, advogados e profissionais liberais superavam numericamente os proprietários rurais (os que tinham essa como única ocupação rentável) em mais de dois para um; em 1792 havia até mais comerciantes no conselho departamental (dez) do que proprietários de terras (seis). Os conselhos de Haute-Saône assemelhavam-se aos da Alsácia: em 1790-1, 60% dos conselheiros de-

partamentais eram advogados ou autoridades do Antigo Regime, 18% eram comerciantes e apenas 4% proprietários rurais; em 1792-4, 50% eram advogados ou funcionários do Antigo Regime, 12% eram comerciantes e 6% proprietários rurais. Na Meurthe a representação dos comerciantes foi nula: em 1790 nenhum comerciante ou lojista foi eleito para o conselho departamental, que incluiu 58% de advogados e 11% de proprietários rurais.[17]

Apesar da variação na composição ocupacional entre os departamentos, o padrão geral é evidente: a nova classe de autoridades no nível regional foi composta sobretudo de citadinos que se identificavam principalmente por suas ocupações urbanas. Também nesse aspecto as autoridades departamentais assemelharam-se bastante aos deputados nacionais. Cerca de metade dos deputados provinha de cidades com mais de 5 mil habitantes, enquanto na população como um todo a porcentagem de pessoas residentes em cidades desse porte era inferior a 20%.[18] A predominância regional de elites urbanas prosseguiu mesmo nos últimos anos do reinado de Napoleão: 40% dos notáveis em 1810 haviam sido profissionais liberais, autoridades governamentais ou comerciantes antes da Revolução, em comparação com 34% de proprietários de terras.[19] Sem dúvida a posse de terra era um importante elemento de prestígio local para a maioria desses homens, fossem eles autoridades revolucionárias ou notáveis napoleônicos. Ainda assim, não foi uma classe rural de *gentlemen* em estilo inglês que conquistou a proeminência política no âmbito nacional ou regional, e sim milhares de profissionais urbanos que aproveitaram a oportunidade de desenvolver carreiras políticas.

Como na legislatura nacional, nos departamentos os ex-funcionários régios tiveram mais influência no início da Revolução. Em Meurthe e Cher, a porcentagem de oficiais reais chegou a 39% (eleições de 1790), mas em outras partes sua presença foi mais limitada: 19% no Indre, 14% na Haute-Saône e meros 8% no Ain em 1790. Embora as fontes não permitam comparações exaustivas, parece que a exclusão de funcionários régios foi se acentuando mais por toda parte sob a República. No Allier, por exemplo, apenas um administrador eleito em 1792 fora funcionário régio, em comparação com onze em 1790.[20]

O declínio dos funcionários reais não beneficiou as classes mercantis nos níveis regional e nacional, mas os dados indicam que os comerciantes podem ter sido influentes nas cidades. Em Marselha, mais da metade das autoridades municipais eleitas em 1790 foi identificada como comerciante ou fabricante [*négoçiant* ou *fabricant*], e ninguém declarou ocupação na área de direito. Mesmo na cidade de Angers, menor e interiorana, os comerciantes compreendiam o maior grupo isolado nos conselhos municipais entre 1790 e 1795, e entre 1796 e 1799 a proporção de comerciantes passou de 35% das ocupações conhecidas para 65%; os advogados ficaram em segundo lugar.[21]

Entretanto, em grande medida os dados sobre a elite das cidades grandes são fragmentários; em geral, referem-se a uma cidade para apenas um período limitado durante a Revolução. Essa lacuna em nosso conhecimento merece atenção, pois os eleitos para cargos públicos locais tiveram importância singular durante a Revolução. As várias constituições delegaram-lhes considerável autoridade, e muitos deles ampliaram sua esfera de ação durante as tão freqüentes crises. No início da Revolução, em especial, os cargos eram muito ambicionados; todos os que tinham interesse na formação da nova ordem tentavam obter uma posição de influência e autoridade, e cargos assim eram postos à disposição nas eleições. Em certo sentido, em âmbito local não houve disparidade entre a elite "de reputação" e a "de posição"; como não existia política nos moldes convencionais, ter influência requeria ter posição.[22] A natureza da nova ordem era demasiado incerta para permitir as usuais manipulações de bastidores. Mesmo depois da comoção do Terror e da interferência de Paris que se seguiu, os notáveis locais tiveram de conseguir cargos públicos para poder influir nos assuntos locais. No âmbito local, cargo significava poder.

Se havia um lugar onde se poderia esperar que os comerciantes tivessem influência nos assuntos locais eram as grandes cidades. Com o objetivo de comparar sistematicamente as fortunas de diferentes grupos sociais em nível local, escolhi para exame quatro cidades grandes. Amiens, Bordeaux, Nancy e Toulouse eram heterogêneas na geografia e na política. Embora todas fossem importantes centros de governo, mercado, serviços e cultura, situavam-se em quatro extremos diferentes do país e eram as capitais de quatro departamentos, cada qual com uma tendência política distinta.

Amiens era a principal cidade e sede administrativa do departamento de Somme, ao norte de Paris (ver mapa 1). A cidade era conhecida pela grandiosa catedral gótica e seus lanifícios, que empregavam grande parcela dos 40 mil habitantes.[23] Amiens nunca se tornou solidamente republicana. Em novembro de 1795 um deputado em missão do Conselho dos Quinhentos informou que "o 9 termidor [queda de Robespierre], que deveria ter tranqüilizado os cidadãos novamente quanto à sua segurança pessoal, avivou, ao contrário, todas as suas esperanças realistas".[24] Dois anos depois, as administrações departamental e municipal foram revogadas, suspeitas de serem realistas. No verão de 1799 os renovados esforços de recrutamento militar do governo provocaram grandes protestos movidos por gritos de "abaixo os jacobinos, abaixo a administração, abaixo os mendigos, viva o rei, viva Luís XVIII".[25] Portanto, Amiens era representativa das cidades manufatoras direitistas do norte.

Nancy, com 33 mil habitantes, era capital da Lorena e centro cultural do leste. Como Bordeaux e Toulouse, Nancy era sede de corte suprema ou *Parlement* e de uma grande universidade. Não é fácil caracterizar o caráter político da cidade durante a Revolução. Segundo a análise apresentada no capítulo 4, o departamento de Meurthe (ver mapa 1) foi um dos poucos que passaram da direita para a esquerda durante a década, e fontes do governo consideraram-no um dos poucos departamentos republicanos confiáveis em 1799. Contudo, o principal historiador do departamento descreve-o como "um bom exemplo daqueles departamentos pacíficos onde a indiferença ao regime [do Diretório] contribuiu para seu fracasso".[26] O comportamento dos deputados departamentais no fim da década indica que o bonapartismo encontrou ali apoio considerável; metade da delegação assumiu papel de liderança na preparação do caminho para o governo do Consulado.[27] O comissário do Diretório na administração departamental aceitou de pronto o golpe de Napoleão em novembro de 1799 e anunciou pressurosamente ao ministro do Interior que "às primeiras notícias dos resultados destes dias, a totalidade dos cidadãos da capital [Nancy] só deu mostras de sentimentos de confiança e júbilo".[28] Em suma, o departamento mudou suas lealdades políticas mais de uma vez sem jamais se tornar um viveiro da oposição ao regime no poder. A cidade de Nancy propriamente dita esteve dividida, mas nem o Terror nem a reação antiterrorista provocaram os tipos de tumultos vivenciados por outras cidades grandes. Nancy interessa-nos aqui precisamente porque não se identificava com nenhuma facção política.

Bordeaux era a maior das quatro cidades; com mais de 100 mil habitantes, seu tamanho era quase duas vezes o de Toulouse. Também tinha a economia mais dinâmica. Vinicultores (muitos deles *parlementaires* locais) e expedidores dominavam a economia local e regional.[29] Em 1793 o departamento da Gironda deu seu nome à revolta federalista, embora nem todos os seus deputados fossem politicamente "girondinos". A cidade de Bordeaux, porém,

187

foi um importante centro da revolta. Após a derrota do federalismo, muitos de seus cidadãos proeminentes foram mandados para a guilhotina por uma comissão militar chefiada por radicais da cidade.[30] Mais tarde o pêndulo oscilou drasticamente para a direita. Autoridades locais queixaram-se do "banditismo" de contra-revolucionários, e em 1797 as eleições municipais e departamentais foram anuladas sob acusação de realismo.[31] Ainda assim, Bordeaux não sofreu as devastações da guerra civil declarada (como a que assolou Lyon), e sob muitos aspectos vivenciou a Revolução de modo semelhante aos outros grandes portos.

Das quatro cidades, Toulouse foi, sem dúvida, a mais paradoxal. Sob o Antigo Regime, um grupo excepcionalmente abastado de *parlementaires* dominou a vida social e política dessa cidade de aproximadamente 58 mil habitantes. Nos primeiros anos da Revolução, Toulouse não chamou atenção; as autoridades revolucionárias tentaram seguir uma linha moderada ao lidar com os protestos dos nobres e *parlementaires* contra as inovações institucionais. Apesar das simpatias de alguns líderes da cidade, o federalismo não falou alto em Toulouse.[32] Depois de 1794, porém, a cidade foi ganhando fama de reduto jacobino. Quando a direita começou a dominar a política nacional, por exemplo, a administração municipal de Toulouse foi forçada a escrever um relatório defendendo-se da acusação de "terrorismo": "Não é verdade que as autoridades eleitas pelo povo nas assembléias comunais do ano VI tenham sido vis instrumentos do regime do Terror", garantiram.[33] Toulouse, entre todas as grandes cidades da França, foi a única invariavelmente esquerdista e, em conseqüência, foi o centro da política jacobina na maior área do sudoeste (ver mapa 1, Haute-Garonne).

O foco de comparação aqui são os conselhos municipais das quatro cidades. Eles não foram os únicos organismos políticos locais, e nem sempre foram os mais poderosos. Muitos clubes jaco-

TABELA 4

REPRESENTAÇÃO OCUPACIONAL EM CONSELHOS MUNICIPAIS DE
AMIENS, BORDEAUX, NANCY E TOULOUSE,
1790-9 (%)

Ocupação	Amiens (N = 84)	Bordeaux (N = 195)	Nancy (N = 129)	Toulouse (N = 112)
Clero	0	1	2	1
Direito	17	13	35	21
Outras profissões liberais	4	16	11	15
Comércio e manufatura	46	41	18	36
Artesãos e lojistas	22	23	24	18
Militares	0	4	5	0
Agricultura	2	1	2	5
Burgueses*	9	1	3	5
Ocupação desconhecida	2	28	12	12

Nota: As porcentagens referem-se às ocupações conhecidas. Os números para Bordeaux são os menos confiáveis, pois a porcentagem de ocupações desconhecidas é a maior dentre as das quatro cidades.

* "Burguês" inclui *rentiers* e *propriétaires*, isto é, os que auferiam rendas de investimentos em várias formas de propriedade e não exerciam nenhuma profissão.

binos exerciam uma forte porém informal influência sobre os assuntos locais, e diversos comitês e comissões revolucionários vieram e se foram com as marés do sentimento político. Entre 1793 e 1795, representantes em missão da Convenção Nacional intervieram freqüentemente em disputas locais. Um governo municipal inteiro podia ser exonerado, só para ser reempossado vários meses depois, quando mudavam os ventos políticos. Contudo, apesar das alterações em seu tamanho e método de seleção, os conselhos municipais foram a característica mais regular e contínua da política local durante a Revolução.[34]

Apesar das diferenças sociais e políticas entre as cidades, a representação ocupacional nos conselhos revolucionários foi, no todo, notavelmente semelhante (ver tabela 4): exceto em Nancy, os comerciantes e manufatores predominaram, e o mais das vezes os artesãos ficaram em segundo lugar (ver Apêndice B para uma análise dos métodos usados para elaborar as tabelas). Para as cidades grandes, a caracterização de 1791 por Burke foi admiravelmente precisa: seus "homens endinheirados, mercadores, grandes negociantes e homens de letras" foram efetivamente "os principais agentes na Revolução Francesa".[35] A composição social das elites municipais diferiu drasticamente das elites regionais e nacionais: comerciantes, e não advogados, foram o maior grupo isolado nos conselhos municipais em três das cidades. Autoridades régias tiveram ainda menos proeminência em âmbito local do que em instâncias superiores. Em Amiens apenas três *officiers* do Antigo Regime participaram de conselhos revolucionários; um deles era magistrado do *bailliage* (bailiado, o tribunal regional sob jurisdição de um *Parlement*). Em Nancy, cidade apinhada de funcionários da Coroa, eles foram dez (8%), cinco haviam participado do *bailliage* ou do *Parlement*. A maioria dos ex-funcionários régios opôs-se ativamente à Revolução ou afastou-se totalmente da vida pública.[36]

A ascensão dos comerciantes ao poder local marcou uma mudança significativa na política das cidades. Em seu estudo de almanaques de cidades do Antigo Regime, Daniel Roche constatou que os homens arrolados como notáveis locais nas quatro cidades eram, na grande maioria, clérigos, oficiais militares, magistrados ou funcionários da administração civil da Coroa. Os ocupados no comércio compreendiam apenas entre 1,2% (Amiens) e 5,5% (Bordeaux) dos notáveis urbanos do Antigo Regime.[37] Os comerciantes estavam no degrau mais inferior da notabilidade local sob o Antigo Regime; raramente alguém abaixo deles na escala social aparecia nas listas. Em Bordeaux e Amiens as comunidades mercantis eram relativamente numerosas e, em conseqüência disso, difíceis de ser deixadas de lado por completo. Os comerciantes-expedidores de Bordeaux eram com freqüência eclipsados pelos ricos e nobres magistrados do *Parlement* local, mas em Amiens os comerciantes estiveram particularmente bem representados no conselho municipal antes da Revolução. Embora os cargos de prefeito e vice-prefeito quase sempre fossem ocupados por nobres, entre 1782 e 1789 um terço dos almotacéis (*échevins*) no conselho de Amiens identificou-se como comerciante.[38] Mas mesmo em Amiens os comerciantes estavam longe de dominar a cena política local.

Em Nancy e Toulouse, em contraste, os comerciantes tiveram relativamente pouca influência antes de 1789; em larga medida, eram menosprezados pelas grandes e dinâmicas comunidades de magistrados e advogados, muitos deles nobres e bem mais ricos que os comerciantes. Segundo Jean Sentou, o *parlementaire* médio de Toulouse deixava uma fortuna avaliada em oito vezes a de um comerciante ou manufator médio. Até o número de comerciantes em Toulouse parece ter diminuído em fins do século XVIII.[39] Um índice quantitativo aproximado da razão entre comerciantes e autoridades e profissionais liberais no Antigo Regime mostra a relativa inexpressividade dos comerciantes em Nancy e Toulouse: 1,2 para Amiens (isto é, 1,2 comerciantes para cada membro de profissão liberal ou autoridade, segundo a lista de *capitation* de 1776), 1,5 para Bordeaux (lista de *capitation* de 1777), 0,5 para Nancy (avaliação de 1789) e 0,5 para Toulouse (contratos de casamento de 1788).[40] Embora os nobres, clérigos, oficiais régios e profissionais liberais dominassem a política local nessas quatro cidades durante o Antigo Regime, os comerciantes em Amiens e Bordeaux tinham potencialmente mais poder em termos de sua participação numérica do que seus equivalentes em Nancy e Toulouse.

Em conseqüência, não surpreende que os comerciantes e manufatores de Amiens e Bordeaux fossem imediatamente beneficiados com a situação revolucionária (ver tabelas 5 e 6, composição social para 1790-1). Durante o Terror, porém, o número de comerciantes nos conselhos diminuiu enquanto dobrou a representação de artesãos e lojistas. A reação do ano III trouxe os comerciantes de volta em peso, mas sua preponderância nunca mais voltou a ser tão absoluta quanto em 1790-1. Em Toulouse e especialmente em Nancy, os comerciantes foram sobrepujados no início da Revolução por profissionais da área de direito e por profissionais liberais (ver tabelas 7 e 8). Sob a República, contudo, as duas cidades *parlementaires* parecem ter seguido caminhos diferentes. Os comerciantes de Toulouse aumentaram sua representação ao longo da década, ao passo que a dos advogados foi declinando até a insignificância. Em Nancy os comerciantes melhoraram sua posição com o passar do tempo, mas nunca chegaram a desfrutar a proeminência que tiveram os comerciantes de outras partes.

Em uma pequena cidade manufatureira como Elbeuf, a preponderância dos comerciantes e manufatores durante a Revolução não chega a surpreender: as classes mercantis dominavam a vida social e política na cidade antes da Revolução e continuaram a fazê-lo, apesar de um breve desafio vindo de baixo, no fim da década e posteriormente também durante o Consulado e o Império.[41] Em Elbeuf, os comerciantes não encontraram concorrentes de peso. Nas grandes cidades, porém, a elite mercantil não desfrutava a mesma superioridade durante o Antigo Regime. Apesar disso, a Revolução trouxe a essa elite novas oportunidades de destaque na vida pública. O mais surpreendente é a habilidade com que os comerciantes conseguiram marcar presença mesmo em lugares como Toulouse e Nancy, onde eram relativamente inexpressivos em número e riqueza. Os comerciantes não estavam simplesmente concordando com seu nicho "natural" nos assuntos locais; estavam tentando obter a liderança da Revolução em seu território. Advogados, tabeliães e ex-magistrados tiveram mais

TABELA 5
AMIENS: MUDANÇAS NA REPRESENTAÇÃO OCUPACIONAL NO
CONSELHO MUNICIPAL, 1790-9 (%)

Ocupação	1790-1 (N = 32)	1793-ano II* (N = 28)	Ano III (N = 34)	Anos IV-VII (N = 19)
Direito	25	12	18	5
Outras profissões liberais	3	12	0	5
Comércio	56	23	47	42
Artesãos e lojistas	16	38	26	32
Outros	0	15	9	16
Ocupação desconhecida	0	7	0	0

*Amiens só completou as eleições determinadas por decreto de outubro de 1792 no início de 1793.

TABELA 6
BORDEAUX: MUDANÇAS NA REPRESENTAÇÃO OCUPACIONAL
NO CONSELHO MUNICIPAL, 1790-9 (%)

Ocupação	1790-1 (N = 45)	1793-ano II* (N = 92)	Ano III (N = 44)	Anos IV-VII (N = 64)
Direito	21	8	9	10
Outras profissões liberais	5	21	20	24
Comércio	55	33	40	37
Artesãos e lojistas	17	32	20	20
Outros	2	6	12	9
Ocupação desconhecida	7	32	20	36

*Bordeaux só completou as eleições determinadas por decreto de outubro de 1792 no início de 1793.

193

TABELA 7
NANCY: MUDANÇAS NA REPRESENTAÇÃO OCUPACIONAL NO CONSELHO MUNICIPAL, 1790-9 (%)

Ocupação	1790-1 (N = 44)	1793-ano II (N = 55)	Ano III (N = 30)	Anos IV-VII (N = 30)
Direito	53	26	24	25
Outras profissões liberais	7	15	8	21
Comércio	16	15	32	29
Artesãos e lojistas	12	36	32	11
Outros	11	8	4	14
Ocupação desconhecida	2	15	17	7

TABELA 8
TOULOUSE: MUDANÇAS NA REPRESENTAÇÃO OCUPACIONAL NO CONSELHO MUNICIPAL, 1790-9 (%)

Ocupação	1790-1 (N = 41)	1793-ano II (N = 40)	Ano III (N = 35)	Anos IV-VII (N = 26)
Direito	35	9	18	9
Outras profissões liberais	5	29	15	9
Comércio	32	21	47	52
Artesãos e lojistas	11	26	9	26
Outros	16	15	12	4
Ocupação desconhecida	10	15	3	12

influência nas cidades no início da Revolução, mas declinaram numericamente por toda parte após 1791. Com freqüência outros profissionais, como médicos, mestres-escolas e funcionários públicos subalternos, tornaram-se mais importantes que os advogados. Nas cidades administrativas menores, em geral os comerciantes não estiveram tão bem representados quanto nas grandes, como indica o padrão de Nancy, a menor das cidades estudadas. A elite revolucionária de Aix-en-Provence, capital administrativa da Coroa com cerca de 28 mil habitantes, parece semelhante. No todo, os comerciantes de Aix situaram-se abaixo dos advogados (12% e 21%, respectivamente).[42] Em Arles, cidade próxima, os comerciantes superaram por pequena margem os advogados no total (10% e 9%, respectivamente), porém melhoraram continuamente sua participação no conselho, de 3% em fevereiro de 1790 para 13% em dezembro de 1792, chegando ao auge com 38% em maio de 1797. Em ambas essas cidades meridionais sem manufaturas em grande escala, os comerciantes e advogados foram superados em participação pelos artesãos e lojistas, que compreendiam 31% dos conselheiros revolucionários em Aix-en-Provence e 37% em Arles.[43]

Mesmo em uma cidade minúscula como Vence, na Provença (2600 habitantes), onde 61% dos domicílios pertenciam a camponeses, os ocupados no comércio foram ativos na política revolucionária: três das dez autoridades municipais eleitas em 1790 eram comerciantes ou lojistas (outros três tinham formação na área de direito), e oito dos 29 *commerçants* da cidade ocuparam algum cargo no primeiro conselho municipal revolucionário. Os comerciantes e lojistas, como os advogados, médicos e os chamados "burgueses" (homens que viviam de investimentos), interessaram-se ativamente pela política revolucionária. Esses grupos tiveram níveis de participação muito maiores na votação em 1790 do que os artesãos, trabalhadores manuais ou camponeses: cerca de 40% deles votaram, em contraste com 20% dos camponeses, 14%

dos artesãos e uma porcentagem ainda menor de trabalhadores assalariados.[44]

A maioria dos estudos sobre povoações pequenas ressalta que, em marcante contraste com a turbulenta história da política municipal e nacional, nessas povoações houve continuidade na liderança do Antigo Regime para o novo, em especial na hegemonia dos mesmos notáveis locais. Patrice Higonnet, por exemplo, constatou que em Pont-de-Montvert (departamento de Lozère, 1350 habitantes) "os empregos, títulos e distinções iam para os notáveis locais", e surpreendeu-se com a "evidente facilidade com que os notáveis usavam a população para seus próprios objetivos".[45] O autor de um estudo sobre Ormoy (Haute-Saône, 747 habitantes), concluiu que ali, "como na grande maioria de nossas áreas rurais, se o regime muda, as classes dirigentes permanecem as mesmas. Com efeito, são as classes abastadas que assumem as mais importantes funções da comuna".[46]

A minúscula e próspera povoação camponesa de Bénesse-Maremne (departamento de Landes, 380 habitantes, quatro quintos deles camponeses) exemplificou esse padrão. Um pequeno grupo de agricultores ricos enfrentou pouca oposição na política do povoado. O prefeito até 1795 era Jean Destribats, agricultor de quarenta anos e o sexto maior pagador de impostos da povoação. Ele perdeu o cargo para Pierre Destribats (um parente?), o segundo maior pagador de impostos da povoação, e Pierre, por sua vez, foi substituído por François Desclaux, o mais rico proprietário de terras entre todos eles. Quase a totalidade dos cargos no povoado durante a Revolução foi ocupada por agricultores.[47]

Ainda assim, muitos povoados passaram pelo mesmo processo de democratização ocorrido nas grandes cidades. Em Pont-l'Abbé (departamento de Finistère, 1885 habitantes), por exemplo, a primeira municipalidade foi governada pelos principais advogados da povoação: o prefeito e o procurador (*procureur*) eram ambos *avocats*, e dois dos cinco outros altos funcionários também eram advogados (ao lado de um sapateiro, um padeiro e um comerciante). Após a proclamação da República em 1792, porém, a balança do poder oscilou drasticamente, e o novo conselho foi composto por artesãos e lojistas. Entre as sete principais autoridades havia dois açougueiros, um sapateiro, um comerciante e dois lojistas (*marchands détaillants*).[48] Mudança semelhante aconteceu em Les Authieux-sur-le-Port-Saint-Ouen (Seine-Inférieure, 395 habitantes). As primeiras municipalidades foram dominadas pelos mesmos agricultores ricos que controlavam os assuntos locais antes de 1789, mas em dezembro de 1792 os sansculottes os desalojaram. Um bateleiro diarista tornou-se prefeito, e entre as três autoridades municipais havia um barqueiro e um carroceiro. Eles mantiveram seus cargos até o ano IV.[49] Na maioria dos povoados, os anos de 1793-4 viram o surgimento de artesãos e camponeses pobres nos conselhos locais, ao passo que nas cidades, nesses mesmos anos, deu-se a ascensão de artesãos e lojistas na política urbana.[50]

Vista como um todo, portanto, a nova classe política não foi socialmente homogênea. Advogados dominaram a política nacional e regional, comerciantes, artesãos e lojistas destacaram-se nas cidades, e uma mistura de camponeses, artesãos e pequenos comerciantes governou os povoados. Entretanto, houve padrões significativos por trás dessa aparente diversidade. O mais importante foi a ruptura social e política com o Antigo Regime. Os nobres praticamente desapareceram da política após 1792. Em Toulouse oito nobres participaram de conselhos (7% do total), e apenas três deles mantiveram cargos públicos depois de 1792. Em Amiens e Nancy houve apenas três nobres nos conselhos.[51] Em ritmo mais lento, mas também inexorável, os funcionários régios foram saindo da política revolucionária. Conselheiros municipais do Antigo Regime também foram poucos nos conselhos do novo regime. Em Toulouse, treze ex-conselheiros do grande "conselho geral" da década de 1780 participaram de várias municipalidades revolucionárias; sete deles ocuparam cargos nos primeiros novos conselhos de 1790-1.[52] Na mais tradicionalista Aix-en-Provence, 63% dos conselheiros escolhidos em fevereiro de 1790 haviam sido conselheiros no Antigo Regime, mas na época do Diretório sua participação caíra para 4%.[53] Os novos tempos eram para novos homens.

O ineditismo da classe política revolucionária assumiu várias formas. Na esfera local, a maior novidade foi o surgimento de grupos sociais anteriormente excluídos nos corredores do poder. No início da Revolução nas cidades, comerciantes e advogados não nobres aproveitaram a oportunidade para prevalecer sobre os arrogantes *parlementaires* e autoridades oligárquicas da Coroa.[54] Na onda seguinte vieram os artesãos e lojistas, comerciantes mais modestos e profissionais menos proeminentes: cuteleiros e carpinteiros, fabricantes de roupas com alguns empregados, comerciantes de mercado regional limitado, cirurgiões-barbeiros e mestres-escolas, em vez de médicos e professores de direito (ver tabelas 5-8). Crane Brinton encontrou a mesma mudança para o escalão inferior na composição dos clubes jacobinos nas cidades.[55] Nos povoados, o processo foi semelhante, embora os grupos sociais em questão não fossem idênticos aos das cidades.

A democratização do governo local pode ser vista na riqueza relativa dos conselheiros em diferentes momentos da Revolução. Em Toulouse, onde os dados são mais completos, a avaliação para tributação média das autoridades municipais passou de 962 francos em 1790-1 para 706 sob o Terror, voltando a subir sob a reação termidoreana até 1093 francos. As autoridades locais foram menos abastadas durante o período de maior abertura para grupos sociais menos proeminentes. Quando Toulouse novamente se viu sob a influência dos jacobinos durante o regime do Diretório (1795-9), a avaliação para tributação média dos conselheiros tornou a cair, dessa vez chegando a 448 francos.[56] O processo de abertura social pode ser constatado até mesmo no âmbito de um grupo social isoladamente, como os comerciantes. Cinco dos seis comerciantes que participaram dos conselhos em Toulouse durante o regime do Diretório (quando Toulouse foi reduto jacobino) tiveram avaliação inferior a setecentos francos de renda de propriedades; em contraste, cinco dos comerciantes eleitos em 1790-1 e sete dos escolhidos durante o ano III tiveram avaliação superior a setecentos francos.[57]

A democratização da política local ocorreu em grau surpreendente até mesmo em lugares controlados por coalizões de direita. Sob o regime do Diretório, por exemplo, os conselhos municipais das direitistas Bordeaux e Amiens tiveram aproximadamente a mesma composição social que os conselhos destacadamente esquerdistas de Toulouse. Em parte, porém, a semelhança na composição social reflete apenas o caráter vago das categorias sociais baseadas em profissões. Os comerciantes nos conselhos de Toulouse durante o Diretório provavelmente eram menos abastados que os comerciantes de Amiens ou Bordeaux. Apenas um dos sete comerciantes de Toulouse nos conselhos do Diretório teve avaliação superior a mil francos para suas rendas de propriedades, mas dois dos três comerciantes nos conselhos de Amiens na mesma época tiveram avaliação acima de 2 mil francos.[58] Infelizmente, as listas fiscais são demasiado incompletas para permitir comparações confiáveis, e as avaliações não são necessariamente comparáveis de cidade para cidade. Contudo, outros dados também indicam que os conselheiros em Amiens eram excepcionalmente abastados. No ano IX, dois terços dos homens que haviam sido conselheiros sob o Diretório em Amiens foram arrolados como "notáveis" napoleônicos para o departamento da Somme, incluindo dois que haviam começado como lojistas.[59] Somente a nata da sociedade local entrava nas listas napoleônicas. Apesar das incertezas inerentes aos documentos, duas conclusões parecem válidas: a Revolução deu acesso político a grupos que anteriormente estavam excluídos por razões sociais, e quanto mais os governos locais se inclinaram para a esquerda (em 1793-4 em toda parte, e mais acentuadamente em redutos jacobinos), maior foi a probabilidade de incluírem comerciantes, artesãos e lojistas modestos, além de profissionais de menor proeminência.

A nova classe política não foi apenas nova em comparação com os homens que haviam governado durante o Antigo Regime; ela própria se renovou repetidamente no decorrer da década da Revolução. Um dos fatos mais marcantes da política local foram as sublevações quase constantes. Amiens, por exemplo, teve nada menos que quinze municipalidades em nove anos, quatro só no turbulento ano III. Houve casos em que a composição social da Câmara Municipal mudou quase da noite para o dia. O conselho "federalista" eleito em Bordeaux em janeiro de 1793, por exemplo, incluía 61% de comerciantes e 22% de artesãos e lojistas. A municipalidade provisória radical escolhida em setembro para substituí-lo continha apenas 13% de comerciantes e mais de 44% de

TABELA 9

CONSELHEIROS MUNICIPAIS DURANTE O TERROR: CONTINUIDADE COM OUTRAS MUNICIPALIDADES REVOLUCIONÁRIAS (%)*

Cidade	Conselheiros que também ocuparam cargos em municipalidades de				
	1790 a jan. 1793	Ano III	Ambas	Diretório	Ano III e Diretório
Amiens (N = 16)	75	56	25	13	13
Nancy (N = 39)	26	41	10	13	10
Toulouse (N = 25)	48	28	12	16	8

*Computei conselheiros que participaram como *notables* ou como *officiers* em outras municipalidades revolucionárias.

TABELA 10

CONSELHEIROS MUNICIPAIS DURANTE O DIRETÓRIO:
CONTINUIDADE COM MUNICIPALIDADES
REVOLUCIONÁRIAS ANTERIORES (%)*

Cidade	Conselheiros que também ocuparam cargos em municipalidades de		
	1790 a jan. 1793	1793 a ano II	Ano III
Amiens (N = 19)	37	11	53
Nancy (N = 30)	37	27	33
Toulouse (N = 26)	15	23	8
Bordeaux (N = 64)	25	8	20

*Computei conselheiros que participaram como *notables* ou como *officiers* em municipalidades anteriores.

artesãos e lojistas.[60] Entretanto, ainda mais surpreendente foi a grande rotatividade de pessoal. Nenhum dos conselheiros escolhidos em setembro de 1793 jamais participara de um conselho municipal.

Bordeaux em 1793 foi apenas o exemplo extremo de um processo mais geral de deslocamento e rotatividade (ver tabelas 9 e 10). Dos homens eleitos nas quatro cidades durante 1790-1, cerca de três quintos viriam a ocupar cargos em regimes revolucionários subseqüentes, enquanto dois quintos se afastariam totalmente da política local. O regime reacionário no ano III reabilitou muitos dos que haviam servido durante a monarquia constitucional; em Nancy, 73% e em Toulouse 67% das autoridades municipais do ano II haviam ocupado algum cargo público, de deputado nacional a policial de bairro. Mas poucos deles continuaram na vida pública depois do ano III; em Nancy apenas 27% e na jacobina Toulouse somente 14% ocuparam cargos públicos sob o Diretório.

Com exceção do breve ano III, quando reação significou reintegrar no cargo autoridades expurgadas durante o Terror, cada mudança no regime tornou a abrir as portas para novos homens.

Mesmo na jacobina Toulouse, a continuidade entre os conselhos do Terror e os conselhos do Diretório foi mínima; apenas quatro homens participaram de ambos (ver tabela 9). Cada virada da fortuna política local requereu novos homens. Em conseqüência, os comerciantes, advogados ou lojistas que ocuparam cargos públicos em 1798 raramente foram os mesmos que serviram em 1790. A constante troca de pessoal produziu um resultado de imensa importância por toda parte: um grande número de homens adquiriu alguma experiência política durante a década revolucionária.

A disseminação da responsabilidade política ativa evidenciou-se mais nos povoados. Mesmo onde os ricos dominavam as posições superiores, numerosos aldeões ganharam experiência em primeira mão nos assuntos locais. Em Bénesse-Maremne, 52 votantes tiveram de escolher dez homens para a municipalidade em 1790, e essa foi apenas a *primeira* de muitas eleições. Em Ormoy, localidade mais pobre, apenas 22 homens votaram na primeira eleição para prefeito, e na mesma tarde tiveram de escolher outras cinco autoridades municipais e doze *notables*! Em nove anos, sete homens foram prefeitos nessa localidade, entre eles um moleiro, um "burguês", um comerciante, um advogado e um agricultor.[61] Meximieux, no departamento de Ain, continha pouco mais de trezentos domicílios, somente 119 homens elegíveis para votar em 1790 e 62 homens elegíveis para ocupar cargos públicos. Os votantes tiveram de selecionar dezenove dentre eles para a nova municipalidade. Nos primeiros cinco anos da Revolução, Meximieux teve quatro prefeitos e, apesar da recorrência de certos nomes de famílias, o número de ocupantes de cargos municipais foi alto: 42 homens entre 1790 e 1795, ou um representante para cada sete domicílios.[62] Milhares de homens, tenham eles guardado memórias doces ou amargas da experiência, haviam se aventurado nas águas políticas na França revolucionária. Portanto, ironicamente, as próprias descontinuidades da experiência revolucionária contribuíram para a força da tradição revolucionária. A memória coletiva da Revolução foi tão nítida porque muitos participaram para moldá-la.

Durante o processo de constante renovação e ampliação da classe política, certas características permaneceram constantes. Uma delas foi a idade. Fosse jacobina ou federalista, republicana ou realista, a elite política, na esfera nacional e também na local, pertenceu à mesma geração. Esses homens haviam nascido nas décadas de 1740 e 1750, eram jovens demais para ter vivenciado as principais batalhas do Iluminismo, mas tinham idade suficiente para ter testemunhado as lutas entre uma monarquia modernizadora e a velha elite no início da década de 1770. Os conselheiros da abertura democrática de 1793-4 eram, talvez, um pouco mais jovens que os demais: em Nancy, 68% deles tinham menos de quarenta anos em 1789, em comparação com 44% dos que ocuparam os mesmos cargos em 1790-1. Mas a faixa etária da nova elite não continuou a diminuir após 1795: apenas 46% dos conselheiros em Nancy depois de 1795 tinham menos de quarenta anos em 1789.[63]

A nova classe política também se distinguiu por sua relação especial com o mundo urbano. Profissionais liberais residentes nas áreas urbanas predominaram na política nacional e regional, e mesmo nos povoados a maioria dos papéis de liderança coube a homens ligados a mercados urbanos ou à cultura citadina. Nas pequenas cidades e povoados, o grau de envolvimento político não foi necessariamente menor que nas cidades maiores; na verdade, pode ter sido maior, pelo menos em certas regiões. A parcela de membros de clubes jacobinos para o país como um todo, por exemplo, foi de aproximadamente 4% da população total, mas, nas pequenas cidades e nos povoados da Provença, essa proporção podia ser de 18%, 20% ou até 39%.[64] Entretanto, os grupos sociais dos povoados não foram igualmente ativos, e os camponeses em especial tiveram representação desproporcionalmente menor. Em Pacy (departamento de Eure), alguns vinicultores [*vignerons*] e hortelões participaram do conselho do povoado no início da Revolução, mas foram suplantados por ex-funcionários do fisco e da corte, além de artesãos e lojistas. No ano III, o prefeito era madeireiro, e entre os ocupantes de cargos públicos havia dois merceeiros, um alfaiate e um estalajadeiro.[65] Nessa mesma linha, em Meximieux, o prefeito, proprietário de terras, teve sua categoria ocupacional superada numericamente por dois estalajadeiros, um médico, um alfaiate, um tabelião e um seleiro no conselho de 1794.[66]

Até mesmo nas cidades esse padrão se fez notar. A maioria das cidades no século XVIII possuía uma parcela substancial de habitantes ocupados na agricultura. Em Arles, por exemplo, 37% dos que pagaram impostos eram agricultores ou empregados na agricultura, mas apenas 10% dos conselheiros municipais durante a Revolução vieram do setor agrícola.[67] Analogamente, embora 35% da população de Aix-en-Provence estivesse ocupada na agricultura, apenas 6% dos conselheiros revolucionários provinham desse setor.[68] Em uma população com 80% de pessoas na área rural e uma parcela muito substancial ocupada na agricultura, a participação do campesinato era essencial para o êxito da Revolução e da República. No entanto, com exceção das revoltas camponesas de 1789 e de agitações periódicas posteriores, os camponeses tiveram uma representatividade distintamente pequena nas fileiras da militância revolucionária. Assumiram a liderança em alguns povoados, mas com mais freqüência a entregaram a artesãos, lojistas e profissionais liberais.

A Revolução Francesa foi feita, de várias maneiras, por milhares de pessoas. Algumas se rebelaram em protesto contra preços altos, outras fizeram manifestações em nome de causas políticas que defendiam. Entretanto, regularmente, dezenas de milhares votaram em eleições, e milhares de homens assumiram cargos públicos de vários tipos. A Revolução não foi feita por um punhado de excêntricos e malucos seguindo um roteiro escrito por brilhantes estrategistas da capital. Os militantes do famigerado ano II foram apenas uma parte da nova classe política que chegou à proeminência na década da Revolução. O vendedor de tabaco, o ex-zelador, o comerciante de vinhos, o livreiro, o sapateiro, o jardineiro e o professor de dança que apareceram na "segunda classe" de terroristas denunciados em Nancy, por exemplo, não teriam sido capazes de "aterrorizar" a ex-elite se não contassem ao menos com apoio tácito em esferas superiores.[69]

A maioria dos artesãos e lojistas que participaram de conselhos revolucionários não eram os *hommes de sang* (homens sanguinários) que seus oponentes os acusavam de ser, mas não há como negar o fato de que sua entrada na arena política amedrontou e indignou os *honnêtes hommes* (homens honestos). Muitas autoridades do ano II foram depois processadas como *prévaricateurs* (traidores da confiança pública) ou como *terroristes*. Alguns, como o prefeito de Toulouse no ano II, foram assassinados por esquadrões da morte contra-revolucionários durante o Terror Branco após 1794. Os mais afortunados foram simplesmente acusados de "clubocracia".[70]

Os homens que deram seus bons nomes e apoio ao governo local foram, em sua grande maioria, pessoas respeitáveis. Como seria de esperar, os conselheiros nas cidades e aldeias eram, de modo geral, mais respeitáveis que os mais vociferantes militantes e membros de comitês revolucionários e sociedades populares locais. Surpreendentemente, poucos entre os conselheiros municipais, mesmo entre os que ocuparam esse cargo durante o ano II, foram oficialmente acusados de terroristas após 1794.[71] A repressão foi mais voltada para os homens que haviam ascendido espetacularmente no decorrer de uns poucos meses turbulentos (ver capítulo 6). Em conseqüência da diferença social entre autoridades eleitas e militantes da base, comerciantes e advogados bemsucedidos tiveram maior probabilidade de ser encontrados no primeiro destes dois grupos. Crane Brinton afirmou, por exemplo, que menos de 10% dos membros de clubes jacobinos por ele estudados eram comerciantes. Usando as categorias de Brinton, Michael Kennedy mostrou que a proporção de homens de negócios no Clube de Marselha diminuiu de 17% em 1790-1 para 0,6% em 1793-4. Analogamente, Martyn Lyons encontrou apenas dois ou três comerciantes e ainda menos advogados entre cerca de trinta membros do "terrorista" *comité de surveillance révolutionnaire* (o braço local do Terror) em Toulouse.[72] Contudo, nos cargos públicos importantes na esfera local e nas posições de poder regionais e nacionais, advogados, tabeliães, comerciantes e médicos com grande freqüência aceitaram o desafio. Em 1790 o Gouverneur Morris chamou esses homens de "novos no poder, desvairados na teoria, novatos na prática".[73] Mas o que ele deplorava como o "empenho nas excentricidades metafísicas [*sic*]" era executado por respeitáveis profissionais liberais e negociantes urbanos.

A nova classe política foi "burguesa" no sentido marxista? Se o termo marxista for interpretado sem muito rigor, a resposta é afirmativa. A resposta possui duas partes distintas, porque existem duas partes analiticamente separadas no conceito marxista de classe: posição social nas relações de produção e consciência de classe. O próprio Marx destacou a primeira em suas obras teóricas (por exemplo, *O capital*), mas deu considerável ênfase à segunda em seus escritos históricos (especialmente em seus vários textos sobre as revoluções de 1848 na França e na Alemanha).[74] A clássica declaração de Marx sobre a inter-relação de ambas pode ser encontrada em *O dezoito brumário de Luís Bonaparte*: "Quando milhões de famílias vivem em condições econômicas de existência que separam seu modo de vida, seus interesses e sua cultura dos das outras classes, e que as põem em oposição hostil a estas últimas, elas formam uma classe. Quando há meramente uma interligação local entre elas, e a identidade de seus interesses não gera comunidade, vínculo nacional e organização política, não formam uma classe".[75] Para Marx, a formação das classes dependia da condição econômica e da cultura, da categoria social e da consciência. Nesta passagem específica, ele queria explicar a passividade geral dos camponeses durante a Revolução de 1848 na França: os camponeses não agiram em conjunto porque não formavam uma classe. A análise de Marx também pode ser vista como uma explicação para a relativamente baixa representação do campesinato na Revolução de 1789; os camponeses em geral estavam isolados do centro da vida política e dependiam de outros (estalajadeiros, alfaiates, lojistas etc.) para informação e representação de seus interesses.

A classe política revolucionária pode ser denominada "burguesa" tanto da perspectiva da posição social como da consciência de classe. As autoridades revolucionárias eram os proprietários dos meios de produção; eram comerciantes com capital, profissionais liberais qualificados, artesãos com oficinas próprias ou, mais raramente, camponeses com terras. Não foram encontrados homens sem qualificação ocupacional, trabalhadores diaristas e camponeses sem terra em posições de liderança e nem sequer sua representatividade foi expressiva entre as bases militantes.[76] A "consciência" da elite revolucionária pode ser rotulada de burguesa por ter sido distintamente antifeudal, antiaristocrática e antiabsolutista. Em sua linguagem e imagens, os revolucionários rejeitaram tudo o que lembrava o passado, e incluíram em suas fileiras pouquíssimos nobres ou autoridades do Antigo Regime. A elite revolucionária compôs-se de novos homens dedicados a moldar uma nova França.

Infelizmente essas distinções são, ao mesmo tempo, demasiado vagas — muito gerais — para ser úteis. Como categoria social, "burguês" não distingue os revolucionários e republicanos militantes de boa parte dos que compunham a oposição: os moderados de Bordeaux e os realistas de Amiens eram tão ou ainda mais "burgueses" que os republicanos de Toulouse, Meximieux ou Les Authieux. Além disso, muitas das regiões mais avançadas (mais capitalistas) da França eram de direita, enquanto o republicanismo florescia nas áreas menos contempladas pelo desenvolvimento do capitalismo. Analogamente, a atitude cultural comum do antiabsolutismo e antifeudalismo não distingue os republicanos militantes de seus predecessores de 1790-1, nem separa os jacobinos de Amiens, por exemplo, de seus ricos oponentes comerciantes. A versão marxista da interpretação social, portanto, não é errada em seus pormenores, apenas insuficiente na discriminação. Não pode explicar a diferença nas respostas regionais, as divisões na burguesia ou o fato de a Revolução não ter parado em 1791, quando os setores capitalista e comercial haviam obtido seus maiores ganhos.

As interpretações revisionistas têm outras deficiências. O principal problema das posições revisionistas foi não oferecer uma alternativa plausível à versão marxista. Preocupados em combater a interpretação marxista, muitos críticos contestam a teoria da revolução "burguesa" sem propor algo convincente para substituí-la. Alfred Cobban, por exemplo, foi muito mais bem-sucedido refutando a idéia de que a Revolução beneficiou o capitalismo do que procurando demonstrar que ela foi feita por autoridades reais e membros de profissões liberais decadentes. As autoridades reais afastaram-se do movimento depois de 1790, e em todos os lados do conflito político foi possível encontrar advogados, bem como a burguesia de modo mais geral. A posição revisionista mais extrema de Cobb e seus seguidores declara que a Revolução teve pouca ou nenhuma importância social. Segundo essa concepção, a Revolução torna-se uma miscelânea de particularidades e defeitos singulares, individuais. Cada lugar tem sua própria reação individual, e a década de insurgência é definida como a soma de "milhares de rancores, ambições e anseios individuais" que "expressavam o desespero de inúmeras vidas insatisfeitas, buscando um escape na cobiça deslavada ou em esperanças utópicas".[77]

Os hortelãos e estalajadeiros das aldeias, os merceeiros e médicos de cidades pequenas, os advogados e comerciantes de cidades grandes tinham muitos interesses econômicos e sociais divergentes para que se justifique agrupá-los em uma mesma categoria econômica ou social. Portanto, intenção e propósito revolucionário não podem ser deduzidos da composição social da nova classe política; ao mesmo tempo, não podem ser reduzidos a uma coleção aleatória de estados de espírito individuais. Os membros da nova classe política tiveram em comum certos valores que, em grande medida, foram moldados por posições culturais comuns, como por exemplo suas vivências como uma geração mais nova e sua relação com o mundo urbano. Nos capítulos anteriores foram mostrados em funcionamento os elementos abstratos dessa cultura: secularidade, racionalismo e precedência da nação sobre todos os particularismos, e, no caso dos republicanos, o que Isser Woloch chama de "crença democrática", a crença na virtude inerente da participação política ampla.[78] No capítulo 6 será feita a correspondência mais precisa desses valores com as estruturas locais da nova cultura política. Redes familiares, experiências organizacionais e relações culturais comuns ajudaram a formar a nova classe política.

6. Forasteiros, agentes da cultura e redes políticas

A Revolução foi como um rito de passagem que ninguém sabia quando terminava. A sociedade virou-se do avesso e as velhas estruturas caíram em descrédito. Os revolucionários acreditavam que emergiriam daquele período conturbado com uma nova comunidade alicerçada na razão e na natureza, mas foi difícil avançar depressa para transpor o limiar de uma nova ordem social e política. Na terminologia antropológica, os franceses pareciam estar empacados em uma fase "liminar", um período de transição no qual a nação parecia pairar sobre as fronteiras do que ela havia declarado velho e o que esperava como novo.[1] Os novos valores haviam sido anunciados, mas ainda não estavam arraigados. Prevalecia a incerteza quanto ao futuro.

Nesse inquietante período liminar de incerteza social e política, a nova classe política desempenhou papel crucial. As autoridades recém-empossadas constituiriam a vanguarda política e cultural da travessia para a nova ordem. Pouco antes de eclodir a revolta da Vendéia, um republicano escreveu confiante sobre suas expectativas: "Tenho a desventura de residir em um lugar que é extremamente hostil à nossa Revolução [...] porém vejo, com satisfação, que [as pessoas] são naturalmente boas e estão apenas desencaminhadas. Se conseguirmos instruí-las, facilmente reconhecerão seus erros".² Não tardou que as realidades da contra-Revolução mostrassem quanta "instrução" era necessária. Contudo, apesar das decepções e perigos de governar, a classe política revolucionária continuou a encontrar novos recrutas. Muitos fatores distintos podiam motivar homens a assumir os novos cargos de responsabilidade. Mas nos milhares de escolhas individuais estiveram implícitos padrões culturais mais gerais que moldaram decisivamente o funcionamento da política revolucionária.

Um dos padrões mais sutis e difusos foi a relação entre revolução e mobilidade. As traumáticas convulsões da Revolução puseram em movimento a população da França. Milhares de pessoas foram desarraigadas de seus locais de residência e hábitos de trabalho. As exigências do exército, a sedução dos novos cargos oficiais, o serviço na guarda nacional e até a emigração por motivos políticos perturbaram os velhos hábitos e redistribuíram incisivamente a população. Milhares de refugiados afluíram para as cidades da Vendéia, desesperados para evitar a devastação da guerra civil, e muitos milhares de outros fugiram das cidades engolfadas pelo tumulto da invasão ou agitação federalista. A população de Bordeaux, por exemplo, diminuiu de 110 mil habitantes em 1790 para 88 394 no ano IV.³ A tranqüila Chartres teve o dobro de recém-casados que eram forasteiros na década revolucionária em comparação com a década de 1780, e apenas cerca de metade dos forasteiros provinha de regiões vizinhas em comparação com três quartos na década anterior.⁴

Com sua ênfase na igualdade dos cidadãos, nos valores universalistas e na eliminação dos privilégios regionais e locais, a nova cultura política agradava aos recém-chegados, dava-lhes a sensação de pertencerem a uma nação e, por sua vez, dependia deles para continuar a se propagar. Em seu pioneiro estudo dos clubes jacobinos, Crane Brinton constatou que 38% dos membros eram imigrantes nas cidades pequenas e grandes onde estavam residindo. Uma porcentagem menor, mas muito reveladora (13%), havia mudado depois de 1789 para a cidade onde agora residia. Nas grandes cidades as porcentagens eram ainda maiores: 54% dos membros de clubes jacobinos em Marselha eram imigrantes, e com o tempo essa participação aumentou para 70%.[5] A combinação de migração com revolução não escapou à atenção dos contemporâneos. Durante o debate sobre a Constituição de 1795, um deputado lamentou que "todos os homens que são mais úteis para as artes e as ciências abandonarão as aldeias de seus pais [...] para se lançarem no meio de uma grande população e ali desempenharem o papel necessário à obtenção de cargos".[6]

A migração começara bem antes da Revolução. Em uma cidade pequena como Chartres (13 mil habitantes), um quarto dos recém-casados na década de 1780 provinha de outra localidade. Em uma grande cidade portuária, como Bordeaux, a proporção dos que não eram nascidos na cidade podia chegar à metade na população de recém-casados.[7] Entretanto, apesar da entrada de recém-chegados nas cidades pequenas e grandes no século XVIII, a política local antes de 1789 continuava a ser o último reduto das famílias antigas em todas as localidades. Em muitas cidades os novos moradores eram proibidos por lei de ocupar cargos públicos, e em 1789 conselhos municipais ainda lutavam para manter a proibição aos recém-chegados.[8] A Revolução abriu as comportas para uma enchente de imigrantes. Todas as cláusulas contra residentes recentes foram eliminadas juntamente com as restrições a minorias religiosas e regras eleitorais que asseguravam o predomínio de grupos específicos. Antes de 1789 a maioria das cidades possuía algum tipo de regulamentação especificando o número de clérigos, advogados, nobres, comerciantes ou mesmo artesãos no conselho municipal.⁹ Com o desaparecimento dessas restrições, novos grupos sociais, novas famílias e até novos grupos religiosos conseguiram ingressar na política municipal.

A Revolução ofereceu oportunidades sem paralelos a minorias religiosas, que não desprezaram a chance. Comerciantes protestantes e judeus participaram de conselhos municipais em Bordeaux desde o início da Revolução. O protestante Pierre Sers, por exemplo, foi o primeiro presidente do Clube Jacobino em Bordeaux. Foi eleito para o conselho municipal em 1790, depois escolhido para deputado na Assembléia Legislativa. Tornou-se presidente da federalista Comissão Popular de Segurança Pública em 1793, foi declarado fora-da-lei, mas sobreviveu e foi autoridade da Igreja Reformada na época de Napoleão.¹⁰ A família protestante Vaysse, de Toulouse, foi para o lado jacobino. Jacques e Paul Vaysse (eram primos) foram eleitos para cargos municipais sob o Diretório. Ambos eram jacobinos mas relativamente desconhecidos na política antes de 1796. Jacques era comerciante próspero e maçom, Paul fora oficial de polícia no ano IV e depois eleito presidente da administração municipal no ano VI, após ter acumulado propriedades consideráveis comprando *biens nationaux* (terras confiscadas da Igreja Católica para garantir a dívida nacional).¹¹ Mas, ao contrário dos primos Vaysse, a maioria dos membros de minorias religiosas evitou os extremos radicais. Em Bordeaux a maioria dos protestantes e judeus gravitou para o federalismo e o apoio aos girondinos. Porém na esfera departamental a presença de minorias religiosas não pareceu afetar os padrões de votação; o número de protestantes, por exemplo, apresentou correlação negativa com a votação no julgamento do rei, mas em outros aspectos não houve correlação entre a proporção de protestantes na população do departamento e a votação para a esquerda ou a direita (ver matriz de correlação, Apêndice A, em PROTPOP).

Os membros de minorias religiosas tiveram atitudes semelhantes à da nova classe política. O comerciante judeu Furtado, nascido em Londres, por exemplo, filiou-se de início ao Clube Jacobino e apoiou o movimento federalista de Bordeaux. Sobreviveu ao Terror e foi de novo eleito no ano IV para cargo local, mas recusou terminantemente essa honra. Em sua opinião, a república era "prematura". Mesmo decepcionado, porém, Furtado permaneceu fundamentalmente crente na promessa revolucionária:

> Acredito que todo governo é bom ou mau conforme a moralidade dos homens que o conduzem. O que é pior que o despotismo, mais revoltante que a aristocracia, mais turbulento que a democracia? [...] [E no entanto] imagine uma democracia composta de homens sérios e virtuosos, imbuídos de profundo respeito pelas leis, e teremos o maior grau possível de liberdade com as mais constantes ordem e paz.

Como outros novatos na vida pública, Furtado acreditava na diferença entre interesses privados e bem público. Ele comentou sobre Madame de Staël, com quem jantara em 1799 em Paris: "Não compreendo nem o espírito nem o suposto patriotismo dessa gente. Adoram os assuntos públicos em vez do bem público [*la chose publique*]. O amor ao bem público nem sempre conduz a cargos, pensões, bons negócios; somente tramóias levam a tudo isso".[12]

Os novos grupos sociais, as novas famílias e os homens de diferentes fés religiosas podem ser agrupados no fenômeno mais geral do surgimento e até mesmo proeminência do forasteiro na política local. Em Paris a importância de provincianos visitantes e imigrantes é bem conhecida e nada surpreendente. Nas províncias a influência dos deputados em missão enviados de Paris fora freqüentemente ressaltada, em especial durante o período do Terror e da reação subseqüente. Entretanto, ainda mais notável é o papel dos homens "marginais" nos círculos locais. Esses homens foram os colaboradores naturais dos deputados visitantes, porém foram muito mais do que fantoches manipulados por uma força externa invasora. Um ativista político podia ser um forasteiro em virtude de sua posição social, procedência geográfica, religião ou alguma combinação desses fatores. Os deputados em missão recorriam a eles justamente porque eram forasteiros, ou seja, não estavam contaminados por dúbias relações locais, e o povo local também recorria a eles, sem dúvida por diversos motivos. Para os que desconfiavam de mudanças iminentes, o forasteiro representava uma conveniente transferência de responsabilidade, sendo muito mais fácil voltar-se contra ele depois que a crise tivesse passado. Para os militantes locais, o forasteiro transmitia a sensação de pertencer a um movimento mais abrangente, e sua presença permitia aos nativos na oposição separarem-se mais nitidamente dos dirigentes anteriores.

O forasteiro foi particularmente importante durante os períodos e nos lugares nos quais os conflitos foram mais intensos. Vejamos, por exemplo, o cargo de prefeito nas grandes cidades. Em 1790 os eleitores escolheram figuras simbólicas que representavam uma possível aproximação entre os elementos liberais do Antigo Regime e o movimento revolucionário. O prefeito de Bordeaux naquele ano foi o conde Joseph de Fumel, de setenta anos, comandante-chefe dos exércitos em Guyenne. O prefeito de Toulouse, Rigaud, professor de direito, também era setuagenário. O prefeito de Nancy era o ilustre conde Custine d'Auflance, e o de Amiens era o abastado comerciante Degand-Cannet, que recentemente comprara um cargo enobrecedor. Após a insurreição de 10 de agosto de 1792, os eleitores de Amiens escolheram Louis Lescouvé, próspero peruqueiro de 58 anos. Nem ele nem a esposa eram naturais de Amiens, e não tinham laços familiares ou sociais com a eminente comunidade de comerciantes-fabricantes. As ocupações de seus parentes demonstram a modesta condição social do casal: citados em seu contrato de casamento havia lavradores (*laboureurs*), um mestre seleiro e um cirurgião-barbeiro (profissionalmente, o primo pobre dos médicos).[13] Em 1793-4 os cargos de prefeito nas outras cidades grandes foram abalados por freqüentes convulsões. O novo prefeito de Bordeaux, Joseph Bertrand, era um relojoeiro que fora para a cidade de Avignon em 1779 ou 1780. Seu trampolim para a notoriedade política foi um dos clubes radicais locais, que ele presidiu durante o crítico verão de 1793. No ano III Bertrand foi condenado pelo tribunal criminal departamental a doze anos de prisão por confiscar ilegalmente a propriedade de vítimas do Terror, incluindo os bens de François Saige, seu predecessor. Foi libertado no ano V e se mudou para Paris.[14] Seu sucessor foi outro forasteiro, um tanto mais respeitável, Pierre Thomas. Ele era ministro protestante em Sainte-Foy-la-Grande, uma pequena cidade na Dordonha. Quando foi indicado para o cargo de prefeito, em 1794, tinha apenas 34 anos. Chamou a atenção do deputado em missão por ser um funcionário departamental confiável. Embora fosse acusado de terrorismo, Thomas foi escolhido pelo Diretório para ser seu comissário na administração departamental no verão de 1799.[15] Os motivos do Diretório em 1799 foram muito semelhantes aos que inspiraram os deputados em missão no ano II; não se podia contar com os líderes nascidos em Bordeaux para resistirem veementemente aos abusos da direita.

Nancy também teve prefeitos forasteiros em 1793 e 1794. O primeiro, Nicolas Géhin, era um clérigo de quarenta anos natural de Toul; sucedeu-lhe o ator Emmanuel Glasson-Brisse, de 42 anos, que por sua vez passou o cargo a Joseph Wulliez, de Sarrebourg. Dois deles não eram residentes, e o terceiro, o ator, tinha uma ocupação que a maioria considerava não respeitável. Sem dúvida os nativos reconheceram que a tempestade havia passado quando viram Claude Mallarmé empossado como prefeito em dezembro de 1794. O advogado de 35 anos, ex-*parlementaire*, era natural de Nancy e havia ocupado vários cargos revolucionários desde 1790. Na primavera de 1795, Glasson-Brisse e Wulliez foram registrados pela nova municipalidade como "terroristas de primeira classe", ou seja, entre "os principais autores ou cúmplices de opressão". Isso os distinguia dos da segunda classe — "os que talvez fossem igualmente perversos mas cujas atividades foram menos letais porque não tinham a mesma influência" — e dos da terceira classe — "que apenas se perfilaram atrás das bandeiras dos agentes da tirania por covardia, fraqueza ou vaidade".[16]

Os prefeitos tinham óbvia importância na política local, mas o fenômeno do forasteiro não se limitou a essa posição eminente. Muitos dos baluartes fundamentais da militância revolucionária também foram dirigidos por forasteiros. Pierre Philip, presidente da sociedade popular em Nancy, é o típico político peripatético. Nasceu em Bordeaux em 1750, filho de um capitão de navio. Foi marinheiro na juventude, depois escriturário em Paris e aspirante a poeta e dramaturgo. Em 1793 ocupava um cargo oficial como diretor do almoxarifado no Ministério da Guerra. Apareceu pela primeira vez em Nancy em setembro de 1793, em missão oficial para estabelecer um depósito de roupas. Sua breve carreira política em Nancy foi pontuada e finalmente encerrada por prisões por conspiração. Nem é preciso dizer que se juntou aos prefeitos anteriores na lista de terroristas de primeira classe.[17]

Ninguém foi mais famigerado numa cidade, porém, que J.-B. Lacombe, presidente da Comissão Militar criada para punir federalistas em Bordeaux. Ele nasceu em Toulouse, segundo filho de um humilde alfaiate. Um padre de sua cidade foi quem primeiro notou sua inteligência e se ofereceu para ser seu tutor. Em 1784, aos 24 anos, Lacombe tornou-se mestre-escola. Três anos depois, mudou-se para Bordeaux com esposa e dois filhos. Como muitos outros militantes, Lacombe migrou de uma grande cidade para outra em busca de fortuna. Sem dúvida parecia mais fácil subir na vida longe do que lembrasse suas origens sociais humilhantes. Como Marat, Lacombe encontrou as portas do sucesso fechadas para ele. Negaram-lhe admissão na Société littéraire du Musée, onde se reunia a nata da elite intelectual de Bordeaux. O prefeito federalista de Bordeaux, posteriormente vítima da comissão de Lacombe, era um dos membros fundadores do Musée. Lacombe foi aceito em uma loja maçônica, e em 1790 ingressou no Club National. Depois de mais uma decepção — ele esperava ser indicado para o cargo de prefeito interino ou de *procureur* (procurador municipal) —, nomearam-no presidente da Comissão Militar no outono de 1793. Em agosto de 1794, poucos dias após a queda de Robespierre, o próprio Lacombe foi executado por extorsão, corrupção da moral e traição.[18] Homens como Lacombe e o prefeito Bertrand mostraram especial rapidez na assimilação dos principais temas da retórica revolucionária; ambos ascenderam por intermédio dos clubes mais radicais nos quais a influência política dependia fundamentalmente da oratória persuasiva. O êxito desses homens levou Bordelais a comentar, horrorizado: "Foi com *palavras* que eles atingiram seus fins; *palavras* fizeram tudo".[19]

O forasteiro podia ser definido de vários modos. Havia o forasteiro religioso, como os protestantes e judeus, o social, como os muito malvistos atores e esforçados mestres-escolas laicos, e ainda o geográfico, como os imigrantes de outras cidades e às vezes de outros países. Mesmo os comerciantes ricos e negociantes prósperos tinham tido razão de sentir-se forasteiros durante o Antigo Regime, quando nobres, juízes e alguns clérigos de alto escalão haviam dominado a vida política e social. No entanto, "forasteiro" não era uma categoria, como ocupação ou profissão. Não definia uma posição social na sociedade revolucionária ou na do Antigo Regime. Era, antes, uma relação: a relação definida por ser deixado de fora de algum modo. Lacombe, o mestre-escola e militante, não se enquadrava na mesma categoria social ou política de Furtado, o comerciante judeu. De fato, a comissão de Lacombe especializou-se em condenar homens como Furtado e seus amigos. Contudo, Lacombe e Furtado foram forasteiros, cada um a seu modo, e o fato de serem marginais deu-lhes uma razão para aderirem à nova classe política.

O elemento comum da marginalidade não transformou a nova classe política num bando de encrenqueiros itinerantes, o tão temido mas raramente visto tipo de revolucionário profissional.[20] As histórias notáveis de homens como Lacombe e Philip não nos devem levar à conclusão precipitada de que a Revolução foi simplesmente a soma de "milhares de rancores individuais", ou seja, de frustrações e ressentimentos pessoais. Para alguns, sem dúvida, frustração e ressentimento estavam presentes. Mas para outros os motivos eram totalmente diferentes. As razões individuais não podem ser somadas para se obter uma medida das intenções da nova classe, pois a classe política não se definia por psicologias individuais. Definia-se, isso sim, por oportunidades comuns e papéis compartilhados. A "marginalidade", entendida em um sentido estrutural e não como um termo de comparação social ofensivo, deu às novas autoridades a afinidade com o papel de agentes da cultura e do poder. Assim como certas regiões periféricas ou marginais do país revelaram-se mais receptivas à penetração da cultura política revolucionária, também certos tipos de homens marginais mostraram mais avidez para assumir o papel de intermediários políticos e culturais. Tais papéis foram cruciais, pois a Revolução, em essência, foi a multiplicação e a difusão da cultura e do poder.

Imigrantes, protestantes, judeus, mestres-escolas, atores e comerciantes tinham ligações com o mundo fora da cidade, e em especial com redes nacionais de cultura, conhecimento, comércio ou religião. Também nos povoados havia homens desse tipo, embora em menor escala. Um candidato bem cotado em muitos povoados era o mestre-escola. Na pequena Pacy-sur-Eure, esse papel coube a certo Taillard, que chegou de Paris em 1791 aos 36 anos de idade com o pai e a esposa para assumir o cargo de *maître de pension et d'éducation*. Depois de um breve período em um cargo público subalterno que o levou à prisão, Taillard conseguiu ser indicado para a administração departamental por três deputados visitantes e, valendo-se de sua relação com eles, supervisionou a promoção de amigos e aliados para cargos no recém-reconstituído conselho da aldeia.[21]

Há muitas histórias como essa. Um mestre-escola chegava a uma cidade (pequena, como Pacy, ou mesmo grande como Bordeaux, onde o professor Lacombe, em seu cargo na Comissão Militar, aterrorizava os ricos, indiferentes ou hostis) e prontamente abraçava a causa revolucionária, o que o livrava do controle clerical ou efetivamente criava um novo cargo para ele. O pouco que ele sabia sobre o funcionamento do mundo exterior conferia-lhe, na povoação, público, influência, inimigos em alguns setores, e todas essas características tornavam-no interessante para os delegados de Paris ou da cidade grande mais próxima, que estavam desesperadamente procurando colaboradores confiáveis.

Os agentes da cultura e do poder nem sempre eram forasteiros como Taillard, mas eram homens cujas profissões e interesses naturalmente facilitavam o contato com o mundo exterior. Na comuna de Foncines-et-les-Planches, departamento de Jura, Jean-Baptiste Rousseau foi escolhido para o cargo de *agent national* em 1792. Sua atividade no ramo de tecelagem não só o punha em contato com boa parte da população local, mas também dava-lhe os recursos financeiros para aspirar ao serviço público e até para emprestar dinheiro à comuna em horas de necessidade.[22] Em Les Authieux a figura eminente era Nicolas Hubert, estalajadeiro. *Procureur* na primeira municipalidade revolucionária, na primavera de 1794 ele se tornara membro do *comité de surveillance* local e presidente da sociedade popular. Seu assistente era outro militante local com características semelhantes, Augustin Marguerite, hortelão de trinta anos que sabia ler e escrever e, além de atuar como secretário do conselho, também organizava banquetes e procissões civis. Na primavera de 1794, ele abriu uma escola republicana.[23]

Em Bénesse-Maremne, o *agent national* era Darrigrand, ex-bailio da corte (*huissier*), um dos poucos no conselho que não eram camponeses. Às voltas com um conselho recalcitrante dominado por camponeses ricos, ele lembrou a seus vizinhos do povoado que, se não andassem na linha, ele seria "obrigado a informar as administrações superiores".[24] Os agentes do poder locais reconheciam que sua influência dependia de seus contatos externos.

Os intermediários mais bem-sucedidos e que mantinham seus cargos por mais tempo não eram simplesmente os que colaboravam com forças externas, mas os que atuavam como mediadores entre os interesses de fora e os locais. Jean-Jacques Roquette, da minúscula Saint-Amans (cem domicílios, departamento de Aveyron), é um exemplo revelador. Estudou em Rodez, uma localidade próxima, e formou-se em direito em Toulouse. Depois voltou à terra natal para assumir um posto não muito exigente como juiz senhorial, que lhe dava tempo para ler Rousseau e Voltaire. Em 1790, aos trinta anos, foi pela primeira vez eleito *procureur* de seu vilarejo, e depois foi promovido para a administração departamental. Tornou-se juiz do tribunal distrital em 1791 e assumiu o cargo de prefeito de Saint-Amans em 1793. Único entre os moradores de sua povoação, filiou-se aos jacobinos ainda em junho de 1790. Com vários amigos, ele finalmente organizou uma sociedade popular em 1793 e, como não é de surpreender, foi nomeado seu presidente. Logo depois, assumiu também a presidência do novo comitê de vigilância (*comité de surveillance révolutionnaire*).

Em novembro de 1793, um *commissaire* visitante chamado

Lagarde chegou a Saint-Amans para organizar um festival em honra à pobreza. Embora Roquette proviesse de uma das famílias mais ricas do vilarejo, presidiu conscienciosamente as festividades, que se realizaram em uma estalagem local. A ata oficial do evento não fez menção ao artigo 8 do notável decreto de Lagarde: "Toda pessoa que esteja na prisão, todo homem rico, egoísta ou suspeito comparecerá ao local designado para o festival; manter-se-á ao pé do homem pobre e o servirá; não tocará em nenhum dos pratos que carregar, pois a etiqueta dos tempos antigos requer que o criado não se sente à mesa de seu senhor".[25] Roquette, pelo visto, conseguiu manter a dignidade e a credibilidade durante esse estranho episódio, pois após a queda de Robespierre ele foi nomeado comissário pelo distrito para investigar os abusos durante o Terror. Posteriormente recusou cargos superiores e fez questão de servir como simples juiz de paz em seu povoado.

A participação ativa de homens como Roquette impediu que se criasse um abismo muito grande entre o urbano e o rural. Roquette levou para o povoado os valores que aprendera nas cidades e em suas leituras. Em vez de mudar-se para Rodez, Toulouse ou Paris como os Saint-Just e os Babeuf, ele preferiu ficar perto de sua terra natal enquanto acompanhava avidamente os acontecimentos nacionais. Sua decisão significava que a Revolução não seria vista simplesmente como uma importação estrangeira, embora ninguém deixasse de perceber a vinculação com as cidades. Embora muitos camponeses se ressentissem com as requisições de alimentos e as constantes tentativas de recrutar mais jovens para o interminável esforço de guerra, os de Saint-Amans viram que podiam contar com Roquette quando votaram, em maioria esmagadora, contra a divisão das terras comuns. Não só Roquette defendeu essa decisão perante o conselho distrital, mas também enviou um longo memorando analisando os problemas enfrentados pelos camponeses de sua região.[26]

O entusiasmo de um mestre-escola, estalajadeiro ou jovem notável era especialmente importante em áreas rurais. Muitas autoridades revolucionárias achavam os camponeses difíceis de atingir, quando não inacessíveis. No departamento do Loire, por exemplo, as comunas rurais eram caracterizadas como "montanhas que a alavanca da opinião pública não pode erguer".[27] Se havia uma alavanca bem-sucedida em funcionamento, era a sutil força aplicada pelos agentes do poder e intermediários culturais como Roquette. Em algumas regiões eles foram obviamente bem-sucedidos (ver capítulo 4). Um ex-prefeito explicou a necessidade de paciência em 1796: "Os minutos da eleição talvez não sejam preparados segundo o protocolo requerido pela lei, mas sabei que o povo do interior é de pouca instrução e conduz seus assuntos do melhor modo possível; podemos asseverar que os dois cidadãos que foram escolhidos são os mais bem educados e inteligentes de nossa comuna".[28] Também poderia ter dito os mais acessíveis e receptivos à nova cultura que os da cidade nos trazem.

Os intermediários políticos podiam exercer influência porque atuavam nas articulações e organizações da nova cultura política. Roquette usava seus contatos familiares, suas relações com autoridades fora do vilarejo, sua participação na rede do Clube Jacobino e os novos laços firmados com os aldeões que se filiavam à sociedade popular local ou freqüentavam os festivais republicanos. Nas cidades, os mesmos tipos de relações operavam em escala maior. A mais forte rede social informal na nova classe política era a da família. Em Toulouse pelo menos três famílias tinham dois membros cada uma no conselho municipal: os primos Vaysse e as duplas pai e filho dos Gary e dos Marie. Laços familiares podiam atuar em qualquer direção política. Gary *père* (o pai) era ex-*capitoul* (principal autoridade municipal sob o Antigo Regime) e advogado que ocupou cargo municipal em 1790; seu filho, também advogado, ocupou cargo durante a reação do ano III. No campo oposto, Marie *père* era comerciante, maçom e jacobino. Ocupou cargo em 1790 e novamente sob o Diretório quando seu filho também entrou para o conselho. No ano IX, Marie *père* apareceu na lista dos maiores contribuintes da cidade.[29] Em Nancy, os irmãos Boulay, os irmãos Nicolas e os Rollin (pai e filho?) foram todos figuras destacadas nos assuntos da cidade.

Em Amiens as relações familiares são ainda mais notáveis porque estão documentadas mais completamente nos contratos de casamento das autoridades eleitas. Duas duplas pai e filho participaram do conselho municipal: os Anselin e os Leroux. Mas esses foram apenas os parentes de maior visibilidade em uma rede densamente imbricada de famílias de comerciantes. Pelo menos seis dos conselheiros municipais eleitos em 1790 eram aparentados pelo casamento, e todos eram comerciantes ou tintureiros. A partir dessa época, relações familiares continuaram a levar novos homens para cargos oficiais. Em 1791 Anselin *fils* (o filho) e Delamorlière foram eleitos para o conselho. Jean-Baptiste Delamorlière, tintureiro, era cunhado pelo primeiro casamento de Pierre Flesselles, comerciante eleito para o conselho em janeiro de 1790 e parente por parte de mãe de Antoine Clément, outro comerciante eleito em 1790. Delamorlière comprometeu sua posição assinando uma petição em favor do rei em junho de 1792, mas foi novamente escolhido para participar do conselho no ano III. Tornou-se mais tarde eminente partidário de Bonaparte. Pelo segundo casamento, ele era aparentado com outro comerciante que integrou o conselho em 1790, Antoine Gensse-Duminy, e com o merceeiro Nicolas Dargent, que participou com ele de dois conselhos durante o ano II e de vários conselhos sob Bonaparte (do Consulado ao Império).[30]

Anselin *fils* foi seguido pelo pai, um *chirurgien* (cirurgião-barbeiro) que participou brevemente do conselho no ano II em Amiens. Uma irmã sua casara-se com o comerciante Pierre Massey, o qual, juntamente com seu sogro, fora eleito para ser um dos deputados da cidade nas assembléias regionais dos *bailliages* que antecederam os Estados Gerais.[31] Massey foi eleito para a Assembléia Legislativa em 1791. Participou do conselho municipal no ano II, do tribunal do comércio entre 1798 e 1801 e novamente do conselho sob o Consulado. Por intermédio da esposa também era aparentado com o tintureiro Louis Dupont, que integrou o conselho em 1790 e durante o ano II.[32] Dupont, por sua vez, tinha parentesco por parte de seu cunhado com o comerciante Clément, que participou do conselho de 1790, o qual era parente de Delamorlière e assim por diante.

Ligações familiares desse tipo asseguraram uma continuidade oculta na administração de Amiens. Um dos elos mais fortes dessa cadeia foi Charles-François-Bastard Delaroche, comerciante de meia-idade que participou continuamente do conselho de 1790 até o Consulado (foi brevemente despromovido a *notable* em 1793). Delaroche era parente por parte de mãe de Charles Dely, comerciante que foi eleito *notable* em 1793 e atuou como conselheiro das municipalidades nos anos II e III. Um dos cunhados de Delaroche e um tio do lado materno provinham da família de comerciantes Lefebvre, da qual um membro participou do conselho em 1790-1. O cunhado de Delaroche também era tio pelo lado paterno de Louis Lefebvre, que foi escolhido para o conselho no ano III. Louis Lefebvre, por sua vez, era parente de Alexandre Poullain-Cotte, comerciante e integrante do conselho em 1790 e no ano III.[33] Por intermédio de outro cunhado, Delaroche era parente de Clément e Dupont, dois outros membros do conselho de 1790. Por um primo materno, era parente também de Delamorlière, ao lado de quem participou do primeiro conselho sob o Consulado.[34] Entre os comerciantes, pelo menos, os casamentos na comunidade criavam laços estreitos entre os ocupantes de cargos públicos. Sob Napoleão, os mesmos homens continuaram a dominar a cidade: os dois Lefebvre, Anselin *père*, Dargent, Delamorlière, Delaroche, Flesselles, Gensse-Duminy, Dupont, Poullain, Leroux e Massey constaram, todos, ou das listas de *notables* ou de maiores pagadores de impostos no ano IX, no ano X ou em 1810.[35] Parece provável que o conservadorismo da política em Amiens tenha sido, se não causado, ao menos reforçado pela continuidade e densidade dos laços de parentesco por matrimônio entre as famílias de grandes comerciantes e fabricantes da cidade. Depois de terem estabelecido uma posição dominante após 1790, não se mostraram inclinados a abrir mão dela. No entanto, a pressão de Paris e o choque de novas idéias democráticas contestaram seu controle por algum tempo. Em discurso após as eleições de janeiro de 1793, o dr. Rigollot (autoridade municipal desde 1790) provavelmente *não* estava expressando o ponto de vista dos fabricantes quando proclamou que "o trabalhador honesto e diligente não é mais rejeitado com desdém só porque tem meios modestos; ele finalmente recuperou toda a sua dignidade e o mais belo de seus direitos, o direito inalienável de indicar seus magistrados".[36] A participação dos "trabalhadores honestos" interpunha-se nitidamente na representação dos comerciantes e fabricantes (ver tabela 5, capítulo 5). Mas o próprio Rigollot, embora fosse um político bem-sucedido e maleável (tornou-se prefeito no ano IV, demonstrando, assim, que podia servir em governos de vários matizes políticos), não era nascido na cidade.[37]

Infelizmente poucas cidades têm contratos de casamento tão acessíveis quanto os de Amiens, e por isso é difícil fazer comparações de redes familiares. A principal diferença entre a direitista Amiens e a esquerdista Toulouse teria sido no sistema de parentesco? É uma idéia instigante, mas impossível de fundamentar. Entretanto, os dados para Amiens realmente indicam que os comerciantes da cidade tinham uma rede de parentesco na qual não constavam artesãos e lojistas. Embora sejam mais raros contratos de casamento para artesãos e lojistas, os que foram localizados indicam que cada uma dessas categorias possuía seu próprio padrão de relações sociais. O peruqueiro Louis Lescouvé, por exemplo, era aparentado com a família Baudelot, o que significa que provavelmente era parente de Nicolas Baudelot, o sapateiro que, como Lescouvé, foi eleito para o conselho de 1793.[38] O sapateiro aposentado Philippe Demailly também foi eleito para o conselho em janeiro de 1793. Quando tornara a se casar, em 1783, entre suas testemunhas incluíam-se um mestre-padeiro aposentado e um tecelão; este último era irmão de sua jovem esposa.[39] Demailly e Lescouvé não tinham parentesco com famílias de comerciantes; seu sistema de parentesco era pequeno-burguês (e talvez possuísse alguma ligação familiar com os trabalhadores têxteis, pois o cunhado de Demailly era *ouvrier saiteur*, empregado de lanifício).

A vizinhança reforçava o sentimento de comunidade em cada sistema familiar e intensificava a noção de separação entre eles. A maioria dos conselheiros que eram artesãos ou lojistas em Amiens e cujos endereços foram registrados morava próximo ao mercado central, nas cercanias da catedral (ver mapa 2). Nas ruas que desembocavam direto no mercado moravam um tanoeiro, um cervejeiro, um ourives, um fabricante de sabão e um merceeiro. Os comerciantes e fabricantes residiam ao norte ou a oeste e sudoeste da catedral; mais da metade dos comerciantes no conselho cujos endereços foram encontrados morava em ruas contíguas: rue des Vergeaux, rue des Sergents, rue St. Martin e rue de Beau Puits, situadas entre a prefeitura e a catedral. Pierre Deyon encontrou esse mesmo tipo de segregação social em seu estudo das listas de *capitation* de Amiens no século XVIII: as autoridades régias e os nobres moravam a sul e sudeste da catedral, os magnatas industriais residiam a norte e a oeste, e o centro da cidade era habitado por burgueses e artesãos da camada média.[40]

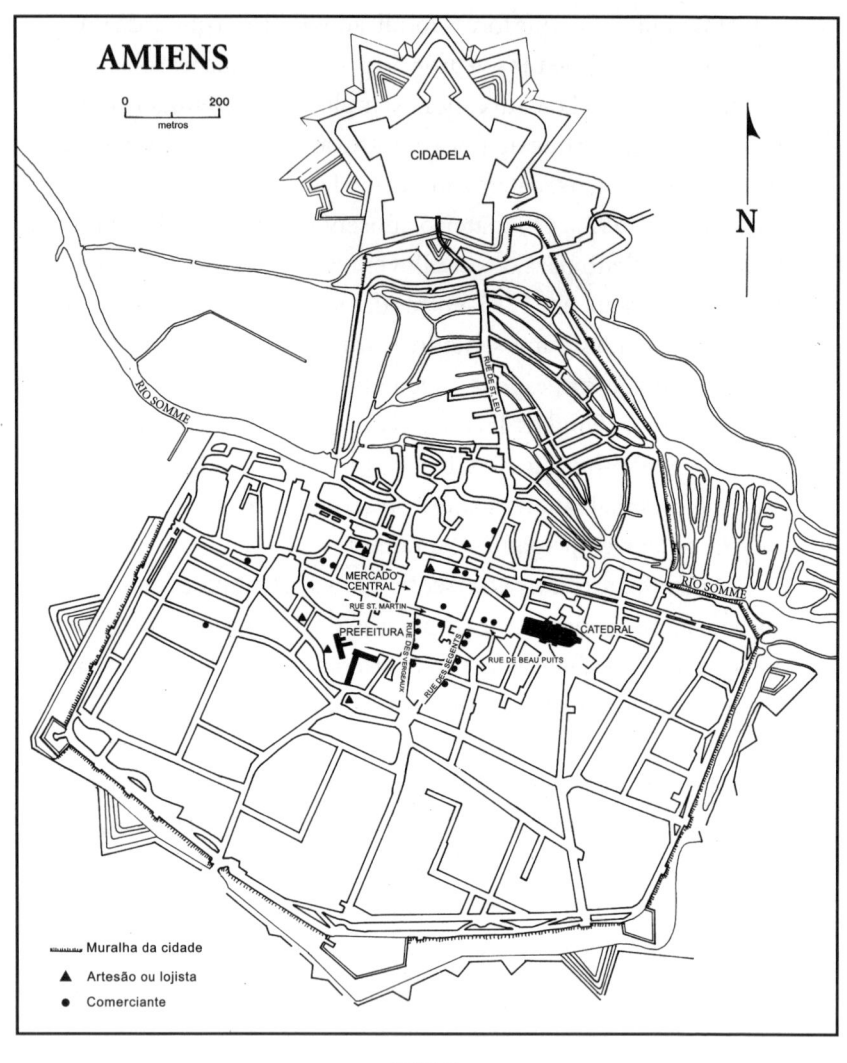

MAPA 2
Residências de autoridades revolucionárias em Amiens

Em quase todos os aspectos, porém, os artesãos e lojistas eram mais dessemelhantes e menos inclinados a unir-se do que os comerciantes e fabricantes. Boa parte dessa falta de coesão devia-se à diversidade econômica dos ofícios menores.[41] Poucos ofícios mandaram mais de um representante aos conselhos. A exceção em Amiens foram os *épiciers* (merceeiros), que tiveram quatro representantes em conselhos. Dois dos três merceeiros arrolados nas listas de tributos imobiliários foram avaliados aproximadamente no mesmo nível que o comerciante médio nos conselhos, o que indica que esses *épiciers* eram mais assemelhados aos comerciantes têxteis e fabricantes do que aos cervejeiros, tanoeiros ou sapateiros nos vários conselhos.[42] Os outros artesãos e lojistas nos conselhos provinham de diversos ofícios, cada qual com seus próprios interesses, às vezes conflitantes.

Os artesãos e lojistas podem ter sido escolhidos por solidarizarem-se com as classes inferiores da cidade, mas cabe notar que os milhares de trabalhadores têxteis não tiveram representantes nos conselhos. Grande parte da pressão por mudanças radicais proveio dos setores pobres da cidade; a paróquia de St. Leu, no nordeste, era reduto do sans-culottismo em Amiens, habitada principalmente por trabalhadores têxteis desempregados.[43] O festival de julho dos trabalhadores de lanifício (*fête des sayeteurs*) foi freqüentemente ocasião para tumultos e manifestações contra o preço do pão, e essa agitação comumente era emendada a reivindicações políticas por maior atenção do governo local. Em julho e agosto de 1792, por exemplo, grandes assembléias de "cidadãos" reunidas na igreja de St. Leu exigiram que a prefeitura tomasse providências para armar a guarda nacional, fechar igrejas em conventos, demitir padres recalcitrantes dos hospitais e retirar o retrato de Luís XVI da parede da sala de reuniões.[44] Em eleições realizadas pouco depois, os eleitores escolheram o peruqueiro Lescouvé, o dr. Rigollot e um fabricante de sabão para chefiarem a nova municipalidade. Os trabalhadores têxteis haviam fornecido a pressão popular, mas procuraram seus líderes em outras categorias.

 Até durante o Terror se evidenciou que os trabalhadores contavam com os grupos sociais acima deles para liderá-los. Encabeçando a lista de "terroristas" denunciados em Amiens na primavera de 1795 havia um ferreiro, dois músicos, dois escriturários, um pedreiro, um ex-padre e um lenhador (este último foi acusado de ter uma guilhotina em seu depósito de madeira!).[45] Esses militantes das classes populares tinham menos prestígio social do que os eleitos para cargos públicos em Amiens depois de agosto de 1792, mas ainda assim não pertenciam às massas de trabalhadores têxteis. Em outras cidades, os trabalhadores dependiam desse mesmo tipo de liderança, que proveio de artesãos, lojistas e vários profissionais liberais menores. Os negociantes que participaram dos conselhos em Toulouse, por exemplo, pertenciam a pelo menos dois meios econômicos. Em um grupo estavam os que eram fornecedores da enorme clientela aristocrática proporcionada pelo *Parlement*; nesta categoria havia um joalheiro, um mestre chapeleiro, um comerciante de couros, um cuteleiro, um funileiro e um ourives. A maioria deles morava perto do centro da cidade, próximo às instituições e residências da ex-elite, e em geral ocupara cargos públicos nos primeiros anos da Revolução. Os sapateiros, carpinteiros e outros artesãos mais modestos que participaram das municipalidades jacobinas aparentemente não se congregavam em nenhuma parte específica da cidade, e um número razoável deles vivia nos apinhados subúrbios, incluindo alguns que habitavam do outro lado do rio, no bairro de alta criminalidade de St. Cyprien. Também nessa cidade nenhum ofício específico destaca-se como vanguarda política. Artesãos e lojistas foram eleitos para os conselhos como mediadores, e não como representantes de determinadas ocupações e ofícios. Sua dispersão por uma cidade pequena ou grande ou por um vilarejo, bem como seu contato e interação constantes com vários grupos sociais, os deixaram em posição de "representar" todas as camadas inferiores da sociedade local.

Além das redes de família, vizinhança e profissão, a nova classe política também foi moldada pela experiência organizacional comum. Antes da Revolução, muitas futuras autoridades se haviam filiado a lojas maçônicas, cujo número aumentou extraordinariamente no século XVIII. As lojas das cidades refletiam o peso de vários grupos sociais não nobres na sociedade urbana. Em Amiens, 96% dos maçons provinham do Terceiro Estado; destes, 46% eram comerciantes ou fabricantes, 31% ocupavam cargos no Poder Judiciário ou tinham profissões liberais e 13% pertenciam à pequena burguesia. Bordeaux tinha ainda mais comerciantes nas lojas; Nancy e Toulouse muito menos. Em Nancy, por exemplo, apenas 79% dos maçons provinham do Terceiro Estado; destes, 51% tinham profissões na área jurídica ou eram profissionais liberais, 21% eram comerciantes e 15% eram artesãos ou lojistas.[46]

Nem todos os maçons se tornaram revolucionários, e não há indícios de que as lojas tenham planejado os rumos da Revolução a portas fechadas.[47] Listas de membros relativamente detalhadas permitem identificar a influência das lojas em Nancy e Toulouse. Em Nancy foi possível encontrar maçons em todas as municipalidades revolucionárias: em 1790-1, 20% dos conselheiros eram maçons; durante o Terror, a porcentagem caiu para 8%; no ano III, 10% pertenciam a lojas; e finalmente, durante o Diretório, o número de maçons aumentou de novo para 20%.[48] Uma loja em Nancy destaca-se como reservatório de autoridades municipais: a de Saint-Jean de Jérusalem, fundada em 1771. Sete dos nove maçons que ocuparam cargo público em 1790-1 pertenciam a essa loja, assim como cinco dos seis maçons eleitos durante o Diretório. Como apenas um maçom participou do conselho durante ambos os períodos, pode-se perceber a importância do papel dessa loja.

Anda mais fascinante é o fato de que mais de metade dos membros da loja que foram autoridades durante o Diretório havia se filiado *depois* do início da Revolução.[49] Em contraste, a maioria dos membros de lojas que ocuparam cargo público durante 1790-1 havia entrado para a maçonaria antes de 1789, entre eles dois que se haviam filiado na década de 1770. Portanto, parece que os aspirantes a políticos em Nancy reconheciam as vantagens de filiar-se à loja de Saint-Jean. Essa loja admitiu membros de várias esferas sociais: oficiais militares, clérigos, comerciantes e fabricantes, advogados, funcionários do governo e um bom número de artesãos e lojistas. Neste sentido, a loja prefigurou o intricado equilíbrio social nos conselhos revolucionários. Os maçons eleitos para cargos municipais eram, na maioria, comerciantes (36%), advogados (41%) ou profissionais liberais; nenhum era artesão ou lojista.

Em Toulouse nenhuma loja mostrou essa predominância, talvez porque a maçonaria estivesse muito difundida no sul da França. Às vésperas da Revolução havia em Toulouse entre quinhentos e seiscentos maçons.[50] Toulouse possuía mais lojas do que Nancy (respectivamente doze e sete em 1789), e de várias delas saíram conselheiros municipais. No total, a proporção de maçons nos conselhos passou de um quinto em 1790-1 para um terço sob o Diretório (com apenas um maçom participando do conselho durante o Terror).[51] Se alguma loja se destacou, foi a Encyclopédique. Três dos oito maçons no conselho municipal em 1790-1 e dois dos oito durante o Diretório provinham dessa loja, que fora fundada pouco antes da Revolução. Passado um ano de sua fundação, a loja Encyclopédique já contava com 120 membros de vários grupos sociais. Numerosos artesãos e lojistas se filiaram, e, ao contrário de seus congêneres em Nancy, alguns deles foram eleitos para cargos públicos: embora 60% dos maçons nos conselhos fossem comerciantes, o segundo maior grupo foi o dos artesãos e lojistas, com 16%. Assim, a maçonaria ajudou a garantir a aliança dos comerciantes com artesãos e lojistas em Toulouse, da mesma forma que contribuiu para moldar a combinação de comerciantes com advogados e profissionais liberais em Nancy.

A maçonaria gerou uma rede de laços pessoais e por vezes até ideológicos que deram apoio significativo ao movimento revolucionário.[52] Mas seria um erro identificar essa rede intangível com a política radical, pois foi durante o Terror que a influência dos maçons menos se evidenciou. Em Toulouse, por exemplo, o último conselho eleito antes do Terror continha seis maçons, ao passo que os conselhos durante o Terror incluíram apenas um. Além disso, as lojas não foram muito ativas durante a Revolução, e freqüentemente houve competição e conflito entre maçonaria e jacobinismo, muito embora quase um terço dos jacobinos de Toulouse fosse também de maçons.[53] As lojas de Toulouse foram brevemente fechadas no ano III pelo deputado em missão Mallarmé, que assim agiu atendendo a queixas de vários jacobinos. Entretanto, com um efeito igual ao dos casamentos dentro dos mesmos grupos sociais, a filiação a lojas permitiu certo grau de continuidade na política municipal ao longo da década revolucionária, e embora as lojas minguassem durante o Terror, não desapareceram por completo entre 1789 e 1799. Em Toulouse a reorganização das lojas finalmente acabou sendo permitida, e em 1797 vários ex-jacobinos filiaram-se à rejuvenescida loja Encyclopédique.[54] As lojas, como organizações, não fizeram a Revolução, mas por serem membros delas muitas autoridades revolucionárias tiveram o acesso ao poder facilitado.

Os centros de recrutamento mais óbvios para as autoridades locais eram os clubes jacobinos. Por ter surgido logo de início e normalmente ser vinculado à matriz parisiense, o Clube Jacobino era a organização política mais destacada em todas as cidades.[55] No entanto, o clube não representava os mesmos princípios e programa em todos os lugares. Em Bordeaux, os *Amis de la Constitution*, como se costumava chamá-los nos primeiros anos, eram moderados na política e, de modo geral, apoiavam o movimento federalista. Socialmente, os *Amis* "permaneceram a reserva imaculada dos detentores das riquezas e propriedades".[56] Metade dos conselheiros municipais de 1790-1 aparece na única lista de membros do clube ainda existente.[57] Mais de metade (60%) dos participantes da municipalidade "federalista" de 1793 constava da lista, em comparação com apenas 11% dos conselheiros "terroristas" (pelos padrões nacionais, os verdadeiros jacobinos). Quase um quarto dos conselheiros do ano III havia sido de jacobinos, e 44% dos conselheiros da época do diretório tinham sido membros. As autoridades mais radicais do regime do Terror (que ocuparam cargos entre setembro de 1793 e fins do ano II) foram recrutadas de outros clubes, como o Club National, uma organização de modestos comerciantes, negociantes e profissionais liberais.[58]

Os jacobinos de Toulouse, em contraste, representavam o que um historiador chamou de "frente popular" da *petite, moyenne* e *grande bourgeoisie*.[59] Na ausência de uma grande elite de comerciantes, como a que controlava os jacobinos em Bordeaux, os comerciantes mais modestos e os pequenos negociantes mostraram-se capazes de trabalhar juntos para manter uma presença mais tipicamente jacobina (favorecendo os *montagnards* ou esquerda na Convenção) na política local. A proporção de jacobinos nos conselhos aumentou de 46% em 1790-1 para 65% em 1792, ano II, depois diminuiu brevemente no ano III para 43%, e finalmente cresceu para 58% sob o regime do Diretório.[60] Em um sentido real, Toulouse foi um reduto jacobino; embora houvesse tanta rotatividade nos cargos de autoridade quanto nas outras grandes cidades, o Clube Jacobino proporcionou um alto grau de continuidade.

A trajetória da influência jacobina em Amiens seguiu o caminho mais típico: a maior porcentagem de conselheiros jacobinos foi encontrada no ano II (56%), enquanto antes e depois do Terror apenas metade dessa porcentagem compôs-se de jacobinos.[61] Mas as diferenças entre as cidades não devem ser consideradas demasiado significativas, pois as listas de membros disponíveis são de anos diferentes. Há também semelhanças importantes. Nas três cidades, comerciantes, artesãos e lojistas foram os mais beneficiados pelos clubes jacobinos. Em Amiens, 30% dos conselheiros jacobinos eram comerciantes e 30% eram artesãos ou lojistas.[62] Em Bordeaux, 42% eram comerciantes e 13% artesãos ou lojistas (um grande número de ocupações deixou de ser registrado); em Toulouse, 28% eram comerciantes e 23% artesãos ou lojistas. Os advogados ficaram bem atrás em todos os lugares. Os clubes jacobinos foram o campo de prova para uma coalizão entre comerciantes e fabricantes, de um lado, e artesãos e lojistas, de outro. Os jacobinos nunca controlaram todos os cargos nos conselhos municipais, mas, mesmo depois de os clubes serem fechados em 1794-5, ex-membros continuaram a ser eleitos para o conselho municipal (pelo menos um quarto das autoridades sob o Diretório em cada uma das três cidades foram jacobinos). Isso não foi necessariamente um testemunho de uma contínua influência radical sobre a condução da cidade, mas um sinal da ampla atratividade dos clubes jacobinos e da força que advinha de pertencer a uma organização declaradamente política.

Em certo sentido, os clubes jacobinos assumiram papéis que haviam sido das lojas maçônicas. A maçonaria atraía homens interessados em filantropia, solidariedade e, em certo sentido, novas idéias. Em contraste com outras instituições políticas e organizações culturais do Antigo Regime, as lojas permitiam maior mistura social. Os clubes empenharam-se por alguns dos mesmos objetivos filantrópicos e proporcionaram um pouco do mesmo tipo de solidariedade, porém acrescentaram uma nova dimensão política organizada. A maçonaria fora uma rede fortemente entrelaçada;

os jacobinos prosperaram com a comunicação entre clubes de uma região e entre as províncias e Paris. Os clubes jacobinos foram os elos fundamentais do movimento republicano. Houve neles muito espaço para a dissidência, e freqüentemente sofreram pressão vinda de baixo, de organizações ainda mais populares. Não obstante, sem eles o republicanismo era inconcebível. Até na federalista Bordeaux o clube deu substancial contribuição à causa republicana. O comerciante Pierre Balguerie, autoridade sob o Diretório, fora um dos primeiros membros juntamente com três outros homens de sua família. Sob o Diretório ele tentou reviver o clube como um "círculo constitucional" em colaboração com outro ex-membro do clube, Soulignac, e este foi com ele participar da Agência Municipal Central, que coordenava o governo de Bordeaux. Ambos elogiaram publicamente o golpe do Diretório contra os realistas nos Conselhos em setembro de 1797 e dirigiram os esforços locais para refrear o realismo.[63] Mesmo quando superados numericamente, os jacobinos conseguiram manter a fé, graças à sua experiência prévia em organização.

A nova classe política pode ter sido, como disse Morris, "nova no poder, desvairada na teoria, novata na prática",[64] mas seus membros não saíram de um vácuo metafísico. Contavam com o apoio de redes familiares, laços de vizinhança e contatos organizacionais. Sendo forasteiros, também tinham uma afinidade adquirida pelos ideais iluministas de tolerância religiosa, secularização e ampliação da participação política. Não eram loucos pelo poder (basta ver como a maioria abriu mão dele rapidamente) nem muito interessados em se tornar burocratas do partido. Um último exemplo indica sua convicção. Em 1799, depois de uma década de tumultos, Bordeaux foi novamente assolada por levantes antialistamento e pela ressurgente atividade dos realistas. Apesar disso, um dos administradores da cidade ousou enfrentar uma turba com as palavras: "Somos republicanos porque acreditamos que esse é o governo mais apropriado aos homens; todos são chamados a servir, de acordo com seus talentos, para unir-se na formação e execução das leis".[65] Mesmo na direitista Bordeaux e nos últimos meses antes do golpe de Bonaparte, havia muitos que continuavam a acreditar na promessa da Revolução.

Nem todo comerciante e advogado, artesão e lojista, mestre-escola e estalajadeiro de aldeia entrou para a nova classe política. Mas para comerciantes e advogados, artesãos e lojistas, mestres-escolas e estalajadeiros de aldeia foi maior a probabilidade de engajarem-se na vida política do que para artesãos, juízes, nobres, proprietários rurais ou trabalhadores das cidades. Se viveram em certos lugares ou ocuparam determinadas posições socioculturais, suas chances de participação foram ainda maiores. A maioria dos que atuaram na vida pública viveu nas fronteiras do mundo moderno ou ocupou os espaços na periferia da elite anterior. Não foram os "excluídos" em oposição aos "incluídos"; participaram mais do que os quase incluídos que se sentiam excluídos. Foram relativamente forasteiros, mas não párias sociais.

O perfil social da classe, o papel fundamental desempenhado pelos intermediários e agentes da cultura e os valores racionalistas e nacionalizantes defendidos por meio das novas redes políticas indicam, todos, a influência da cultura urbana no movimento revolucionário. Em suas origens sociais, a nova classe política foi acentuadamente urbana. Os agentes da cultura trouxeram influências urbanas para o campo. E a secularidade, o racionalismo e o universalismo haviam sido associados aos efeitos supostamente corrosivos da vida citadina. Esse padrão parece corroborar a interpretação da modernização trazida pela Revolução. Nessa concepção, os revolucionários foram modernizadores que transmitiram os valores racionalistas e cosmopolitas de uma sociedade cada vez mais influenciada pela urbanização, alfabetização e diferenciação de funções. Sendo assim, deveríamos substituir a interpretação marxista pela interpretação da modernização nos moldes de Tocqueville, Durkheim ou Weber? Muitos estudos recentes sugerem alguma versão da interpretação da modernização. Em seu estudo sobre os festivais revolucionários, Mona Ozouf ressaltou a conceituação cultural comum que fundamentou os numerosos e diversificados objetivos políticos dos organizadores; todos trabalhavam pela "homogeneização da humanidade".[66] A preferência por espaços amplos e abertos, por disposições circulares e por monumentos gigantescos revela o desejo de submergir a individualidade e a particularidade na nova coletividade. Quando categorias e divisões se fizeram necessárias nas procissões de festivais, quase sempre se mostraram funcionais: por idade, sexo, ocupação ou posição na nova ordem. As distinções de corporação e casta do Antigo Regime foram eclipsadas, e as disparidades sociais e econômicas perturbadoras foram desconsideradas na ânsia de celebrar uma nova comunidade de cidadãos iguais. Portanto, como apresentados por Ozouf, os festivais exemplificaram a nivelação, a padronização e o processo racionalista que, na opinião de Tocqueville, favoreceram a extensão posterior do poder absoluto do Estado.[67]

Vista da perspectiva de seus oponentes, a Revolução parecia materializar uma luta entre a sociedade tradicional e a inovação jacobina. Como afirma Colin Lucas em seu estudo sobre a violência termidoriana no sudeste: "Os terroristas romperam o equilíbrio tacitamente admitido; introduziram um poder externo e valores que eram estranhos à comunidade a fim de se tornarem, em certo sentido, anormalmente poderosos".[68] Os terroristas inovaram "brutalmente", e as gangues de jovens termidorianos (do período pós-1794) reagiram punindo-os de modos tradicionais com o objetivo (também tradicional) de restaurar as relações verticais de controle da comunidade. Mas as gangues de jovens não eram compostas de rapazes camponeses turbulentos, e sim de filhos de proprietários de terras, advogados e comerciantes que ainda se sentiam ligados aos costumes e valores antigos. Portanto, a violência termidoriana não jogou o campo contra a cidade; pôs em confronto as comunidades das cidades pequenas onde ela ocorreu.

Como descrita por Lucas e outros, a batalha revolucionária entre "tradição" e "modernidade" lembrava as recorrentes lutas em torno da inovação que acompanharam o crescimento do poder monárquico na França.[69] A introdução dos *intendants* em meados do século XVII, os esforços periódicos para reformar as instituições judiciárias e eliminar a venalidade nos cargos públicos, até mesmo o empenho da Igreja para restringir os dias santos e os festivais religiosos mais espalhafatosos, tudo isso deparou com protestos das comunidades tradicionais, fossem de magistrados, fossem de aldeões. Em que grau foi diferente a atitude dos modernizadores após 1789? Em 1790 o recém-eleito conselho municipal de Lourmarin queixou-se de que a causa da pobreza era "a libertinagem e irreligião causadas inteiramente pelos *cabarets*, a impiedade e desordem causadas pelos dias de *fête*, que são demasiado numerosos".[70] A solução era controlar mais rigidamente os cabarés e suprimir vários dias de festival, ou seja, aumentar o poder do governo para assegurar a disciplina na vida cotidiana.

Durante a República os mesmos tipos de conflitos giraram em torno da celebração do *décadi* do novo calendário revolucionário. Um de centenas desses incidentes aconteceu em um vilarejo no departamento de Ain, em 1799. Em sua caminhada vespertina, o agente local do Diretório deparou com um grupo de pessoas tocando tambor e dançando na praça central (era domingo pelo calendário antigo, não mais considerado dia de descanso). Depois de chamar o gendarme mais próximo, o agente foi atacado na rua pelos foliões. O líder agarrou-o pela garganta, jogou-o contra um muro, protestou em altos brados contra aquela tentativa de impedir que se dançasse aos domingos e ameaçou matá-lo. Apesar da ajuda de vários circunstantes, e embora o comissário soubesse o nome do atacante, este escapou, ou pelo menos foi o que o gendarme informou.[71] Em vários aspectos, esse incidente pouco difere das tentativas dos moradores para manter seus dias santos e festivais favoritos durante o Antigo Regime.

Mas a Revolução fez mais do que apenas continuar os esforços modernizadores dos monarcas e notáveis do Antigo Regime. Embora os administradores do governo continuassem a enfrentar resistência local às suas exigências de dinheiro, homens e apoio ideológico, e ainda que em alguns povoados os notáveis continuassem a representar o mundo exterior usurpando o vilarejo, a identidade das partes havia mudado. No lugar do padre, do senhor feudal e seus bajuladores, vieram o estalajadeiro, o mestre-escola e seus patronos na capital departamental. Agora muitos padres e autoridades do Antigo Regime estavam na oposição. A mudança de identidade acompanhou uma transformação nos alicerces da legitimidade do Estado. Em nome da liberdade e da igualdade, os agentes da República promoveram ativamente a mudança; queriam manter a ordem, sem dúvida, mas também mobilizar a população em apoio à República, nas frentes militar e ideológica. Não estavam simplesmente pedindo dinheiro e reunindo informações em uma escala sempre maior; também estavam procurando instigar as pessoas planejando novos festivais, organizando banquetes, fazendo discursos, formando comitês, em suma, elevando o nível de consciência política. As atividades de Roquette como autoridade revolucionária em Saint-Amans eram bem diferentes das que ele executava como juiz senhorial.

Ainda assim, se admitirmos que os esforços modernizadores dos revolucionários foram mais completos que os da monarquia reformadora e que se basearam em novos princípios de soberania, o processo não continua sendo de modernização? Muito depende, é óbvio, de como se define modernização. Infelizmente esse é um dos termos mais imprecisos no vocabulário das ciências sociais. Ao contrário do marxismo, a teoria da modernização não possui um texto canônico. A maioria dos grandes teóricos sociais dos séculos XIX e XX apontou para alguma espécie de modernização como a característica proeminente da vida social contemporânea. Por exemplo, Max Weber enfatizou a racionalização e a burocratização, enquanto Emile Durkheim se concentrou na alternância entre ruptura social e reconstrução da solidariedade.[72] Além disso, na maior parte das teorias da modernização a Revolução Francesa ocupa posição fundamental; assim como Marx a definiu como a típica revolução burguesa, muitos teóricos da modernização definem a Revolução Francesa como o típico movimento modernizador. Em conseqüência, nos dois tipos de interpretação a Revolução é explicada tautologicamente. A Revolução é burguesa ou modernizadora por definição.

Talvez o mais influente exemplo de interpretação baseada na modernização usando a Revolução Francesa como pedra de toque seja *A ordem política nas sociedades em mudança*, de Samuel Huntington. Esse autor define modernização política como um processo em três partes: racionalização da autoridade, diferenciação de novas funções políticas e desenvolvimento de estruturas especializadas para desempenhar essas funções, e a crescente participação na política de grupos sociais de toda a sociedade. Em sua concepção, a revolução é um aspecto da modernização, "mais provável de ocorrer em sociedades que passaram por algum avanço social e econômico e nas quais os processos de modernização política e desenvolvimento político ficaram defasados em relação aos processos de mudança social e econômica".[73] Como seria de esperar, essa interpretação soa verdadeira; a Revolução Francesa realmente promoveu a racionalização da autoridade, o desenvolvimento de novas instituições políticas e a crescente participação do povo por meio de um processo eleitoral expandido.

A influência do modelo de modernização política pode ser vista na análise recente da Revolução Francesa apresentada por Theda Skocpol. Na opinião dessa autora, as revoluções sociais modernas "ocorreram em países que ficaram para trás de países concorrentes economicamente mais desenvolvidos", e nessas revoluções "as exigências da consolidação revolucionária em um mundo de Estados concorrentes ajudaram a assegurar que durante as revoluções surgisse uma liderança disposta e capacitada para construir organizações coercivas e administrativas centralizadas e que sua obra criasse uma base de poder permanente para os dirigentes do Estado".[74] Embora Skocpol dê prioridade à competição internacional em detrimento das disparidades internas entre crescimento econômico e adaptações políticas, o funcionamento do modelo é evidente: um abismo entre exigências econômicas e desenvolvimento político precipita a revolução, que por sua vez elimina o abismo. Nessa concepção, o jacobinismo facilitou a construção de um Estado moderno dando a seus partidários coesão como um grupo de liderança e mobilizando as massas.[75] Como nos pensamentos de Huntington e Tocqueville, a democracia como ideologia só aumentou os poderes do Estado central.

À semelhança da interpretação marxista, a da modernização também tem sua seqüência inescapável. Tudo o que acontece é explicado conforme o conjunto de definições original. A modernização perturba um equilíbrio de forças preexistente na sociedade tradicional, e o colapso resultante só termina quando algum tipo de harmonia é restaurado. Dessa maneira, um resultado da Revolução (a modernização política) torna-se o foco teleológico; institucionalização, racionalização, democracia e mobilização política são, todas, igualmente subordinadas ao resultado do crescimento do poder do Estado. Assim como as interpretações marxistas consideram toda luta específica na Revolução necessária para o resultado do desenvolvimento capitalista, também as interpretações da modernização supõem que toda inovação política específica seja necessária para o resultado da crescente centralização. Na primeira dessas linhas de pensamento, democracia, autoritarismo, universalismo e racionalismo atuam, todos, em prol do desenvolvimento do capitalismo (modernização econômica); na segunda, todos trabalham para o poder do Estado (modernização política).

Como a interpretação marxista, a da modernização não é propriamente equivocada; o que lhe falta é precisão analítica. Quase todos na elite política da França favoreciam a modernização, inclusive o rei, as cortes do Antigo Regime, os nobres liberais, os monarquistas constitucionais de 1790, os girondinos, os jacobinos e os diretoriais. No entanto, assim que a Revolução começou, as divisões no amplo consenso em favor da mudança acentuaram-se progressivamente. É impossível atribuir essas divisões a diferenças quanto à modernização em geral. Na verdade, trata-se de diferenças quanto à democracia em particular. Embora a elite revolucionária compartilhasse valores que a destacavam da sociedade tradicional, muitos de seus membros mais radicais eram os menos modernos; os estalajadeiros de aldeia, o comerciante têxtil itinerante em Foncines e o seleiro que participaram do conselho em Meximieux, por exemplo, eram todos menos modernos que os confiantes fabricantes de Amiens e os comerciantes-expedidores de Bordeaux que não se encantaram com o republicanismo radical. Além disso, muitos dos departamentos mais modernos foram de direita na política.

A mesma observação aplica-se ao papel da cultura urbana no movimento revolucionário. Lugares e pessoas urbanos estiveram na vanguarda da mobilização revolucionária, mas as cidades foram também o local da maior divisão política. A Revolução radical foi, o mais das vezes, obra de localidades pequenas e médias e de pessoas novatas em assuntos citadinos ou que tinham experiência nas grandes cidades mas fizeram carreira em lugares menores. Roquette em Saint-Amans e Taillard em Pacy são dois exemplos deste último fenômeno. Da mesma forma que a contra-revolução não ocorreu nas áreas mais atrasadas, mas em regiões nas quais havia começado o processo que Charles Tilly denominou urbanização, também a Revolução atraiu não os que eram os mais urbanos ou mais modernos, e sim os que estavam vivenciando em primeira mão os conflitos entre dois tipos de cultura.[76] Na fronteira entre urbano e rural, moderno e atrasado, nos locais de confronto e nas posições ocupadas por forasteiros e intermediários — ali o evangelho da participação e inovação foi mais calorosamente recebido.

A crença na participação democrática deu início a um "aprendizado" do republicanismo na França, e a nova cultura política foi absorvida com suficiente profundidade para formar o alicerce de uma tradição republicana revolucionária.[77] Esse resultado da Revolução é desconsiderado nas interpretações da modernização, de Tocqueville a Skocpol, porque elas se concentram no poder do Estado. Bonaparte aprendeu o valor da mobilização popular com a experiência jacobina, mas não a incentivou da mesma maneira. Ele eliminou toda participação política significativa. As votações e os clubes políticos deram lugar à intensa propaganda estatal; a participação ativa foi substituída pela observação passiva. Assim, o resultado político da Revolução não foi "totalmente consolidado" sob Bonaparte, pois ele aproveitou apenas a parte da modernização e suprimiu o resto. A democracia nunca era eficiente; em geral era imprevisível e sempre potencialmente perigosa. Em conseqüência, os modernizadores, os que valorizavam a racionalização e a padronização *acima de tudo*, aderiram à bandeira de Napoleão. Era possível ser moderno sem acreditar em republicanismo democrático.

Os republicanos mais fervorosos introduziram novas bases de governo político e até de relações sociais. O acatamento deu lugar à persuasão; a tradição, à inovação; o "fanatismo", ao republicanismo racional; e os cargos patrimoniais, às eleições e mobilização política. Os republicanos não abraçaram esses ideais por julgálos úteis à modernização política ou por estarem tentando desesperadamente evitar serem "excluídos do palco histórico".[78] Na década de 1790 eles estavam justamente subindo no palco. Se analisarmos sob uma perspectiva de longo prazo, dos séculos XIX e XX, os republicanos foram o partido do movimento, os homens do futuro. Foram os precursores da Segunda e Terceira República, não do Primeiro e Segundo Império. Suas idéias foram arrebatadoras não porque agradaram aos vencedores ou aos perdedores no processo da modernização ou desenvolvimento capitalista, mas porque trouxeram esperança de uma nova ordem social e política. Eles acenaram com um ideal imemorial de participação política e dignidade em uma nova roupagem de eleições democráticas, responsabilidade ampla e atividade política organizada. O fato de terem fracassado no curto prazo não tem nada de especial se comparado a seu êxito no longo prazo.

Conclusão

Revolução na cultura política

A Revolução foi, em um sentido especial, fundamentalmente "política". A criação de uma nova retórica e o desenvolvimento de novas formas simbólicas de prática política transformaram as noções contemporâneas sobre o tema. A política se tornou um instrumento para remodelar a sociedade. O povo francês acreditou que seria capaz de estabelecer uma nova comunidade nacional baseada na razão e na natureza sem ligações com os costumes do passado. A realização dessas ambições grandiosas demandou novas práticas políticas. As técnicas da propaganda de massa, a mobilização das classes inferiores e a politização do cotidiano foram, todas, inventadas com o objetivo de regenerar a nação. Logo se tornaram os elementos definidores da experiência revolucionária.

Embora a nova linguagem e os novos símbolos fossem coletivos, anônimos e em grande medida desenvolvidos sem a percepção do que efetivamente representavam, eles não mudaram no vácuo. A retórica foi enunciada e os símbolos foram adotados e constantemente modificados por aqueles que sentiam algum comprometimento com o processo revolucionário. A política revolucionária não foi o instrumento de uma classe social nos termos marxistas nem o instrumento de uma elite modernizadora. Nasceu juntamente com uma nova classe política republicana, e tanto a política como a classe foram moldadas pela contínua interação entre suposições retóricas amplamente compartilhadas e práticas políticas coletivas.

Embora a cultura política revolucionária estivesse, por definição, sempre em processo de mudança e desenvolvimento, houve fontes de coerência e unidade. Os revolucionários compartilhavam um conjunto de expectativas decorrentes de sua fé em que a razão e a natureza constituíam as bases da nova ordem social e política. Acreditavam que as carreiras tinham de se alicerçar no talento, e não no nascimento, que não deveriam existir privilégios para castas, corporações ou lugares específicos, e que a participação por meio de eleições e do exercício de cargos públicos devia ser amplamente aberta aos cidadãos. Em suma, julgavam que a nova ordem deveria ter alicerces racionais e abrangência nacional. Esses princípios políticos autoconscientes foram extraídos do pensamento iluminista, sendo comuns a muitos franceses instruídos. Os revolucionários distinguiam-se do restante das classes educadas por suas suposições retóricas implícitas. Agiam segundo a convicção de que a nação regenerada era uma nova comunidade sem precedentes na história, e que essa comunidade baseava-se no ideal de relações sociais e políticas transparentes. Conseqüentemente, não viam necessidade de distinções de cargo nem mesmo de trajes; no extremo, nem sequer de algum tipo de representação. A nova comunidade dispensava políticos e partidos; deputados e autoridades deviam atuar temporariamente e conforme o desejo do povo.

Ao mesmo tempo em que compartilhavam essas suposições quanto ao modo como o mundo político deveria funcionar, os revolucionários também tinham em comum a refreadora experiência dos limites práticos dessa visão política. Na prática, precisavam descobrir um sistema adequado de representação tanto em instituições como em símbolos. O povo não podia estar sempre em ação, e não se podia confiar em que o povo sempre reconheceria as exigências da vontade geral. A Revolução contestara o modelo patriarcal de poder, mas até mesmo os radicais ansiavam por manter algum tipo de autoridade legítima (e, a seu ver, masculina). À medida que foram encontrando obstáculos cada vez mais difíceis em seu caminho político, os republicanos foram dando mais ênfase às suas funções didáticas. Se o povo francês não podia ser remodelado de imediato, então pelo menos um exemplo instrutivo seria deixado para a posteridade. Esse foi o legado do republicanismo.

A retórica da inovação e as formas simbólicas de revolução extraíram sua força motivadora da nova classe política. O fato de esses homens serem novatos na lide política, relativamente jovens e forasteiros produziu o efeito de acelerar o desenvolvimento da retórica e dos símbolos revolucionários. Transparência e didatismo, ruptura e regeneração falavam diretamente às preocupações dos chamados "vis inovadores". Por serem novos no poder e terem sido excluídos antes, eram especialmente suscetíveis às incertezas e inquietações da inovação revolucionária. Eram inseguros quanto à autoridade do seu texto revolucionário; não podiam predizer o desfecho do drama social e político do qual eram personagens principais. Sem dúvida, o fato de serem novos nos corredores do poder também os predispôs, como um grupo, a acreditar na realidade da ameaça da conspiração. Os imigrantes recentes, as minorias religiosas, os novos mestres-escolas, os advogados que só haviam atuado em tribunais de instâncias inferiores, os comerciantes e negociantes que nunca haviam falado em reuniões públicas antes de 1789 tinham, todos, tantas razões para se preocupar com os rumos dos assuntos políticos quanto para aproveitar a oportunidade de assumir as rédeas. Embora alguns deles tivessem sido membros de lojas maçônicas antes de 1789, a grande maioria dos novos políticos não tivera experiência em sociabilidade democrática.¹ Os clubes jacobinos foram sua primeira escola de educação política; os cargos públicos foram seu campo de treinamento prático.

A cultura política da Revolução possuiu, portanto, fontes simbólicas e sociais de coerência. Os revolucionários falavam a mesma língua e buscavam as mesmas qualidades em seus símbolos e imagens de autoridade. Hércules e Marianne representavam a todos igualmente. A diversidade de suas origens sociais e interesses econômicos intensificava ainda mais o atrativo das figuras racionais, nacionais e universais. Como a nova classe política na França não tinha fronteiras sociais precisas, os revolucionários acabaram dedicando uma parcela colossal de seu tempo e energia à busca de representações apropriadas de si mesmos e suas ações. A preocupação com palavras, festivais, selos e medidas de tempo, espaço e distância não foi um afastamento de alguma questão política mais real ou importante; foi essencial para a definição do processo revolucionário e para a identidade da nova classe política. Ironicamente, portanto, a falta de definição social da nova classe política tornou a experiência da Revolução ainda mais incisiva em sua contestação do costume e da tradição. A busca de uma nova identidade nacional levou à rejeição de todos os modelos e padrões de autoridade anteriores.

Como as fronteiras políticas, sociais e culturais foram incertas durante a década da Revolução, não surpreende que os homens que ocupavam posições fronteiriças tenham se tornado especialmente importantes. Recém-chegados, jovens notáveis que haviam saído de sua terra para estudar, comerciantes que viajavam pelo interior, advogados com contatos na capital departamental ou em Paris, estalajadeiros que conheciam todos os visitantes e negociantes que ocupavam o espaço social entre os trabalhadores e as classes superiores da cidade, todos esses tipos de indivíduos tinham probabilidade de se tornar formadores de redes políticas, portadores de novas idéias e agentes da autoridade política externa. Suas profissões e posições sociais eram em geral diferentes, porém seus papéis como agentes da cultura e do poder eram fundamentalmente semelhantes.

Os novos homens e a nova cultura política surgiram juntos. Neste caso, é inútil tentar determinar quem chegou primeiro. Em 1789 ninguém sabia que a política revolucionária atrairia tais homens, e ninguém imaginava a importância que viria a ser dada a uma fita, um nome ou um estilo de se vestir. Os novos homens e a nova política reforçaram-se mutuamente. Nos primeiros dias da Revolução, quando ainda parecia possível algum tipo de reconciliação com o Antigo Regime, a liderança política incluiu muitos nobres, muitos funcionários régios, muitos homens experientes na política local e um número razoável de indivíduos de gerações mais velhas (vários prefeitos, por exemplo, eram anciãos notáveis). Os participantes ainda torciam por uma resolução indolor do drama revolucionário; a necessidade de uma total ruptura com o passado não era uma idéia difundida. À medida que a retórica da Revolução se tornou mais radical e mais insistente na ruptura com todos os costumes e tradições existentes, o caráter da classe política também mudou. No lugar de ricos comerciantes, advogados, nobres, funcionários régios e ex-líderes políticos instalaram-se modestos comerciantes e negociantes, professores e funcionários públicos e homens com pouca ou nenhuma experiência na vida pública. Suplantando as figuras públicas do Antigo Regime que apoiavam a causa revolucionária vieram, primeiro, os que lhes eram mais próximos na escala social e política, e em seguida os que tinham posição crescentemente marginal em relação aos antigos centros de poder.

A nova classe política não foi, portanto, uma categoria fixa, estável. Embora eu tenha destacado as fontes de sua unidade, ela também foi marcada por linhas de divisão políticas, sociais e culturais. À medida que o enredo da história revolucionária passou de comédia a romance e depois a tragédia entre 1789 e 1794, o elenco de personagens também mudou. A classe política incluiu cada vez mais representantes das ordens inferiores (embora raramente operários ou camponeses pobres) e cada vez menos figuras da classe superior. Com o tempo, as distinções políticas e sociais começaram a fundir-se. "Sans-culottes" e "aristocratas" tinham significados sociais e políticos. Povo eram os que estavam do lado da república radical, enquanto os aristocratas, "moderados" e realistas eram agrupados como inimigos. Processo semelhante ocorreu na esfera cultural. Os que tinham vínculo estreito com o Antigo Regime por laços familiares ou sociais foram desalojados primeiro pelos "quase incluídos", e depois, progressivamente, por homens cada vez mais distantes dos centros de poder anteriores. No início de 1794, homens muito jovens (Lacombe, de Bordeaux, tinha apenas 29 anos em 1789, a mesma idade de Roquette, em Saint-Amans) e homens sem nenhum laço com as elites anteriores (mesmo as de 1790-1) emergiram em posições de liderança. Durante o período mais radical da Revolução (1793-4, o ano II), a liderança política foi exercida pelos mais novatos e mais radicais. O radicalismo desse período foi essencialmente produzido por essas duas qualidades. Em 1793-4, a presença de tais homens tornou concreta e palpável a ruptura com o passado. A retórica e os símbolos da Revolução tiveram enorme impacto sobre a história subseqüente, pois haviam mobilizado e sido mobilizados por essa nova liderança política.

As divisões na nova classe política tiveram dimensão espacial além de temporal. Em 1789, em quase toda a França as pessoas estavam entusiasmadas com a perspectiva de renovação constitucional. Conforme o potencial para o conflito se tornou mais evidente e ameaçador, alguns lugares começaram a demonstrar relutância e até mesmo resistência ao processo revolucionário. Em meados de 1793 o oeste estava em franca rebelião, e várias cidades no litoral e ao longo dos principais rios (mais notavelmente Lyon) haviam se declarado dissidentes do movimento revolucionário. Houve diversas linhas de divisões espaciais e temporais. Em muitas regiões, a Revolução em certo sentido retirou-se para as cidades grandes e médias. Em cidades grandes, muitos radicais estabeleceram suas bases em determinados bairros. No país como um todo, o movimento revolucionário encontrou apoio mais resoluto próximo a fronteiras e nas regiões esquerdistas do centro e do sudoeste. Em ambas as dimensões, tempo e espaço, o processo de radicalização foi estruturalmente semelhante: conforme a Revolução se tornou mais radical, também se tornou mais periférica. Contudo, ao mesmo tempo, a retórica e os símbolos da Revolução conservaram e até intensificaram suas qualidades universalistas, nacionalistas e racionalistas.

"Periférico", "marginal" e "forasteiros" são palavras carregadas de conotações ofensivas no vocabulário das ciências sociais. Parecem implicar isolamento, estranheza, extremos, e são particularmente associadas a interpretações psicológicas de comportamento político. Pessoas marginais não agem normalmente; não agem como os que estão no centro ou próximos dele. São desviantes nos aspectos estrutural e comportamental. As teorias da Revolução que empregam esses termos tendem a supor que as revoluções são eventos anormais e que as pessoas que atuaram nelas também são, de algum modo, anormais. Segundo o que Chalmers Johnson denomina "teorias orientadas para os agentes", argumenta-se que os revolucionários reagem à patologia social (são desviantes que se tornaram rebeldes sob as circunstâncias apropriadas), a uma crise de identidade ou a algum tipo de frustração pessoal.² São homens propensos à violência.³ Espero ter deixado claro que não sou dessa opinião. A meu ver, a nova classe política não foi um grupo de extremistas inclinados à violência unidos apenas por suas frustrações, agressividade ou desviacionismo comuns. Em vez disso, foram motivados pelo comprometimento comum com a estruturação de uma nova comunidade. Tiveram condições de agir em prol desse compromisso com o futuro porque eram livres da maioria dos laços com as instituições anteriores e estavam em posição — devido à idade, mobilidade, religião, status social ou laços familiares — de romper com os costumes e lugares-comuns políticos do passado. Ao mesmo tempo, não eram homens sem raízes ou totalmente marginais. Redes de família, vizinhança, profissão e vinculação social e política permitiram-lhes agir coletivamente. Marginal, periférico e forasteiro descrevem relações; não são categorias absolutas recheadas de conseqüências psicológicas automáticas.

Muitos debates sobre a Revolução têm base dicotômica. Alguns autores ressaltam forças anônimas, estruturais; outros chamam a atenção para escolhas e características pessoais, "voluntaristas".⁴ A distinção entre um enfoque nas origens e resultados e um enfoque no processo ou vivência parece enquadrar-se nessa mesma dicotomia entre estrutura e ações individuais. Explicações estruturais centram as origens da Revolução em problemas estruturais (isto é, na economia, na estrutura de classes ou no equilíbrio de forças internacionais) e em determinantes estruturais de resultados. As explicações baseadas nos agentes e as teorias que salientam processos procuram mostrar o papel de líderes individuais, partidos organizados, ideologias ou, de modo mais geral, a inexorável passagem de uma etapa à seguinte no processo político.⁵ Minha explicação concentra-se no processo da Revolução, pois destaca os modos pelos quais a retórica, os símbolos e a participação de certos grupos e lugares moldaram a experiência contínua da mudança revolucionária. Em vez de procurar origens ou resultados estruturais, concentrei-me em determinar as fontes de unidade e diversidade no processo político. Essas fontes, contudo, não serão encontradas no papel de líderes individuais, de um partido totalitário, de uma ideologia única ou de algum "ciclo de vida" político inevitável. Os líderes individuais, o papel de partidos e ideologias e o movimento de um "palco" a outro foram, eles próprios, possibilitados por padrões básicos na "poética" e na sociologia da política. Suposições retóricas e práticas simbólicas limitaram as possibilidades no campo político; atuaram contra o surgimento de *founding fathers* identificáveis e dificultaram o estabelecimento da política liberal (o modelo anglo-americano). Ao mesmo tempo, ensejaram outras opções até então ignoradas: a vida cotidiana foi politizada, e a Revolução passou de uma etapa a outra à medida que os revolucionários procuravam respostas para os problemas e receios da conspiração. A poética revolucionária não foi fixa, porém; seu processo de desenvolvimento foi influenciado decisivamente pelos padrões mutáveis da liderança política, ou seja, pela sociologia da política em evolução. Em outras palavras, houve estruturas ou padrões implícitos no processo revolucionário, mas essas estruturas foram, por sua vez, moldadas e transformadas pela interação entre suposições políticas inconscientemente acalentadas e agentes políticos que agiram conscientemente e foram socialmente incluídos.

Neste sentido, minha interpretação é ao mesmo tempo estrutural e centrada no processo. Mas, diferentemente da maioria das outras explicações estruturais, meu enfoque é sobre o desenrolar do evento revolucionário (ou dos eventos revolucionários), e não sobre seus determinantes de longo prazo. E, em contraste com a maioria das teorias voltadas para o processo, meu enfoque é sobre padrões gerais de pensamento e ação, e não sobre personalidades, partidos ou ideologias definidas. Contudo, em última análise, uma das vantagens desse método é a nova luz que ele pode lançar sobre a questão das origens e dos resultados. Quando o caráter do vivenciamento é determinado, a análise das origens e dos resultados assume novo significado.

Modelos hierárquicos de explicação mostraram-se duradouros porque oferecem justificativas elegantemente simples para a mudança no decorrer do tempo. Marx explicou o movimento da história e a Revolução em especial pelo surgimento de novos modos de produção: um novo modo de produção cresce nos interstícios do modo de produção em curso e por fim causa conflitos sociais e políticos que destroem os alicerces do modo de produção vigente e com o que resta constrói novas bases. Os teóricos da modernização em geral evitam a expressão "modo de produção", mas também atribuem a mudança à perturbação do crescimento econômico ou às demandas da competição econômica. Em ambas as escolas, a mudança social tem origem em algum nível de existência anterior ou subjacente (em vez da economia, poderia ser a demografia ou até mesmo o clima).

A revolução dá relevo especial ao problema geral da mudança histórica, pois o ritmo de mudança acelerado é a característica definidora da revolução. Conseqüentemente, esta tem sido o foco da maioria dos modelos hierárquicos de explicação histórica. No marxismo, a revolução tem papel fundamental; é o meio pelo qual as sociedades pós-feudais avançam. Na Revolução Francesa, a burguesia chegou ao poder; em uma futura revolução, será a vez do proletariado. Nas teorias da modernização, a revolução é o mais das vezes apresentada como um exemplo particularmente revelador de processos de desenvolvimento mais gerais. Na análise de Samuel P. Huntington, por exemplo, a revolução é um exemplo drástico da violência e da instabilidade causadas por disparidades entre crescimento econômico e modernização política.[6] Barrington Moore Jr. inverte essa formulação e afirma que "sociedades doentes são aquelas onde as revoluções são impossíveis".[7] Em sua concepção, revoluções foram essenciais ao estabelecimento da democracia capitalista, enquanto revoluções fracassadas ou impostas de cima conduziram ao fascismo. Contudo, apesar das diferenças, todos esses modelos incorporam a revolução a explicações causais mais gerais do desenvolvimento histórico nas quais as estruturas econômicas e sociais têm prioridade.

A meu ver, as mudanças econômicas e sociais ensejadas pela Revolução não foram revolucionárias. Os nobres puderam reaver seus títulos e boa parte de suas terras. Embora áreas consideráveis mudassem de dono durante a Revolução, a estrutura da posse da terra permaneceu a mesma, em grande medida; os ricos enriqueceram ainda mais, e os pequenos camponeses consolidaram suas propriedades graças à abolição das taxas feudais. O capitalismo industrial ainda crescia a passo de tartaruga.[8] Na esfera política, em contraste, quase tudo mudou. Milhares de homens e até muitas mulheres adquiriram experiência direta na arena política: falavam, ouviam e liam de novas maneiras, votavam, filiavam-se a novas organizações e faziam manifestações por seus objetivos políticos. A Revolução tornou-se uma tradição, e o republicanismo, uma opção duradoura. Depois dela, os reis não poderiam governar sem um corpo legislativo, e a dominação dos assuntos públicos por nobres só provocaria mais revolução. Em conseqüência, a França no século XIX possuiu a organização política mais burguesa da Europa, embora nunca chegasse a ser a principal potência industrial. Assim, o que requer explicação não é o surgimento de um novo modo de produção ou modernização econômica, mas o aparecimento da cultura política da revolução.

A invenção de uma nova cultura política exigiu uma abertura, um espaço para manobra. Nenhum governo alternativo estava tomando forma antes de 1789; não havia nenhum partido revolucionário secreto, nenhuma organização política de massa. As idéias sobre republicanismo, virtude, transparência e até democracia estavam em circulação graças aos *philosophes* e ao movimento pela independência americano. Mas ninguém agiu com base nessas idéias antes de a monarquia começar a desmoronar.[9] Neste aspecto, é interessante o modelo da modernização política, e em especial a análise de Skocpol.[10] A monarquia francesa desintegrou-se porque não pôde pagar a conta da competição com a Inglaterra. A guerra americana era cara, e a Coroa fez dívidas colossais. Porém mais importante foi o fato de que seus credores então exigiram maior participação política para as classes superiores. O resultado foi a convocação dos Estados Gerais. Mas essa abertura original não foi, em última instância, econômica. As dívidas, em si, não eram um obstáculo intransponível; o Estado inglês fizera empréstimos ainda mais vultosos. A abertura foi criada, na verdade, por um colapso da cultura política do Antigo Regime; financistas enobrecidos, magistrados da corte e oficiais do exército exigiram mudanças fundamentais na organização política, e suas reivindicações "políticas" desencadearam uma espiral progressiva de eventos.

O colapso da monarquia diante da "revolução aristocrática" foi apenas o primeiro ato. O que distinguiu a Revolução Francesa da Guerra da Independência americana e da Guerra Civil inglesa na década de 1640 foi a intensidade da competição na elite do Antigo Regime. Nos dois eventos prévios, o colapso do governo abriu a possibilidade de conflito político, social e cultural, mas essa abertura não foi institucionalizada. A elite política na Inglaterra e nos Estados Unidos reconheceu logo os perigos da democracia e da mobilização popular e cerrou fileiras para defender o predomínio dos proprietários (e, no caso americano, dos escravocratas). Tocqueville reconheceu a importância do impulso democrático na França e atribuiu seu poder a uma combinação de fatores políticos, sociais e psicológicos. Em reação ao êxito da Coroa na privação dos nobres de toda a responsabilidade política, a nobreza fez questão de defender quanto pôde seus privilégios sociais, e a burguesia, à medida que adquiriu mais características de casta, também passou a preocupar-se em manter as barreiras contra as classes inferiores.[11] Em conseqüência, o desejo de nivelação social foi particularmente intenso; quase todo grupo tinha alguma razão de ressentimento contra outros grupos na sociedade francesa.

Apesar de todas as sutilezas, a interpretação de Tocqueville não dá o devido destaque a dois elementos essenciais na situação francesa. Embora os nobres houvessem perdido suas funções "aristocráticas" de paternalismo social e responsabilidade política, ainda eram suficientemente fortes e estavam tenazmente decididos a impedir que o Terceiro Estado controlasse os fatídicos Estados Gerais. Sua resistência como ordem, e não sua fraqueza, engendrou diretamente o avanço constitucional do Terceiro Estado: a invenção da Assembléia Nacional como um corpo de cidadãos individuais, e não como "ordens" ou estados. Confrontando-se com os exércitos da Coroa, que haviam sido postos a serviço da resistência da nobreza, o Terceiro Estado encontrou apoio nas classes inferiores mobilizadas da cidade e do campo. Portanto, os nobres foram mais fortes e coesos, e o Terceiro Estado esteve mais disposto a transpor barreiras sociais do que Tocqueville imaginou.

Assim como a competição entre a Coroa e a nobreza, e depois entre os nobres e o Terceiro Estado, abriu espaço político em 1789, a competição no Terceiro Estado continuou acelerando o ritmo da mobilização política de 1789 a 1794. O espaço para a política popular cresceu depressa, e as organizações políticas populares (comitês secionais, clubes populares, até mesmo a guarda reorganizada e unidades armadas) tornaram-se uma importante força na arena política. Embora muitos líderes burgueses estivessem preocupados principalmente em estabelecer uma estrutura jurídica e política para os direitos individuais (incluindo direitos de propriedade), muitos outros davam prioridade aos requisitos de uma nova comunidade nacional.[12] Adotavam a retórica da inovação, regeneração e virtude. A competição entre dois lados — entre *feuillants* e jacobinos, entre girondinos e jacobinos e mesmo, mais tarde, entre diretoriais e jacobinos — manteve a possibilidade da mobilização popular e da ação política coletiva organizada. Os anos de experimentação com a organização política popular, nos quais os protestos por comida foram substituídos por manifestações políticas mais ou menos organizadas, impeliram a França para além dos limites da atividade política do início da era moderna. O experimento continuou enquanto a elite política ficou dividida. É bem verdade que também existiam clubes jacobinos e sociedades populares na Inglaterra e nos Estados Unidos nessa época, porém nunca foram oficialmente incentivados, e a maioria deles foi alvo de repressão do governo. Sua abertura era muito estreita, pois não contavam com o apoio explícito de nenhum segmento da elite dirigente.

Tocqueville percebeu melhor do que ninguém a necessidade de procurar as origens da Revolução nas singularidades da cultura política francesa antes de 1789. Examinou as ligações entre idéias, relações sociais, psicologia social e política para explicar como a Revolução pôde ter sido "tão inevitável e no entanto tão completamente imprevista".[13] Em cada ponto crítico, Tocqueville ressaltou não a estrutura social ou a política em si, mas as interações entre desígnios políticos, relações sociais, ambições intelectuais e até mesmo a psicologia popular. Entretanto, ele não teve o mesmo êxito ao explicar por que a Revolução, depois de começada, seguiu o rumo que seguiu. O republicanismo democrático, o Terror e o socialismo, por exemplo, não decorrem inexoravelmente das tensões manifestas na cultura política francesa *antes de 1789*. As fraquezas estruturais da cultura política do Antigo Regime favoreceram os tipos de divisão na elite que permitiram que novas formas e princípios políticos se desenvolvessem mais livremente do que em outros lugares. Contudo, uma vez postos em ação, essas formas e princípios foram moldados por sua inclusão em uma nova cultura política, ou seja, pela retórica, os símbolos e as práticas da nova classe política. Terror e socialismo não foram mais inevitáveis que conservadorismo e autoritarismo.

Os historiadores sempre discutem os verdadeiros inícios e términos da experiência revolucionária, e isso já acontecia na década de 1790. Analisando da perspectiva do longo prazo, três vertentes da cultura política francesa estavam em formação durante a Revolução: republicanismo democrático, socialismo e autoritarismo. As três afastaram-se do modelo realista tradicional de modos significativos. Enfatizei a primeira vertente em parte porque o republicanismo democrático tem tido pouco relevo nas interpretações gerais da Revolução. Os marxistas geralmente ressaltam a progressão da democracia para o Terror e depois para o socialismo, ao passo que os teóricos da modernização, incluindo Tocqueville, destacam a progressão da democracia para o Terror e a seguir para o autoritarismo. Ambos os resultados estiveram inquestionavelmente presentes, porém o mesmo vale para a contínua força do republicanismo democrático. Além disso, em muitos aspectos o republicanismo democrático foi o mais importante resultado da Revolução, em seu impacto imediato e em sua influência de longo prazo.

Todos os três resultados podem ser derivados de algum modo dos princípios da retórica revolucionária e das tensões implícitas na prática política revolucionária. Democracia, Terror, socialismo e autoritarismo foram, todos, possibilitados pela expansão do espaço político e da participação organizada das classes populares.

O Terror era impensável sem a experiência prévia da democracia; foi o lado disciplinador da comunidade democrática, invocado em hora de emergência e justificado pelas necessidades de virtude e defesa da nação. O governo usou o Terror para obter o controle do movimento popular, mas sem o movimento popular não teria havido demanda pelo Terror.

O socialismo revolucionário, em suas origens, foi uma possível lição aprendida com os fracassos do Terror e do republicanismo democrático. Na concepção de Babeuf e seus seguidores em 1796, só seria possível chegar à verdadeira democracia e igualdade por meio de mais uma insurreição, esta *secretamente* organizada por uma "Conspiração dos Iguais".[14] Sua doutrina do comunismo agrário primitivo derivava de fontes iluministas, mas eles lhe acrescentaram uma dimensão inédita de insurreição e ditadura popular que exerceu considerável influência no século XIX. O autoritarismo foi outro tipo de lição aprendida com a institucionalização da mobilização popular; Bonaparte substituiu as eleições por plebiscitos, proibiu os clubes e expandiu o serviço militar. Manteve o princípio da soberania popular, mas fez de si mesmo o único agente político real, removendo assim a perigosa imprevisibilidade da mobilização popular organizada.

Embora seja interessante e importante o fato de a Revolução ter favorecido o surgimento das primeiras idéias socialistas e até protoleninistas de ação revolucionária, não se pode dizer que o socialismo tenha desempenhado um papel organizacional ou ideológico importante na própria Revolução. Babeuf tinha apenas uns poucos seguidores, e a maioria deles não preconizava nenhuma espécie de comunismo, estando mais interessada na metade insurrecional da "Conspiração". Assim que os conspiradores foram traídos, o governo diretorial tratou de prender os líderes. O julgamento subseqüente deu a Babeuf mais publicidade do que ele poderia ter esperado. Como concluiu um historiador, "as tentativas do governo para invocar um 'perigo vermelho' pareciam patéticas quando aplicadas àquele punhado de sonhadores incompetentes".[15]

O resultado do autoritarismo, por sua vez, nada teve de quimérico, e requer explicação. Considerando os pontos fortes e a persistência do republicanismo democrático, como foi possível a ascensão de Bonaparte? O governo autoritário foi apenas mais um desdobramento do republicanismo democrático (afinal, seguiu-se a ele cronologicamente), ou foi um fenômeno totalmente distinto? De modo mais geral, como se explica a fraqueza da tradição parlamentar liberal na França? O regime de Bonaparte suscitou quase tantas interpretações diferentes quanto a década de revolução que precedeu sua chegada ao poder, mas não cabe aqui um exame dessa história. Entretanto, a tomada do poder por Napoleão tem de ser incluída em qualquer análise da década revolucionária, pois lança luz sobre as deficiências do republicanismo democrático no curto prazo.

Em alguns aspectos, o golpe de Bonaparte em 1799 não marcou uma ruptura drástica. O regime do Diretório já vira dois, ou talvez três golpes, dependendo da definição usada, e um deles (em 1797, contra a direita) fora executado sob os auspícios de um general amigo.[16] O novo regime foi chamado de república, e Napoleão ressaltou sua lealdade aos princípios revolucionários. Em sua primeira proclamação, declarou: "Recuso-me a ser um homem de espírito partidário". Garantiu à nação francesa que "as idéias conservadoras, tutelares e liberais recobrariam seus direitos com a dispersão dos facciosos que estavam oprimindo os conselhos".[17] Nos primeiros meses, até nos primeiros anos do novo regime, a ambigüidade de intenções (ao mesmo tempo conservadoras, tutelares e liberais) foi cultivada deliberadamente a fim de agradar ao maior número possível de grupos.

Considerando o tumulto da década precedente, a ascensão de

Bonaparte ao recém-formado Consulado pode parecer quase previsível. As linhas principais da história são bem conhecidas. Depois de 1796 o governo diretorial adotou uma *politique de bascule* ("política de gangorra"): sempre que o centro não conseguia ser maioria em uma eleição, o corpo executivo de cinco homens organizava expurgos legislativos contra a direita ou a esquerda nos conselhos. Instabilidade na legislatura, alta abstenção do eleitorado, Constituição inflexível e contínua agitação nas províncias em torno da posição da Igreja Católica, da inflação e do alistamento militar eram compensados notavelmente pelo êxito dos exércitos franceses na Itália e nos Estados alemães. Os generais, em especial Napoleão Bonaparte, exploravam as incertezas da situação interna para obter praticamente a autonomia no campo de batalha. À medida que declinou o prestígio do sistema representativo, aumentou o dos generais, e com isso se preparou o cenário para a participação de Napoleão no célebre golpe de 18 brumário, ano VIII (ver ilustração 18).

Vista desse ângulo, a contínua competição no Terceiro Estado revelou-se fatal às perspectivas do governo representativo liberal. Assim, a própria condição que permitiu o florescimento de organizações populares também solapou a república liberal. Divisões fundamentais na classe política não facilitaram a estabilização do governo. No entanto, esse argumento não é totalmente satisfatório, pois desconsidera um fator importante: durante o próprio golpe, Bonaparte quase fracassou devido à sua impetuosidade.[18] Se seu irmão Lucien, que era presidente do Conselho dos Quinhentos, não interviesse e convencesse os soldados que cercavam a sala da assembléia a agir, *o jogo poderia ter sido perdido*. E assim mesmo o golpe poderia ter malogrado se os deputados houvessem sido capazes de organizar a resistência. Depois de sete anos de república representativa, que sobreviveu a despeito das divisões na classe política e de alterações na Constituição, o republicanismo ruiu por dentro. Os poucos brados de "Abaixo o ditador!" em Saint Cloud ficaram sem resposta.

Em última análise, o êxito da solução autoritária em 1799 foi possibilitado pela fraqueza da cultura política revolucionária. Protestos por comida e contra o alistamento militar, batalhas por religião e expurgos na legislatura, tudo isso já acontecera, mas a República resistira. A crise de 1793 foi, em quase todos os aspectos, mais crítica do que a de 1799: a guerra acabara de alastrar-se para várias frentes, os exércitos da República não haviam sido postos à prova, a mobilização popular estava no auge, a descristianização estava alienando boa parte da população, o rei acabara de ser executado e o governo vinha atuando sem planejamento. Não foram as circunstâncias da crise que derrubaram a República em 1799.

Algumas das fraquezas da cultura política revolucionária estiveram presentes desde o início. A principal foi a recusa retórica da política partidária. Os políticos diretoriais mantiveram o princípio do governo representativo; eleições nacionais foram realizadas *todo ano*, e o direito de voto foi amplo. Mas o governo não organizou um partido de centro e não admitiu que se desenvolvesse nenhuma oposição organizada.[19] Como afirmou o diretor La Revellière-Lépeaux, "era melhor morrer com honra defendendo a República e seu governo estabelecido do que perecer ou até mesmo viver na imundície dos partidos e dos joguetes dos facciosos".[20] A política liberal, a política como representação de interesses, não pôde desenvolver-se nessa moldura retórica. O centro só conseguiu manter o controle manipulando a balança do Legislativo, ou seja, expurgando seus oponentes quando estes eram eleitos. Bonaparte aproveitou-se do subseqüente descrédito da política legislativa e justificou sua própria ascensão com os mesmos princípios da retórica revolucionária; postou-se acima de partidos e facções e prometeu livrar o país de tais maquinações políticas inconvenien-

18. BONAPARTE NO CONSELHO DOS QUINHENTOS NO 18 BRUMÁRIO

Esta gravura representa o suposto atentado contra o general Bonaparte nas câmaras do Conselho em Saint Cloud em 9 de novembro de 1799. Vários deputados estão tentando fazer com que ele seja declarado fora-da-lei. Por fim, o irmão de Napoleão, Lucien, salvou a situação, e o golpe foi bem-sucedido apesar de Napoleão quase ter posto tudo a perder.
(Foto do Cabinet des Estampes, cedida pela Bibliothèque Nationale)

tes. Assim, a política liberal foi tolhida desde o princípio; Napoleão levou o processo um passo adiante e praticamente eliminou a política eleitoral.

Bonaparte usou de forma semelhante a simbólica da política revolucionária. Percebeu melhor do que ninguém o poder dos símbolos e, nos primeiros meses e até anos de seu governo, continuou a empregar os símbolos mais sagrados para os republicanos. Era o protetor de Marianne. Como declarava seu selo (ver ilustração 19), ele falava pelo povo francês (*au nom du peuple français*). Ele garantia a República (ver ilustração 20), mesmo enquanto a marcava com sua própria imagem. Por fim, substituiu totalmente Marianne (ver ilustração 21) e se tornou, ele próprio, a personificação da nação francesa; seu perfil adornava a moeda e o selo do Império, como outrora os reis haviam adornado os da monarquia.[21] As tensões embutidas nas imagens revolucionárias facilitaram muito a tarefa de Napoleão; sob o Diretório, o povo não era mais diretamente representado em imagens, e Marianne tornara-se um símbolo mais distante e menos ativo. Napoleão pôde conservar a figura de Marianne, o nome da República e dar ao povo novamente uma voz, a dele próprio. O impulso revolucionário de simbolizar e formular a política por meio de símbolos também foi muito conveniente para Bonaparte; era quase possível desconsiderar o esvaziamento do conteúdo político. Era difícil intensificar protestos contra o revivescimento da oligarquia e o fim da participação das massas quando os símbolos da Revolução haviam sido apropriados pelo novo "movimento moral e constitucional".[22]

No entanto, o atrativo do autoritarismo não era simplesmente retórico e simbólico. Bonaparte foi bem-sucedido não tanto porque contasse com um eleitorado numeroso (como prova sua rápida queda em 1814 e novamente em 1815), mas porque os eleitorados de sua potencial oposição eram muito limitados. A retórica e as imagens da revolução radical não tinham apelo universal,

19. SELO DE NAPOLEÃO COMO CÔNSUL
(*Foto cedida pelos Archives nationales*)

20. MOEDA DE CINCO CÊNTIMOS DO ANO XIII
Baseada na reprodução em P. Ciani, Les Monnaies françaises de la Révolution à la fin du premier empire, 1789 à 1815 (*Paris, 1931*), *p. 143*
(*Fotografado por Library Photographic Services, University of California, Berkeley*)

21. SELO DE NAPOLEÃO COMO IMPERADOR
(*Foto cedida pelos Archives nationales*)

apesar de seu conteúdo nacionalizante, racionalista e universalista. A experiência de 1792-9 mostrou que o republicanismo democrático não estava nem um pouco arraigado; o aprendizado apenas começara. Um movimento que tinha mais êxito na periferia, em regiões rurais pobres, analfabetas e distantes da capital, teria dificuldade para manter seu predomínio em âmbito nacional. Assim que os militantes de Paris e os principais deputados jacobinos foram presos e executados ou perseguidos e silenciados, o republicanismo democrático pôs-se na defensiva em toda parte. A maioria das cidades e as regiões mais modernas do país já haviam mudado para a direita em 1799; Bonaparte só precisou generalizar esse resultado. Um movimento que agradara a forasteiros, minorias, imigrantes e intermediários encontrou dificuldade para vencer a resistência dos que davam as cartas, de seus clientes e de todos os que se sentiam ameaçados pelo surgimento de uma nova ordem. Bonaparte prometeu um amálgama do velho e do novo e assim, por algum tempo, tranqüilizou a todos, com exceção dos mais convictos defensores do republicanismo democrático.

Ao mesmo tempo, o sucesso de Bonaparte revelou a fraqueza do realismo na França. O republicanismo ganhara adeptos suficientes para conseguir um retorno ao *status quo ante* impossível em 1799. A monarquia no modelo absolutista era inaceitável. E foi só depois de muitos anos adicionais de guerra, da derrota final, do revivescimento da aristocracia sob novo nome e da pressão da intervenção estrangeira que se tornou possível algum tipo de monarquia na França. Mesmo então, seu domínio foi breve. A classe política revolucionária — os milhares de comerciantes, advogados, médicos, artesãos e lojistas que haviam vivenciado as frustrações e oportunidades dos cargos oficiais e da participação — não estava disposta a reverter aos velhos tempos. Eles haviam ingressado em uma nova era, e eram muito numerosos para ser menosprezados.

Acima de tudo, porém, Bonaparte beneficiou-se da dissolução do centro político na França. Em 1799 o jacobinismo fora restrito à periferia do país e da legislatura.[23] O realismo, apesar de um breve ressurgimento em 1797, da contínua agitação no Oeste e das manifestações periódicas nas cidades, também fora contido. Toda invasão de inspiração realista fora um tremendo fracasso. A principal mudança após 1797 ocorreu no seio da maioria na legislatura. Em conseqüência da resistência por princípio à formação de partidos (mesmo de um partido do governo) e dos decorrentes expurgos no corpo legislativo, os conselhos diretoriais ficaram com uma combinação letal de novos homens com convicções republicanas fracas e veteranos parlamentares obcecados em impedir uma guinada da República para a esquerda. No ano VII (1799), apenas 12% dos deputados haviam sido membros da Convenção, e só 5% tinham sido regicidas. Somente 16% já haviam participado do corpo legislativo antes de 1795; mais de metade dos deputados escolhidos em 1799 foram eleitos pela primeira vez naquele ano. Sem experiência na política nacional, esses homens foram particularmente suscetíveis às idéias de Sieyès e outros "revisionistas". Houve poucos deputados dispostos a arriscar a vida para defender a República.

A importância do centro pode ser vista claramente na composição da "elite brumariana". Em um estudo de 498 membros da cúpula do governo do consulado (ocupantes de cargos no ano VIII, logo depois do golpe de Napoleão), Werner Giesselmann constatou que 77% deles haviam sido deputados sob o Diretório (83% tinham sido deputados em algum momento desde 1789).[24] Um grande número deles foi eleito pela primeira vez em 1798 (15% de todo o grupo) ou 1799 (16%). Assim, a tendência à participação de recém-chegados refletida nos conselhos diretoriais como um todo teve impacto direto sobre a situação política: os recém-chegados não deixaram simplesmente de resistir à mudança de regime; participaram diretamente da condução do novo. Houve, portanto, considerável continuidade no regime diretorial, mas uma continuidade em particular com a direita e o centro; como conclui Giesselmann, o golpe "eliminou a minoria jacobina de tendências esquerdistas da receptiva elite diretorial". No interesse da "autoridade burguesa", impediu-se todo experimento adicional com a democracia.[25] O núcleo da elite napoleônica compôs-se de republicanos desiludidos que preferiram uma modernização estabilizadora às comoções e incertezas da participação política generalizada.

Essa mesma conclusão pode ser tirada do exame do pequeno grupo de deputados participantes da comissão que preparou a verdadeira transição para o governo do Consulado (ver Apêndice A, em PROBON). Em contraste com os 59 supostos jacobinos que foram presos na época (ver Apêndice A, em ANTBON), os bonapartistas provinham de departamentos urbanizados (r = 0,41) com altas taxas de alfabetização (r = 0,30) e grande riqueza (imposto territorial r = 0,31; outros tributos r = 0,52). É interessante notar que também tendiam a provir de departamentos nos quais a direita, a esquerda ou ambas haviam sido fortes anteriormente; a presença de membros da comissão na delegação de um departamento apresentou correlação positiva com o êxito da direita em 1797 (r = 0,35) e com o da esquerda em 1798 (r = 0,24).[26] Em outras palavras, os bonapartistas provinham de departamentos onde anteriormente haviam sido anuladas eleições; eram produtos da *politique de bascule* do Diretório. A oposição jacobina não mostrou nenhuma dessas características.

A análise da elite napoleônica apresentada por Giesselmann mostra que o golpe realmente marcou um novo afastamento. Embora muitos dos líderes do novo regime houvessem sido revolucionários e republicanos de uma linha ou outra, sua reconstituição como a elite da nova ordem teve conseqüências abrangentes. Eles excluíram a esquerda da classe política, tiraram a democracia do republicanismo e, por um sistema de cooptação, ajudaram a abrir caminho para a reintegração da antiga nobreza a uma oligarquia de notáveis.[27] O governo de notáveis visto "em formação" em 1789 pelos historiadores "revisionistas" só se concretizou sob os auspícios do autoritarismo. Neste sentido, os verdadeiros herdeiros da monarquia modernizadora foram Napoleão e seus seguidores. Eles tinham ligações com o republicanismo da década da Revolução, mas representaram apenas um tipo de involução da idéia original.

Capitalismo, socialismo, governo de notáveis, Estado central forte, republicanismo democrático — todos esses foram, em certo sentido, resultados da Revolução Francesa, pois todos decorreram dela de algum modo. No cerne da experiência revolucionária esteve o último destes desdobramentos, apesar de novo e imprevisto, e a despeito de seus fracassos e fraquezas. O republicanismo democrático não foi causado diretamente por um choque de modos de produção, por uma crise de mobilidade social ou pela difusão dos ideais iluministas. Essas tensões e conflitos econômicos, sociais e intelectuais estavam presentes desde meados do século XVIII. As origens do republicanismo democrático e revolucionário têm de ser buscadas na cultura política, onde todos os elementos da organização política se juntam. O republicanismo democrático foi possibilitado por contradições na cultura política do Antigo Regime, mas só se configurou definitivamente em meio à Revolução quando ganhou voz e forma dadas por uma nova classe política que foi, ela própria, moldada por suas respostas a novas idéias e a novos símbolos. O republicanismo democrático e revolucionário na França não levou diretamente ao capitalismo, socialismo, governo de notáveis ou Estado central forte. Monarquias e impérios favoreceram o capitalismo, o governo de notáveis e os Estados centrais fortes no século XIX, e o republicanismo radical seguiu competindo com o socialismo por votos e lealdades século XX adentro. O republicanismo democrático possuiu seus próprios legados e tradições, muitos deles bem distintos.

O fato de o republicanismo democrático surgir primeiro e com mais intensidade no contexto da Revolução na França teve conseqüências importantes para o desenvolvimento político francês nos séculos XIX e XX. Tanto os proponentes como os oponentes do republicanismo associaram-no à ação revolucionária. Em conseqüência, a "transição" para o governo republicano sempre foi abrupta e difícil. O republicanismo não foi apenas mais uma opção política entre muitas. Indicou profunda comoção, despertando memórias de grandes conflitos e divisões. A Revolução, neste sentido, dificultou mais a chegada a um governo republicano e representativo. Também deu ao republicanismo filiações duradouras com movimentos socialistas e comunistas, mesmo quando esses movimentos criticaram suas deficiências. O republicanismo também havia sido revolucionário; os republicanos haviam aprendido primeiro a arte da revolução. A transição para o republicanismo só veio a ser finalmente bem-sucedida na França quando as cidades e as regiões agrícolas mais modernas foram conquistadas pelos ideais que primeiramente haviam atraído a periferia menos moderna. Contudo, até hoje, a esquerda democrática com freqüência tem mais êxito nos mesmos tipos de região, quando não nos mesmos lugares, onde era bem-sucedida na década de 1790. O socialismo francês sob a Quinta República ainda possui fortes ligações com o republicanismo da Primeira.

Embora a Revolução Francesa tivesse inquestionável importância como modelo de política revolucionária, suas origens, resultados e a natureza de sua experiência foram distintamente franceses. Ironicamente, boa parte de sua originalidade derivou da convicção dos revolucionários de que estavam transpondo os limites da experiência européia passada. Sua rejeição de referentes religiosos e pactos históricos foi, em grande medida, produto das singularidades da cultura política francesa que distinguiam os revolucionários franceses dos radicais na Inglaterra e na América. Contudo, essas mesmas particularidades os impeliram a pensar em âmbito universal e assim a ter, como reconheceu Tocqueville, um impacto messiânico.[28] A crença anglo-americana no direito consuetudinário, no precedente e talvez até no puritanismo fez com que o radicalismo anglo-americano fosse menos generalizável.

A Revolução ainda hoje nos fascina porque gerou muitas características essenciais da política moderna. Não foi apenas um exemplo da violência e instabilidade causadas pela modernização, ou um passo essencial no caminho para o capitalismo, ou um elo no nascimento do totalitarismo, embora se possa considerar que tenha contribuído para tudo isso. Mais essencialmente, a Revolução foi o momento no qual se descobriu a política como uma atividade imensamente poderosa, como um agente para a mudança consciente, um molde para o caráter, a cultura e as relações sociais. Dessa descoberta podemos extrair conclusões diferentes, e estas foram muitas. Apesar de abominar o lado "sombrio e sinistro" dessa experiência, Tocqueville concluiu: "Portanto os franceses são ao mesmo tempo a mais brilhante e a mais perigosa de todas as nações européias, e a mais bem qualificada para tornar-se, aos olhos de outros povos, objeto de admiração, de ódio, de compaixão ou de alarme — nunca de indiferença".[29]

Apêndice A:

Matriz de correlação de variáveis políticas, econômicas e demográficas selecionadas

	URB 1806	TOTLIT	TERPER	EMIPER	ANTI93	DEATH	GIRONDE
URB1806	1,000	0,007	0,263	0,267	-0,218	0,188	0,151
TOTLIT	0,007	1,000	-0,179	-0,010	-0,112	-0,210	0,107
TERPER	0,263	-0,179	1,000	0,039	-0,048	0,091	0,067
EMIPER	0,267	-0,010	0,039	1,000	-0,136	0,154	-0,075
ANTI93	-0,218	-0,112	-0,048	-0,136	1,000	-0,257	0,213
DEATH	0,188	-0,210	0,091	0,154	-0,257	1,000	-0,351
GIRONDE	0,151	0,107	0,067	-0,075	0,213	-0,351	1,000
FRUCTI	0,641	0,023	0,263	-0,033	-0,088	0,143	0,229
FLOR	0,411	-0,096	0,158	-0,075	-0,035	0,218	0,055
ANTBON	0,172	-0,075	0,213	0,177	-0,058	0,128	0,121
PROBON	0,414	0,299	0,073	-0,164	-0,167	-0,142	0,127
PCFONC	0,279	0,301	-0,007	-0,097	-0,214	0,106	0,074
PCOTHR	0,653	0,131	0,257	-0,078	-0,156	0,158	0,123
AGPROD	-0,102	-0,052	0,050	-0,187	-0,093	0,049	0,218
OATH	0,009	0,064	-0,227	-0,263	-0,033	-0,044	-0,041
POP98	0,355	0,149	0,262	-0,061	-0,127	0,086	0,360
DENSITY	0,661	0,248	0,291	-0,020	-0,095	0,173	0,012
PROTPOP	0,105	0,014	-0,027	-0,131	0,218	-0,217	-0,022
MASONIC	0,463	0,053	0,153	0,183	-0,067	0,037	0,410
ACADEMY	0,326	0,218	0,042	-0,082	-0,175	-0,004	0,308
MARINERS	0,194	-0,176	0,288	0,096	0,096	-0,110	0,356
PCTACTIFS	0,113	-0,066	-0,132	0,076	0,071	0,201	-0,142
DISTPAR	-0,042	-0,395	-0,085	0,169	0,298	-0,091	-0,033
AGYIELD	0,585	0,367	0,160	0,075	-0,254	0,132	0,282

FRUCTI	FLOR	ANTBON	PROBON	PCFONC	PCOTHR	AGPROD	OATH
0,641	0,411	0,172	0,414	0,279	0,653	-0,102	0,009
0,023	-0,096	-0,075	0,299	0,301	0,131	-0,052	0,064
0,263	0,158	0,213	0,073	-0,007	0,257	0,050	-0,227
-0,033	-0,075	0,177	-0,164	-0,097	-0,078	-0,187	-0,263
-0,088	-0,035	-0,058	-0,167	-0,214	-0,156	-0,093	-0,033
0,143	0,218	0,128	-0,142	0,106	0,158	0,049	-0,044
0,229	0,055	0,121	0,127	0,074	0,123	0,218	-0,041
1,000	0,459	0,028	0,350	0,320	0,645	-0,187	0,085
0,459	1,000	-0,131	0,243	0,167	0,433	-0,057	0,033
0,028	-0,131	1,000	-0,136	-0,157	-0,088	0,171	-0,234
0,350	0,243	-0,136	1,000	0,301	0,518	0,182	0,132
0,320	0,167	-0,157	0,301	1,000	0,741	0,273	0,338
0,645	0,433	-0,088	0,518	0,741	1,000	-0,007	0,213
-0,187	-0,057	0,171	0,182	0,273	-0,007	1,000	-0,092
0,085	0,033	-0,234	0,132	0,338	0,213	-0,092	1,000
0,331	0,328	0,237	0,369	0,127	0,320	0,381	-0,325
0,643	0,487	-0,044	0,483	0,304	0,812	-0,236	0,013
0,088	-0,036	-0,102	0,131	-0,036	-0,016	-0,067	-0,033
0,226	0,158	0,370	0,198	0,173	0,130	0,404	-0,165
0,193	0,070	0,149	0,290	0,187	0,217	0,265	-0,088
0,057	-0,140	0,302	0,116	-0,272	-0,045	0,214	-0,250
0,007	-0,018	0,038	-0,098	0,219	0,077	-0,147	0,372
-0,210	-0,101	0,206	-0,221	-0,569	-0,393	-0,155	-0,164
0,457	0,352	0,170	0,503	0,461	0,644	0,199	-0,120

Fontes: URB1806 = Porcentagem da população do departamento em cidades com mais de 2 mil habitantes em 1806, segundo informado em resposta a uma solicitação ministerial de 1809 (os mais confiáveis e completos dados disponíveis para o período revolucionário). René Le Mée, "Population agglomérée, population éparse au début du dix-neuvième siècle", *Annales de démographie historique*, 1971, pp. 455-510. Os números de Le Mée têm correlação muito alta (r = 0,81) com os apresentados para 1798 em Marcel Reinhard, *Etude de la population pendant la Révolution et l'Empire*, Gap, 1961, pp. 48-9.

TOTLIT = Média de alfabetizados para homens e mulheres combinados, de 1786-90. Michel Fleury e Pierre Valmary, "Le progrès de l'instruction élémentaire de Louis XIV à Napoléon III, d'après l'enquête de Louis Maggiolo (1877-1879)", *Population* 12, 1957, pp. 71-92.

TERPER = Taxa de sentenças de morte durante o Terror por 100 mil habitantes. Dados para sentenças de morte em Donald Greer, *The incidence of the Terror during the French Revolution*, Cambridge, Mass., 1935, pp. 145-7. Dados para população departamental, ver POP98 na p. 278.

EMIPER = Taxa de emigração por 100 mil habitantes. Números de emigrados em Donald Greer, *The incidence of the emigration during the French Revolution*, Gloucester, Mass., 1966, pp. 109-11. População departamental de POP98 na p. 278.

ANTI93 = Soma de votos "não" e "sim condicional" dividida pelo total de votos no plebiscito para a Constituição de 1793. Totais de votos em René Baticle, "Le Plébiscite sur la constitution de 1793", *La Révolution française* 58, 1910, pp. 5-30, 117-55, 193-237, 385-410.

DEATH = Variável composta baseada em Alison Patrick, *The men of the First French Republic*, Baltimore, 1972, pp. 317-39. Os votos em favor da sentença de morte equivalem à proporção entre os votos "radicais" e o número de deputados elegíveis para votar nas três votações decisivas: contra o *appel au peuple*, em favor da sentença de morte e contra a comutação da sentença.

GIRONDE = Número de deputados girondinos em M. J. Sydenham, *The Girondins*, Londres, 1961, pp. 222-6.

FRUCTI = Proporção da delegação departamental sentenciada à deportação no golpe de 19 frutidor, ano V. Lista extraída de *Réimpression de l'Ancien Moniteur* 28, p. 1419 (24 frutidor, ano V). Na contagem incluem-se 53 deputados dos conselhos e o diretor Carnot, ex-deputado.

FLOR = Proporção de membros da delegação departamental excluídos como supostos jacobinos no golpe de 22 floreal, ano VI. Na contagem incluem-se 84 homens arrolados como jacobinos em Jean-René Suratteau, *Les elections de l'an VI et le "coup d'état du 22 floréal"* [*11 mai 1798*], Paris, 1971, pp. 370-82.

ANTBON = proporção da delegação departamental excluída do Conselho dos Quinhentos como supostos jacobinos após o golpe de 18 brumário, ano VIII. Foram arrolados como excluídos 59 deputados em *Réimpression de l'Ancien Moniteur* 31, p. 200 (21 brumário, ano VIII).

PROBON = Proporção da delegação departamental escolhida para a "Comissão Intermediária" que preparou a Constituição para o Consulado. Os cinqüenta deputados escolhidos foram arrolados em *ibid*.

PCFONC = *Contribution foncière per capita* de 1791 em P. E. Herbin de Halle (ed.), *Statistique générale et particulière de la France et des ses colonies*, Paris, 1803, v. 2, pp. 390-7. Dados divididos por POP98 abaixo. O imposto *foncière* era cobrado sobre a renda líquida de propriedades. Os totais departamentais foram determinados pela Assembléia Nacional com base nos impostos avaliados nos últimos anos do Antigo Regime; por isso, têm valor apenas aproximado.

PCOTHR = *Contribution personelle et mobilière per capita* para 1791-2 em Maurice Minoret, *La contribution personelle et mobilière pendant la Révolution*, Paris, 1900, pp. 709-10. Dividido por POP98 abaixo. Esse tributo foi avaliado com base em indicadores externos de riqueza: criados, cavalos e mulas, carruagens e aluguéis pagos por imóveis. Os totais departamentais foram avaliados pela Assembléia Nacional da mesma maneira que PCFONC acima.

AGPROD = Variável composta baseada na área em acres cultivada com grãos, vinho, carne e lã em 1812, que mede a área em acres de terras dedicadas à agricultura, em Thomas D. Beck, *French legislators, 1800-1834: a study in quantitative history*, Berkeley, 1974, pp. 154-7.

OATH = Porcentagem de clérigos que fizeram o juramento em 1791. Dados fornecidos por Timothy Tackett. Esses números têm alta correlação (0,82) com os resultados apresentados por Michel Vovelle em *Religion et Révolution: La déchristianisation de l'an II*, Paris, 1976, p. 63.

POP98 = População departamental em 1798, em Reinhard, *Etude*, pp. 48-9.

DENSITY = POP98 dividida pela área da superfície, segundo informado em *ibid.*

PROTPOP = Número de protestantes divididos por POP98, em Emile G. Léonard, *Le Protestant français*, Paris, 1955, p. 21. Dados provinciais para aproximadamente 1760, convertidos em taxas departamentais dividindo-se pelo número de departamentos na província.

MASONIC = Número de lojas maçônicas em Alain Le Bihan, *Loges et chapitres de la Grande Loge et du Grand Orient de France*, Paris, 1967.

ACADEMY = Variável dummy para distinção entre departamentos possuidores e não possuidores de uma academia provincial, em Daniel Roche, "Millieux académiques provinciaux et société des lumières", em G. Bollème et al., *Livre et société dans la France du XVIIIe siècle*, Paris, 1965, v. 1, p. 95.

MARINERS = População marítima dividida por POP98, em Jacques Peuchet, *Statistique élémentaire de la France*, Paris, 1805, pp. 253-5 (dados de 1803).

PCTACTIFS = Cidadãos elegíveis para votar em 1791 divididos por POP98, em Reinhard, *Etude*, pp. 26-8.

DISTPAR = Distância em *lieus* (léguas) da cidade de Paris, em Peuchet, *Statistique*.

AGYIELD = Produção agrícola por hectare em 1812, em Beck, *French legislators*, pp. 154-7.

Nota: Os coeficientes de correlação são dados na matriz de correlação. Os resultados dos testes de significância não são informados, mas todas as correlações acima de 0,2 foram significantes ao nível de 0,05. Com exceção de TOTLIT (onde N = 76), todas as variáveis encontram-se na faixa de 81-3 para N.

Apêndice B:

Análise ocupacional dos conselheiros municipais em Amiens, Bordeaux, Nancy e Toulouse

Muitos autores afirmam que as designações ocupacionais foram vagas e variáveis durante a década revolucionária; magistrados intitulavam-se "homens da lei", comerciantes diziam-se artesãos quando lhes parecia vantajoso, e vendedores ambulantes podiam pretensiosamente apresentar-se como comerciantes (ver Alfred Cobban, *The social interpretation of the French Revolution*, Cambridge, 1964, pp. 56-5, e Martyn Lyons, *Revolution in Toulouse: an essay on provincial terrorism*, Berna, 1978, pp. 168-9). Felizmente, porém, a maioria dos homens eleitos para os conselhos municipais nessas quatro cidades grandes era muito conhecida para escapar à classificação correta, e suas designações podem ser comprovadas em várias fontes para chegar-se à classificação mais precisa.

Ainda assim, algumas das linhas demarcatórias permanecem imprecisas. O caso mais notável é a divisão entre, de um lado, comércio e manufatura, e, de outro, artesãos e lojistas. Na primeira categoria incluem-se comerciantes atacadistas, banqueiros, fabricantes, expedidores e manufatores de roupas (*fabricants*).

Apenas alguns homens se identificaram como *fabricants*, e, embora a variação da riqueza nesse grupo pudesse ser grande, os poucos que foram eleitos pagavam impostos elevados. Há casos em que é difícil determinar a diferença entre fabricantes e artesãos, ou entre comerciantes atacadistas e lojistas varejistas; por isso, os números para essas categorias devem ser considerados aproximações.

O exemplo dos *épiciers* (merceeiros) em Amiens mostra as ambigüidades envolvidas na classificação por profissão. Os registros de impostos para dois deles indicam que eram provavelmente atacadistas de secos, mas um terceiro merceeiro pagou apenas um imposto moderado, e o quarto não foi mencionado nas listas (para referência, ver abaixo). Como os dados sobre impostos são incompletos e muitos não são confiáveis, a classificação foi feita unicamente com base na ocupação. Os merceeiros eram, na maioria, lojistas de riqueza apenas moderada. Em Toulouse, por exemplo, o contrato de casamento médio para um comerciante atacadista foi avaliado em quase três vezes o de um *épicier* (Jean Sentou, *Fortunes et groupes sociaux à Toulouse sous la Révolution* [*1789-1799*]: *essai d'histoire statistique*, Toulouse, 1969, pp. 153, 294). Apesar das dificuldades de classificação, a identificação social revolucionária foi precisa o suficiente para que essas distinções sejam plausíveis.

Nas tabelas 4 a 8 foram computados apenas os prefeitos, *procureurs* e *officiers municipaux*. Nos primeiros anos da Revolução havia também notáveis em todas as municipalidades, mas eram menos importantes que os "oficiais", que eram muito numerosos. Muitas das informações sobre as eleições são incompletas, e algumas não mostram consistência de uma fonte para outra. Conseqüentemente, quando possível os resultados foram comparados em diferentes fontes. As melhores fontes foram: A. Janvier, *Livre d'or de la municipalité amiénoise*, Paris, 1893; Gaston Ducannès-Duval, *Ville de Bordeaux: Inventaire-Sommaire des Archives muni-*

cipales: *Período revolutionnaire (1789—an VIII)*, 4 v., Bordeaux, 1896-1929; Christian Pfister, *Les Assemblées électorales dans le département de la Meurthe, le district, les cantons et la ville de Nancy: procès-verbaux originaux*, Paris, 1912; e J. Mandoul, "Les Municipalités de Toulouse pendant la Révolution", *Recueil de législation de Toulouse*, 2ª ser., 2, 1906, pp. 348-409.

As informações sobre ocupação, idade, endereço, riqueza e carreiras políticas foram cotejadas em diversas fontes, que variaram de uma cidade para outra, dependendo da disponibilidade. As fontes mais essenciais foram:

Amiens
A. D., Somme 2C 703-10, Tables alphabétiques des contrats de mariage, 1749-92.
A. M., Amiens, 1G 2.11, Contribution foncière, Table alphabétique des noms, 1791.

Bordeaux
A. D., Gironde, 4L 117, Emprunt forcé, an II.
A. D., Gironde 12L 19, Société des Amis de la Constitution.

Nancy
A. D., Meurthe, 3M 1, Consulat: Listes des notabilités communales, an IX—an XII.
Charles Bernardin, *Notes pour servir à l'histoire de la Franc-maçonnerie à Nancy jusqu'en 1805*, 2 v., Nancy, 1910.

Toulouse
Almanach historique du département de la Haute-Garonne, 1791-3.
A. M., Toulouse, 1G 38-53, Contribution foncière, 1791.

Notas

PREFÁCIO À EDIÇÃO COMEMORATIVA DO 20º ANIVERSÁRIO [pp. 9-14]

1. Sobre eleições, ver Malcolm Crook, *Elections in the French Revolution: an apprenticeship in democracy, 1789-1799*. Cambridge, Cambridge University Press, 1996; S. Aberdam, S. Bianchi, R. Demeude *et al. Voter, élire pendant la Révolution française, 1789-1799: Guide pour la recherche*. Paris, Ed. du CTHS, 1999; Serge Bonin, Claude Langlois (eds.). *Atlas de la Révolution française*. 11 v., Paris, Editions de l'École des hautes études en sciences sociales, 1987-2000.

2. Registros de muitas lojas maçônicas de Bordeaux voltaram de Moscou para a França em 2000, e pude consultá-los na sede do Grand Orient em Paris. As autoridades alemãs haviam confiscado alguns dos registros de lojas maçônicas em 1940, transferindo-os para Berlim a fim de "provar" a existência de uma conspiração judaico-maçônica. Em 1945 os russos levaram-nos de Berlim para Moscou, onde foram catalogados mas ficaram inacessíveis aos pesquisadores. Outros registros maçônicos haviam sido confiscados pelo governo de Vichy na França; depois da guerra, tornaram-se parte do acervo da Bibliothèque Nationale e foram a base de minha pesquisa em fins da década de 1970 e começo dos anos 1980. Decidi não tentar uma reanálise da questão da maçonaria em Bordeaux; meus argumentos neste livro baseavam-se nos casos de Nancy e Toulouse, na época mais bem documentados, e adicionar o caso de Bordeaux requereria uma reavaliação não só dos novos registros agora disponíveis, mas também de toda a literatura secundária que consultei (cap. 6, n. 51), a qual se baseou nos registros

incompletos. Na verdade, mesmo hoje os registros não são completos, pois poucas lojas mantêm dados contínuos e consistentes sobre seus membros. Ainda assim, a recuperação dessa grande riqueza de documentos há de rejuvenescer os estudos sobre a maçonaria na França.

INTRODUÇÃO: UMA INTERPRETAÇÃO DA REVOLUÇÃO FRANCESA [pp. 21-37]

1. *Oeuvres complètes* 1, Dijon, 1959, pp. 404-5.

2. *Rapport sur l'ouverture d'un concours pour les livres élémentaires de la première éducation, par Grégoire* (Séance du 3 pluviôse an II).

3. Interessantes análises da literatura podem ser encontradas em William Doyle, *Origins of the French Revolution* (Oxford, 1980) e Geoffrey Ellis, "Review article: the 'Marxist interpretation' of the French Revolution", *English Historical Review* 93, 1978, pp. 353-76.

4. Jean Bruhat, "La Révolution française et la formation de la pensée de Marx", *AHRF* 38, 1966, pp. 125-70.

5. "L'Historiographie classique de la Révolution française: sur des controverses récentes", *Historical Reflections: Réflexions Historiques* 1, 1974, pp. 141-68, citação da p. 142. Reproduzido em *Comprendre la Révolution: problèmes politiques de la Révolution française (1789-1797)*, Paris, 1981.

6. Ver, por exemplo, Albert Soboul, *The French Revolution, 1787-1799: from the storming of the Bastille to Napoleon*, trad. Alan Forrest e Colin Jones, Nova York, 1974. [Em português: *A Revolução Francesa*, trad. Rolando Roque da Silva, Rio de Janeiro, Bertrand Brasil, 1989.]

7. *The social interpretation of the French Revolution*, Cambridge, 1964. [Em português: *A interpretação social da Revolução Francesa*, trad. André Luiz Barros da Silva, Rio de Janeiro, Jorge Zahar, 1989.]

8. Para um apanhado mais recente da vasta literatura, ver Doyle, *Origins*. Os mais importantes estudos específicos são George V. Taylor, "Non-capitalist wealth and the origins of the French Revolution", *American Historical Review* 72, 1967, pp. 469-96; David D. Bien, "La réaction aristocratique avant 1789: l'exemple de l'armée", *AESC* 29, 1974, pp. 23-48 e 505-34; e Guy Chaussinand-Nogaret, *La noblesse au XVIIIe siècle: de la féodalité aux lumières*, Paris, 1976.

9. Denis Richet, "Autour des origines idéologiques lointaines de la Révolution française: elites et despotisme", *AESC* 24, 1969, pp. 1-23; e, mais especificamente sobre 1788-9, Elizabeth L. Eisenstein, "Who intervened in 1788? A commentary on *The coming of the French Revolution*", *American Historical Review* 71, 1965, pp. 77-103.

10. Furet, "Le catéchisme de la Révolution française", *AESC* 26, 1971, pp. 255-89, reproduzido em seu livro *Penser la Révolution française*, Paris, 1978, versão inglesa, *Interpreting the French Revolution*, trad. Elborg Forster, Cambridge, 1981 [versão brasileira, *Pensando a Revolução Francesa*, trad. Luiz Marques e Martha Gambini, Rio de Janeiro, Paz e Terra, 1989]; e Lucas, "Nobles, bourgeois and the origins of the French Revolution", *Past and Present*, nº 60, 1973, pp. 84-126.

11. Lucas, "Nobles, bourgeois", pp. 120-1.

12. A amalgamação pode não ter sido obtida senão por volta de 1848. Ver, por exemplo, Guy Chaussinand-Nogaret, Louis Bergeron e Robert Forster, "Les notables du 'Grand Empire' em 1810", *AESC* 26, 1971, pp. 1052-75.

13. Estou exagerando aqui a coerência e unidade do argumento revisionista para possibilitar uma apresentação esquemática. A exposição mais abrangente dessa visão pode ser encontrada em François Furet e Denis Richet, *La Révolution Française*, 2 v., Paris, 1965, versão inglesa, Londres 1970. Outros revisionistas podem muito bem discordar de alguns pormenores desta exposição.

14. Tocqueville, *The Old Regime and the French Revolution*, trad. Stuart Gilbert, Nova York, 1955. [Em português: *O Antigo Regime e a Revolução*, trad. Yvonne Jean da Fonseca, Brasília, UnB, 1979.] Um útil ensaio de Tocqueville encontra-se em Furet, *Penser la Révolution française*, embora em sua introdução Furet dê excessiva ênfase às diferenças entre Tocqueville e os historiadores "narrativos".

15. *States and social revolutions: a comparative analysis of France, Russia, and China*, Cambridge, 1979. [Em português: *Estados e revoluções sociais*, Lisboa, Presença, 1979.]

16. Não mencionei Barrington Moore Jr. neste contexto, embora sua interpretação tenha muito em comum com a de Skocpol. O importante é que sua explicação também salienta origens e resultados, especialmente o resultado da modernização (*Social origins of dictatorship and democracy: lord and peasant in the making of the modern world*, Boston, 1966, esp. pp. 106-7 [Em português, *As origens sociais da ditadura e da democracia: senhores e camponeses na construção do mundo moderno*, São Paulo, Martins Fontes, 1983]).

17. As pesquisas sobre a década revolucionária propriamente dita prosseguem, mas não se pode negar que o centro teórico e empírico de interesse mudou da década da Revolução para os períodos precedente e subseqüente. Além disso, a maioria das pesquisas sobre a década revolucionária não conseguiu produzir grande impacto sobre os contornos do debate historiográfico acerca da Revolução. As mais importantes áreas de pesquisa recentes sobre a década revolucionária têm sido alvo de matérias na imprensa, análises de várias formas de revolução cultural (educação, festivais, descristianização) e estudos locais.

18. Os resultados mais significativos encontram-se em Bien, "La réaction

aristocratique". Sobre a esfera cultural, ver Daniel Roche, *Le siècle des lumières en province: académies et académiciens provinciaux, 1680-1789,* 2 v., Paris, 1978; e Jean Quéniart, *Culture et société urbaines dans la France de L'Ouest au XVIIIe siècle,* Paris, 1978. Estudos recentes das origens intelectuais da Revolução pendem um pouco para o lado da investigação do meio social. Para uma síntese, ver Keith Michael Baker, "On the problem of the ideological origins of the French Revolution", em Dominick LaCapra e Steven L. Kaplan, eds., *Modern European intellectual history: reappraisals and new perspectives,* Ithaca, N. Y., 1982, pp. 197-219.

19. Chaussinand-Nogaret, Bergeron e Forster, "Les notables du 'Grand Empire'"; Louis Bergeron e Guy Chaussinand-Nogaret, *Les "Masses de granit": cent mille notables du Premier Empire,* Paris, 1979; e Thomas D. Beck, *French legislators, 1800-1834: a study in quantitative history,* Berkeley, 1974.

20. Claude Mazauric, "Quelques voies nouvelles pour l'histoire politique de la Révolution française", *AHRF* 47, 1975, pp. 134-73.

21. Cobban foi o pioneiro no enfoque da importância desses outros tipos de divisão social em *The social interpretation.*

22. Mazauric, "Quelques voies nouvelles".

23. *The Old Regime and the French Revolution,* citações das pp. vii, 3.

24. R. C. Cobb, *The police and the people: French popular protest, 1789-1820,* Oxford, 1970. Por exemplo: "O *sans-culotte* não é, pois, um ser social ou econômico; é um acidente político" (p. 120).

25. "Non-capitalist wealth and the origins of the French Revolution", p. 491.

26. *Penser la Révolution française,* p. 41.

27. Ver minha resenha em *History and Theory* 20, 1981, pp. 313-23.

28. A ênfase no particularismo evidencia-se especialmente nos trabalhos dos que se inspiraram em Richard Cobb e Alfred Cobban, por exemplo, Martyn Lyons, *Revolution in Toulouse: an essay on provincial terrorism,* Berna, 1978; e Gwynne Lewis, *The Second Vendée: the continuity of counterrevolution in the Department of the Gard, 1789-1815,* Oxford, 1978.

29. *Marianne au combat: l'imagerie et la symbolique républicaines de 1789 à 1880,* Paris, 1979, versão inglesa, Cambridge, 1981.

30. *La fête révolutionnaire, 1789-1799,* Paris, 1976.

1. A RETÓRICA DA REVOLUÇÃO [pp. 41-75]

1. *Du fanatisme dans la langue révolutionnaire ou de la persécution suscitée par les Barbares du dix-huitième Siècle, contre la Religion Chrétienne et ses Ministres,* 3ª ed., Paris, 1797, p. 14.

2. Claude Bellanger et al., *Histoire générale de la presse française. 1: Des origines à 1814*, Paris, 1969, p. 434.

3. Para uma sugestiva análise do teatro durante o Terror, ver Beatrice F. Hyslop, "The theater during a crisis: the Parisian theater during the reign of the Terror", *Journal of Modern History* 17, 1945, pp. 332-55. Emmet Kennedy está trabalhando em um reexame de muitas das idéias de Hyslop sobre essa questão. Outra medida para constatar o aumento no volume de palavras, especialmente as políticas, é o contínuo crescimento do número de novas canções políticas surgidas entre 1789 e 1794: 116 em 1789, 261 em 1790, 308 em 1791, 325 em 1792, 590 em 1793 e 701 em 1794. Depois disso, o número declinou rapidamente, de 137 em 1795 para apenas 25 em 1800 (Robert Brécy, "La chanson révolutionnaire de 1789 à 1799", *AHRF* 53, 1981, pp. 279-303).

4. Mona Ozouf, *La fête révolutionnaire, 1789-1799*, Paris, 1976.

5. O ponto de partida essencial é Ferdinand Brunot, *Histoire de la langue française des origines à 1900*, 9, La Révolution et l'Empire, em duas partes, Paris, 1937.

6. Mencionado em Bronislaw Baczko, *Lumières de l'Utopie*, Paris, 1978, pp. 366-7.

7. *Du fanatisme*, p. 71.

8. *1789: Les emblêmes de la raison*, Paris, 1979, pp. 66-7. [Em português: *1789: Os emblemas da razão*, trad. Maria Lucia Machado, São Paulo, Companhia das Letras, 1988.]

9. *The Eighteenth Brumaire of Louis Bonaparte*, Nova York, 1963, p. 16. [Em português: *O 18 brumário e cartas a Kugelmann*, trad. Leandro Konder e Renato Guimarães, Rio de Janeiro, Paz e Terra, 1986.]

10. *Pouvoir politique et classes sociales*, 2 v., Paris, 1971, v. 1, p. 191. [Em português: *Poder político e classes sociais*, trad. Francisco Silva, São Paulo, Martins Fontes, 1977.]

11. "L'Idéologie du Père Duchesne: les forces adjuvantes (14 juillet-6 septembre 1793)", *Le Mouvement social* 85, 1973, p. 115. O "Père Duchesne" era uma figura carnavalesca popular usada para adornar muitos mastros revolucionários. O mais influente e duradouro desses periódicos foi o *Père Duchesne* do radical Hébert. Para o contexto, ver F. Braesch, ed., *Le Père Duchesne d'Hébert, 1: Les origines — La Constituante*, Paris, 1938.

12. Ver a introdução, "Sur la Révolution Française", *Bulletin du Centre d'Analyse du Discours de l'Univérsité de Lille III*, Villeneuve d'Ascq, 1975, pp. 1-14.

13. Régine Robin, *Histoire et linguistique*, Paris, 1973, p. 22.

14. Alexis de Tocqueville, *The Old Regime and the French Revolution*, trad. Stuart Gilbert, Nova York, 1955, pp. 146, 147. Para uma análise da linguagem de

Tocqueville, ver Linda Orr, "Tocqueville et l'histoire incompréhensible: *L'Ancien Régime et la Révolution*", *Poétique* 49, 1982, pp. 51-70.

15. Paris, 1978, pp. 71-2. Analisei a interpretação semiológica de Furet com algum detalhamento em *History and Theory* 20, 1981, pp. 313-23.

16. Por exemplo: "Essa tendência da sociedade para estabelecer-se como um deus ou para criar deuses nunca foi mais evidente que durante os primeiros anos da Revolução Francesa". Emile Durkheim, *The elementary forms of religious life*, trad. Joseph Ward Swain, Nova York, 1915, pp. 244-5. [Em português: *As formas elementares da vida religiosa: o sistema totêmico na Austrália*, trad. Paulo Neves, São Paulo, Martins Fontes, 1996.]

17. *La Fête révolutionnaire*, pp. 35, 339; e Ozouf, "De Thermidor à Brumaire: Le Discours de la Révolution sur elle-même", *Revue Historique* 243, 1970, pp. 31-66.

18. Uma análise funcionalista que ressalta a interação entre orador e ouvintes pode ser encontrada em Hans Ulrich Gumbrecht, *Funktionen parlamentarischer Rhetorik in der Französischen Revolution*, Munique, 1978. [Em português: *As funções da retórica parlamentar na Revolução Francesa: estudos preliminares para uma pragmática histórica do texto*, trad. Georg Otte, Belo Horizonte, UFMG, 2003.] Gumbrecht usa a "teoria da recepção" para analisar três casos históricos: o discurso de Mirabeau ao rei em 16 de julho de 1789, o desenvolvimento de identidades de grupo durante o julgamento do rei e a defesa da unanimidade institucionalizada nos elogios de Marat. Seu trabalho ilustra o uso de métodos de crítica literária de um modo preciso. Uma análise funcionalista da música revolucionária encontra-se em Adelheid Coy, *Die Musik der Französischen Revolution: Funktionsbestimmung von Lied und Hymne*, Munique, 1978.

19. *Du Fanatisme*, pp. 13-4.

20. Um ponto de partida profícuo é Kenneth Burke, *A rhetoric of motives*, Berkeley, 1969. Ensaios críticos recentes com interessantes implicações para a história podem ser encontrados em W. J. T. Mitchell, *On narrative*, Chicago, 1981; e Susan R. Suleiman e Inge Crosman, *The reader in the text: essays on audience and interpretation*, Princeton, 1980. Uma útil análise das posições pós-estruturalistas pode ser encontrada em Josué V. Harari, *Textual strategies: perspectives in poststructuralist criticism*, Ithaca, N. Y., 1979.

21. A importância de falar pela nação é salientada em Furet, *Penser la Révolution française*, esp. pp. 70-6.

22. A. N., F¹ᶜ III Meurthe 15, Correspondance et divers, 1789-an V, citado de "Discours prononcé à l'ouverture des séances du Comité des Sans-Culottes, par Marat-Mauger, président de ce Comité, et commissaire du Conseil éxécutif près le département de la Meurthe", 4 pp. (s.d., mas, pelo conteúdo e contexto, aparen-

temente de fins do verão de 1793). Cabe notar que Mauger mudara seu nome para Marat-Mauger a fim de indicar sua lealdade ao jornalista-deputado radical recém-assassinado. Para uma discussão sobre o papel local de homens como Mauger, ver cap. 6.

23. E. P. Thompson, *The making of the English working class*, Londres, 1963, esp. parte I. [Em português: *A formação da classe operária inglesa*, trad. Denise Bottmann, Rio de Janeiro, Paz e Terra, 1987.]

24. Segundo Starobinski, o juramento "alicerçava o futuro na exaltação de um instante", e no entanto o gesto também seguia um modelo contratual arcaico (1789, p. 67).

25. Ozouf, *La Fête révolutionnaire*, pp. 199-222.

26. *Ibid.*, pp. 330-1. Sobre a formação educacional, ver Harold Talbot Parker, *The cult of Antiquity and the French revolutionaires*, Chicago, 1937.

27. *Gazette de Paris*, 15 e 16 de julho de 1790.

28. Em 15 de julho de 1790, por exemplo, o conservador *L'Ami du Roi, des françois, de l'ordre, et surtout de la vérité, par les continuateurs de Fréron* (o editor era o abade Royou) publicou a resenha de um livreto que analisava o paralelo entre acontecimentos de 1358 e 1789. A resenha concluía que ambas as "revoluções" tiveram origem em problemas financeiros, e portanto "estão errados os que pensam que a revolução por nós testemunhada não se assemelha às de séculos passados" (nº 45). O uso de precedentes históricos na oratória conservadora pode ser visto no discurso proferido pelo abade Maury à Assembléia Nacional em 15 de julho de 1790. O motivo foi uma disputa acerca da colocação da bandeira nacional. O abade começou afirmando que "um sumário histórico, muito breve, bastará para indicar-nos o uso que deveríamos dar a ela". Argumentou que a bandeira deveria ser confiada ao rei como supremo comandante militar (*L'Ami du Roi*, nº 46, 16 de julho de 1790).

29. "Instruction adressée aux autorités constituées des départemens [sic] de Rhône et de Loire, par la Commission temporaire" de Lyon, 16 de novembro de 1793, reproduzido em Walter Markov e Albert Soboul, eds., *Die Sansculotten von Paris: Dokumente zur Geschichte der Volksbewegung, 1793-1794*, Berlim, 1957, p. 224.

30. Reproduzido em M. J. Guillaume, ed., *Procès-verbaux du Comité d'instruction publique de l'Assemblée législative*, Paris, 1889, p. 200.

31. Fundamento essa observação em meu estudo de ilustrações revolucionárias nas coleções da Bibliothéque Nationale e do Musée Carnavalet em Paris. Ver também Maurice Agulhon, *Marianne au combat: L'Imagerie et la symbolique républicaines de 1789 à 1880*, Paris, 1979, pp. 7-53; Hannah Mitchell, "Art and the French Revolution: an exhibition at the Musée Carnavalet", *History Workshop*

Journal 5, 1978, pp. 123-45; e Lynn Hunt, "Engraving the Republic: prints and propaganda in the French Revolution", *History Today* 30, 1980, pp. 11-7.

32. Citação de um discurso escrito em março de 1794, citado em G. Brégail, "L'Eloquence révolutionnaire dans le Gers", *Bulletin de la Société archéologique du Gers* 20, 1919, p. 119.

33. O assassinato simbólico do pai é brevemente analisado em Michel Vovelle, *Idéologies et mentalités*, Paris, 1982, p. 301. [Em português: *Ideologias e mentalidades*, trad. Maria Julia Goldwasser, São Paulo, Brasiliense, 1987.]

34. Michael Walzer, *The revolution of the saints: a study in the origins of radical politics*, Cambridge, Mass., 1965.

35. J. R. Pole, *Political representation in England and the origins of the American Republic*, Berkeley, 1966; Gordon S. Wood, *The creation of the American Republic, 1776-1787*, Nova York, 1969, esp. cap. 1; J. G. A. Pocock, "1776: the revolution against Parliament", em Pocock, *Three British revolutions: 1641, 1688, 1776*, Princeton, 1980, pp. 265-88.

36. Marc-Eli Blanchard, *Saint-Just & Cie: la Révolution et les mots*, Paris, 1980, pp. 42-51.

37. Peter France, *Rhetoric and truth in France: Descartes to Diderot*, Oxford, 1972, pp. 10-1. France descreve nesse trabalho o treinamento retórico ministrado nas escolas do Antigo Regime da França. Qualquer pessoa que ler alguns dos discursos parlamentares revolucionários reconhecerá sua estrutura comum.

38. Algumas observações úteis sobre esse tema se encontram em Blanchard, *Saint-Just & Cie*, pp. 25-68. Ver também Roger Chartier et al., *L'Education en France du XVIe au XVIIIe siècle*, Paris, 1976, pp. 196-9.

39. *The rise of French liberal thought: a study of political ideas from Bayle to Condorcet*, 2ª ed., Nova York, 1954, p. 2.

40. Bailey Stone, *The Parlement of Paris, 1774-1789*, Chapel Hill, N.C., 1981, esp. caps. 3 e 6. Contudo, Jacques Godechot afirmou que "la Nation" só adquiriu conotação revolucionária durante a campanha eleitoral de 1789 ("Nation, patrie, nationalisme et patriotisme en France au XVIIIe siècle", *AHRF* 43, 1971, pp. 481-501, esp. p. 495).

41. *The Machiavellian moment: Florentine political thought and the Atlantic Republican Tradition*, Princeton, 1975.

42. Ver o verbete "Revolution" no *Compact edition of the Oxford English Dictionary*, 1971.

43. *Anatomy of criticism: four essays*, Princeton, 1957, pp. 163-86. [Em português: *Anatomia da crítica: quatro ensaios*, trad. Péricles Eugênio da Silva Ramos, São Paulo, Cultrix, 1984.] Para outro uso das categorias de Frye por um historiador, ver Hayden White, *Metahistory: the historical imagination in nineteenth-cen-*

tury Europe, Baltimore, 1973, esp. pp. 1-42. [Em português: *Meta-história: imaginação histórica do século XIX*, trad. José Laurênio de Melo, São Paulo, Edusp, 1992.]

44. Anônimo, *Description fidèle de tout ce qui a précédé, accompagné et suivi la cérémonie de la Confédération nationale du 14 juillet 1790*, Paris, s.d., p. 16.

45. Anônimo, *Description de la Fête du pacte fédératif, du 14 juillet, fixée par la ville, avec le réglement de la police*, Paris, s.d.

46. Nº 56, 26 de julho de 1790, e nº 57, 27 de julho de 1790.

47. *Anatomy of criticism*, p. 195.

48. De um discurso de Jacob Dupont citado em um relatório da Convenção Nacional na sessão de 14 de dezembro de 1792, *Réimpression de l'Ancien Moniteur* 14, Paris, 1847, nº 744, 16 de dezembro de 1792.

49. *Anatomy of criticism*, p. 210.

50. De seu discurso "Sur les rapports des idées religieuses et morales avec les principes républicains, et sur les fêtes nationales", em *Oeuvres de Maximilien Robespierre* 10 (Discours: 27 juillet 1793—27 juillet 1794), Paris, 1967, p. 445. Vovelle afirma que a Revolução foi vivenciada como tragédia por seus atores (*Idéologies et mentalités*, p. 301).

51. Bernard Bailyn, *The ideological origins of the American Revolution*, Cambridge, Mass., 1967. [Em português: *As origens ideológicas da revolução americana*, trad. Cleide Rapucci, Bauru, Edusc, 2003.]

52. Wood, *The creation of the American Republic*, e Pole, *Political representation*.

53. *Penser la Révolution française*, pp. 78-9.

54. De um cartaz hebertista denunciado à polícia em 9 de março de 1794, reproduzido em Markov e Soboul, *Die Sansculotten*, p. 203.

55. Richard Cobb, "Quelques aspects de la mentalité révolutionnaire (avril 1793—thermidor an II)", em Cobb, *Terreur et subsistances, 1793-1795*, Paris, 1965, pp. 20-1.

56. Georges Lefebvre, "Foules révolutionnaires", reproduzido em Lefebvre, *Etudes sur la Révolution française*, 2ª ed., Paris, 1963, pp. 371-92.

57. Uma descrição abrangente encontra-se em Steven L. Kaplan, *Bread, politics and political economy in the reign of Louis XV*, 2 v., Haia, 1976.

58. A. N., W 306, "Dossier de l'abbé de Champagne", carta de 24 de junho de 1789 escrita por Camusat de Belombre, deputado do Terceiro Estado do *bailliage* de Troyes.

59. *Ibid.*

60. *Gazette de Paris*, 4 e 6 de janeiro e 15 de abril de 1792.

61. W. J. Murray, "The right-wing press in the French Revolution (1789-

1792)", diss. de Ph.D, Australian National University, 1971. Murray não aborda especificamente esse tema, mas dá muitos exemplos instrutivos.

62. Sobre a trama protestante, ver *Les véritables auteurs de la Révolution de France de 1789*, atribuído a Sourdat de Troyes, Neufchâtel, 1797; e, sobre a conspiração maçônica, ver Abbé Barruel, *Mémoires pour servir à l'histoire du jacobinisme*, 5 v., Hamburgo, 1798. Para um resumo, ver Jacques Godechot, *The counterrevolution, doctrine and action, 1789-1804*, trad. Salvator Attansio, Nova York, 1971.

63. Beneficiei-me de muitas observações esclarecedoras sobre as diferenças de estilo entre jornais radicais, moderados e conservadores ou contra-revolucionários encontradas em Suzanne Desan, "'Avec des plumes': Parisian journalism in 1791-1792", tese de conclusão de curso, não publicada, Princeton University, abril de 1979, texto que me foi emprestado pela autora. Ver também Jack Richard Censer, *Prelude to power: the Parisian radical press, 1789-1791*, Baltimore, 1976.

64. "Rapport sur la conjuration ourdie pour obtenir un changement de dynastie; et contre Fabre d'Eglantine, Danton, Philippeaux, Lacroix et Camille Desmoulins", *Ouvres complètes de Saint-Just*, introd. e notas de Charles Vellay, 2 v., Paris, 1908, v. 2, pp. 305-32, citação p. 319.

65. Furet explica a importância da sensibilidade religiosa na formação de teorias de conspiração em *Penser la Révolution française*, p. 78.

66. *Ibid.*, p. 79.

67. Para o contexto americano, ver Wood, *The creation of the American Republic*.

68. Sobre o lado americano, ver Pole, *Political representation*. Cabe notar que não foram feitos estudos semelhantes sobre o desenvolvimento ideológico e político durante a Primeira República na França.

69. Essa ênfase no poder da palavra falada pode ser encontrada em Furet, *Penser la Révolution française*, e Blanchard, *Saint-Just & Cie*.

70. *Political representation*, p. 511.

71. Extraí a idéia de transparência de Jean Starobinski, *Jean-Jacques Rousseau: la transparence et l'obstacle*, Paris, 1957. [Em português: *Jean-Jacques Rousseau: a transparência e o obstáculo*, trad. Maria Lucia Machado, São Paulo, Companhia das Letras, 1991.] Furet usa essa idéia quando analisa as relações entre o povo e o poder (ou representações do poder), mas não a estende às relações dos cidadãos uns com os outros (por exemplo, *Penser la Révolution française*, pp. 86, 103). Segundo Marc Richir, "Em um sentido profundo, todo pensamento 'revolucionário' é animado pela crença na transparência da sociedade para consigo mesma no 'momento' da Revolução". Em sua introdução, "Révolution et

transparence sociale" ao livro de J. G. Fichte, *Considérations destinées à rectifier les jugements du public sur la Révolution française*, Paris, 1974, p. 10.

72. Braesch (ed.), *Le Père Duchesne*, nº 72, p. 751.

73. Pierre Trahard, *La sensibilité révolutionnaire (1789-1794)*, Paris, 1936, p. 189.

74. *Ibid.*, p. 186. Ver também F.-A. Aulard, *Les orateurs de la Révolution: l'Assemblée Constituante*, Paris, 1905.

75. Starobinski, *Jean-Jacques Rousseau*.

76. Ver, por exemplo, "Réglement pour la Société populaire de la Section de la République", reproduzido em Markov e Soboul, *Die Sansculotten*, pp. 258-67.

77. Albert Soboul, *Les Sans-culottes parisiens em l'an II*, 2ª ed., Paris, 1962, pp. 549-61.

78. De seu "Rapport sur les principes de morale politique qui doivent guider la Convention nationale dans l'administration intérieure de la République", 5 de fevereiro de 1974, em *Oeuvres*, 10, pp. 356-7.

79. Para Furet, o Terror é a conseqüência lógica do discurso revolucionário e sua "ilusão do político" (*Penser la Révolution française*, esp. pp. 229 e 259). Patrice Higonnet tem uma posição semelhante à de Furet, porém sem a afiliação tocquevilliana; ele ressalta a contradição inerente entre "individualismo burguês" e o lado comunitário do "universalismo burguês" (*Class, ideology, and the rights of nobles during the French Revolution*, Oxford, 1981).

80. *The origins of totalitarian democracy*, Nova York, 1965. Furet parece aproximar-se de Talmon em sua avaliação do Terror, mas o explica de forma diferente. Talmon salienta as linhagens intelectuais do totalitarismo: as deduções da filosofia iluminista. Furet ressalta os problemas filosóficos da democracia quando são enfrentados na prática (nas linhas de Tocqueville e Cochin).

81. Há muitas observações esclarecedoras sobre essa questão em Crane Brinton, *The Jacobins: an essay in the new history*, Nova York, 1930, p. ex.: "Os clubes jacobinos, portanto, quando deixam de estar em oposição ao governo e à burocracia totalmente composta por seus próprios membros, deixam de praticar as táticas associadas ao seu nome [...] pode-se dizer que em geral o papel final dos clubes como tais é o de organismos administrativos auxiliares" (p. 129).

82. Deputado Crassous, citado em Isser Woloch, *Jacobin legacy: the democratic movement under the Directory*, Princeton, 1970, pp. 15-6.

83. Essa questão é analisada um pouco melhor em Lynn Hunt, David Lansky e Paul Hanson, "The failure of the Liberal Republic in France, 1795-1799: the road to Brumaire", *Journal of Modern History* 51, 1979, pp. 734-59, esp. p. 755.

84. *Ibid.*

85. A análise aqui apresentada do texto político revolucionário pode ser comparada à análise de Derrida sobre a escrita em *Of Grammatology*, trad. Gayatri Chakravorty Spivak, Baltimore, 1976, esp. parte II. A "metafísica da presença" e a ameaça da violência da escrita discutidas por Derrida têm a mesma relação de tensão que o presente mítico (a transparência da comunidade, a plenitude do discurso) e a violência da política da conspiração. Neste sentido, a retórica revolucionária estava constantemente "desconstruindo" a si mesma, ou seja, ao mesmo tempo acenando com a possibilidade de uma comunidade sem política e inventando política em toda parte.

86. Algumas passagens sugestivas encontram-se na resenha de Claude Lefort para Furet, "Penser la révolution dans la Révolution française", *AESC* 35, 1980, pp. 334-52.

87. Sobre a invenção do termo, ver Pierre Goubert, *The Ancien Régime: French society 1600-1750*, trad. Steve Cox, Nova York, 1974, esp. cap. 1.

88. Seria proveitoso analisar o "Momento Maquiavélico" de Pocock no contexto francês.

89. Como citado em Louis Trenard, "Manuels scolaires au XVIIIe siècle et sous la Révolution", *Revue du Nord*, 1973, p. 107. Ver também Jean-François Chassaing, "Les manuels de l'enseignement primaire de la Révolution et des idées révolutionnaires", em Jean Morange e Jean-François Chassaing, *Le mouvement de réforme de l'enseignement en France, 1760-1798*, Paris, 1974, esp. pp. 142-3.

2. FORMAS SIMBÓLICAS DA PRÁTICA POLÍTICA [pp. 76-112]

1. A. N., F[1c] III Isère 9, Correspondance, 1791-1853, "Adresse du Commissaire du pouvoir exécutif près l'administration centrale du département de l'Isère", 2e jour complémentaire an V.

2. Para um resumo da politização de objetos do cotidiano, ver Serge Bianchi, *La Révolution culturelle de l'an II: elites et peuple (1789-1799)*, Paris, 1982.

3. *De la force du gouvernement actuel de la France et de la necessité de s'y rallier*, 1796, p. 10.

4. Clifford Geertz, "Centers, kings, and charisma: reflections on the symbolics of power", em Joseph Ben-David e Terry Nichols Clark (eds.), *Culture and its creators: essays in honor of Edward Shils*, Chicago, 1977, pp. 150-71. As reflexões desse autor são mais plenamente desenvolvidas (embora de formas menos relevantes para a Europa) em Geertz, *Negara: the theatre state in nineteenth-century*

Bali, Princeton, 1980. [Em português: Negara: o estado teatro no século XIX, trad. Miguel Vale de Almeida, Rio de Janeiro, Bertrand Brasil, 1991.]

5. De seu "Rapport sur les principles du gouvernement révolutionnaire", 25 de dezembro de 1793, em *Oeuvres de Maximilien Robespierre* 10, Discours: 27 juillet 1793—27 juillet 1794, Paris, 1967, p. 274.

6. Ver, mais recentemente, o lúcido livro de Clive H. Church, *Revolution and red tape: the French ministerial bureaucracy, 1770-1850*, Oxford, 1981.

7. Um excelente estudo do governo municipal durante a Revolução pode ser encontrado em Christiane Derobert-Ratel, *Institutions et vie municipale à Aix-en-Provence sous la Révolution, 1789—an VIII*, Aix-en-Provence, 1981.

8. Esse impulso foi sugestivamente descrito por François Furet: "La Révolution française est cet ensemble de pratiques nouvelles qui surinvestit le politique de significations symboliques" ["A Revolução Francesa é esse conjunto de práticas novas que enche a política de significações e simbolismos."], *Penser la Révolution Française*, Paris, 1978, p. 73. Contudo, Furet pouco analisa as "pratiques nouvelles" em si.

9. A análise do poder por Michel Foucault é potencialmente mais proveitosa que a de Tocqueville neste contexto, mas Foucault nunca analisa o poder em uma arena política. Este capítulo apresenta o que se poderia chamar de análise foucaultiana da política como a criação de novas estratégias e táticas para exercer o poder. A Revolução Francesa, em minha análise, é um exemplo particularmente privilegiado desse processo. Para a definição de poder de Foucault, ver seu livro *History of sexuality, 1: an introduction*, Nova York, 1978, esp. pp. 94-5. [Em português, *História da sexualidade 1: a vontade de saber*, trad. Maria Thereza Albuquerque e J. A. Guilhon Albuquerque, Rio de Janeiro, Graal, 15ª ed., 2003.]

10. PRO, FO 27, França, 32, maio-agosto 1789, carta nº 39.

11. *Ibid.*, carta nº 42.

12. *Ibid.*, carta nº 39, 16 de julho de 1789. Dorset afirmou que o verde foi substituído pelo vermelho e branco porque estas eram as cores do duque de Orleans. Mas a maioria das pessoas supunha que a cocarda ou roseta tricolor combinava as cores da monarquia com as de Paris. Ver, por exemplo, Albert Mathiez, *Les origines des cultes révolutionnaires, 1789-1792*, Paris, 1904, p. 30. Seja qual for a razão da combinação tricolor, a cocarda é um bom exemplo da invenção do simbolismo revolucionário, que Mathiez assim descreve: "Le symbolisme révolutionnaire, qui s'est formé comme au hasard, sans idées préconçues et sans plan d'ensemble, avec une spontanéité remarquable, au cours des anées 1789, 1790 et 1791, fut l'oeuvre commune de la bourgeoisie et du peuple" (p. 29). ["O simbolismo revolucionário, formado como que ao acaso, sem idéias preconcebi-

das e sem plano estruturado, com notável espontaneidade, ao longo dos anos 1789, 1790 e 1791, foi obra comum da burguesia e do povo".]

13. Citado do artigo "Détails du 3 au 10 octobre 1789: Conjuration formée par les aristocrates contre notre liberté: preuves et suite de cette conjuracion". *Révolutions de Paris*, nº 13, artigo que acompanha a gravura, ilustração 4, vol. 1.

14. Mona Ozouf, *La Fête révolutionnaire, 1789-1799*, Paris, 1976, pp. 280-90.

15. Sobre a difusão do simbolismo revolucionário em geral, ver Maurice Dommanget, "Le Symbolisme et le prosélytisme révolutionnaire à Beauvais et dans l'Oise", *AHRF* 2, 1925, pp. 131-50; 3, 1926, pp. 47-58, 345-62; 4, 1927, pp. 127-34; 5, 1928, pp. 46-57, 442-56; 6, 1929, pp. 372-91; 7, 1930, pp. 41-53, 411-42.

16. *Ibid.*, 3, 1926.

17. *La Fête révolutionnaire*. Ver também Michel Vovelle, *Les Métamorphoses de la fête en Provence de 1750 à 1820*, Paris, 1976.

18. Anônimo, *Description de la Fête du pacte fédératif, du 14 juillet, fixée par la ville, avec le réglement de la police*, Paris, s.d.

19. A iconografia revolucionária foi decifrada mais completamente em Jules Renouvier, *Histoire de l'art pendant la Révolution considéré principalement dans les estampes*, Paris, 1863. Ver também Dommanget, "Le Symbolisme".

20. David Lloyd Dowd, *Pageant-master of the Republic: Jacques-Louis David and the French Revolution*, Lincoln, Neb., 1948.

21. Renouvier, *Histoire de l'art*, p. 401.

22. Michel Hennin, *Histoire numismatique de la Révolution française*, 2 v., Paris, 1826, v. 1, pp. 32-3.

23. Maurice Agulhon, *Marianne au combat: L'imagerie et la symbolique républicaines de 1789 à 1880*, Paris, 1979.

24. Essas foram as palavras usadas para descrever "cette fête bisarre [*sic*] instituée à l'avènement au trône" [essa festa bizarra instituída por ocasião do advento ao trono], ou seja, a cerimônia da coroação, por um observador do Festival da Federação em 1790 (anônimo, *Description fidèle de tout ce qui a précédé, accompagné et suivi la cérémonie de la Confédération nationale du 14 juillet 1790*, Paris, s.d.).

25. Meus paralelos com a religião da contra-reforma baseiam-se em Keith Phillip Luria, "Territories of grace: seventeenth-century religious change in the Diocese of Grenoble", diss. Ph.D, University of California, Berkeley, 1982.

26. Ver a análise em F.-A. Aulard, *Le Culte de la Raison et le culte de l'Etre Suprême (1793-1794)*, Paris, 1892. Ver também M. J. Guillaume, ed., *Procès-verbaux du Comité d'Instruction publique de la Convention Nationale* 2 (3 juillet 1793— 0 brumaire an II [20 de novembro de 1793]), Paris, 1894, pp. 803-6.

27. Segundo Guillaume (n. 26), a única boa descrição do festival foi a de *Révolutions de Paris*, atribuída a Momoro, administrador departamental e um dos organizadores do festival. Citação de *Procès-verbaux du Comité d'Instruction publique* 2, p. 805.

28. A decisão da Comuna foi informada em *Feuille du salut public*, citação em *ibid.*, pp. 803-4.

29. Os festivais da razão nas províncias foram o ponto culminante da campanha de descristianização. Freqüentemente eram acompanhados de renúncia das funções sacerdotais, casamentos de padres, queima de livros e artefatos religiosos, em suma, por um ataque consciente ao catolicismo e pelo esforço de estabelecer um novo culto cívico. Foram descritos em detalhes por Aulard, *Le culte de la Raison*, pp. 112-94.

30. Ozouf, *La Fête révolutionnaire*, pp. 116-7.

31. *Les Révolutions de Paris*, nº 215, 23-30 brumaire an II, vol. 17.

32. Judith Schlanger, "La Représentation du bien", reproduzido em Schlanger, *L'Engeu et le débat*, Paris, 1979, esp. pp. 123-7.

33. A. M. Toulouse, 2D4, "Correspondance de l'administration municipale", carta de 7 prairial ano VII. Para a história da estátua, ver Abbé Degert, "Origine de la Vierge noire de la Daurade", *Bulletin de la Société archéologique du Midi de la France*, nº 31, 1903, pp. 355-8.

34. A. N., F[7] 3677[9], Police générale, Gironde, "Arrêté de l'administration centrale du département de la Gironde, qui prohibe les Masques et les Travestissements: Séance du 21 nivôse an V de la République française, une et indivisible".

35. A. N., C 400 (nº 290), 402 (nº 327), 432 (nº 175).

36. Carta de Jacques Vaysse ao jornal de direita local, *L'Anti-Terroriste*, 2 messidor an III (20 de junho de 1795).

37. *Rapport sur l'instruction publique considérée dans son ensemble, suivi d'un projet de décret [...] présentés à la Convention Nationale, au nom du comité d'instruction publique, par G. Romme*, Paris, 1793.

38. O melhor resumo da legislação sobre a educação primária encontra-se em Maurice Gontard, *L'Enseignement primaire en France de la Révolution à la loi Guizot (1789-1833)*, Lyon, 1959, pp. 79-188.

39. Para uma análise geral dos catecismos, ver Jean-François Chassaing, "Les Manuels de l'enseignement primaire de la Révolution et les idées révolutionnaires", em Jean Morange e Jean-François Chassaing, *Le Mouvement de réforme de l'enseignement en France, 1760-1798*, Paris, 1974, pp. 97-184. Ver também Emmet Kennedy, "The French revolutionary catechisms: ruptures and continuities with classical, Christian and Enlightenment moralities", *Studies on Voltaire and the eighteenth century* 199, 1981, pp. 353-62.

40. Sobre as realidades da educação, ver G. Chianéa, "L'Enseignement primaire à Grenoble sous la Révolution", *Cahiers d'histoire* 17, 1972, pp. 121-60. Uma visão mais positiva sobre as realizações da Revolução pode ser encontrada em Emmet Kennedy e Marie-Laurence Netter, "Les Ecoles primaires sous le Directoire", *AHRF* 53, 1981, pp. 3-38.

41. Jean-Paul Bertaud, *La Révolution armée: Les Soldats-Citoyens et la Révolution française*, Paris, 1979, pp. 194-229.

42. Marc Martin, *Les Origines de la presse militaire en France à la fin de l'Ancien Régime et sous la Révolution (1770-1799)*, Paris, 1975, pp. 149-227.

43. O tenente pediu em especial o *Père Duchesne* e *L'Ombre de Marat* (Arthur Chuquet, *Lettres de 1793*, Paris, 1911, pp. 162-3).

44. A. N., F¹ᶜ III Vendée 7, Correspondance et divers, 1789-1815, carta datada de 28 prairial, ano VI.

45. Para um breve relato, ver Bianchi, *La Révolution culturelle de l'an II*, pp. 198-203. Os anos revolucionários começaram em 22 de setembro (23 de setembro nos anos VIII e IX). Os nomes dos meses (a contar de setembro) eram: vindimiário, brumário, frimário, nivoso, pluvioso, ventoso, germinal, floreal, prairial, messidor, termidor e frutidor. Os cinco dias adicionais (cada mês tinha trinta dias) eram chamados *jour complémentaires*. No ano II foram celebrados como *sans-culottides*.

46. M. J. de Rey-Pailhade, "Etude historique sur l'emploi du calendrier républicain et sur le temps décimal à Toulouse pendant la Révolution", *Bulletin de la Société de Géographie de Toulouse* 27, 1908, pp. 429-57.

47. Lynn Hunt, *Revolution and urban politics in provincial France: Troyes and Reims, 1786-1790*, Stanford, 1978, pp. 81-2.

48. O departamento de Gers, por exemplo, emitiu um decreto minucioso em novembro de 1793 estabelecendo as diretrizes educacionais nas escolas primárias (G. Brégail, *L'Instruction publique dans le Gers pendant la période révolutionnaire*, Auch, 1899, pp. 3-6).

49. Pierre Bécamps, "La Société patriotique de Bordeaux (1790-1792)", *Actes du 82ᵉ Congrès-National des sociétés savantes. Bordeaux. 1957*, Paris, 1958, pp. 255-83, esp. p. 257.

50. Ver a análise de Michel Foucault, *Discipline and punish: the birth of the prison*, trad. Alan Sheridan, Nova York, 1979, esp. pp. 135-94. [Em português, *Vigiar e punir: o nascimento da prisão*, trad. Ligia M. Ponde Vassallo, Petrópolis, Vozes, 8ª ed., 1991.] As microtécnicas de poder político podem ser comparadas às "centenas de minúsculos teatros de punição" mencionadas por Foucault (p. 113), exceto pelo fato de que, na Revolução Francesa, essas técnicas eram tão potencialmente libertadoras quanto aprisionadoras.

51. *Oeuvres* 10, p. 278.

52. Citado em Alfred Cobban, "The political ideas of Robespierre, 1792-5", *Aspects of the French Revolution*, Nova York, 1968, p. 192.

53. *Des Circonstances actuelles qui peuvent terminer la Révolution et des principes qui doivent founder la République en France*, ed. John Viénot, Paris, 1906, p. 33.

54. Le peuple au front gravé, em *L'Enjeu et le débat*, pp. 163-4.

55. Sobre a relação entre palavras e imagens, ver Roland Barthes, "Rhetoric of the image", em seu livro *Image, music, text*, trad. Stephen Heath, Nova York, 1977, pp. 32-51. [Em português: "A retórica da imagem", em *O óbvio e o obtuso*, Rio de Janeiro, Nova Fronteira, 1990.]

56. *Costume de Cérémonie de Messieurs les Députés des trois Ordres aux Etats-généraux* (Paris, 1789).

57. *A view of the causes and progress of the French Revolution*, 2 v., Londres, 1795, v. 1, p. 150.

58. A indumentária religiosa foi alvo de regulamentação em outubro e novembro de 1790, março de 1791 e agosto de 1792. O uso do lenço por autoridades municipais foi decretado em 20 de março de 1790. Ver Yves-Claude Jourdain, *Table générale alphabétique des matières contenues dans les décrets rendus par les assemblées nationales de France, depuis 1789, jusqu'au 18 brumaire an 8*, Paris, ano X.

59. Jennifer Harris, "The red cap of liberty: a study of dress worn by French revolutionary partisans, 1789-1794", *Eighteenth-Century Studies* 14, 1981, pp. 283-312.

60. *Ibid.*, p. 299. A. N., AF II 66, Comité de Salut Public, Esprit public, Dossier 489: "Arts, Caricatures, Costume national, 1793—an III", peça nº 15, assinada por Barère, Collot d'Herbois, Prieur, Carnot, Billaud-Varenne e Robespierre.

61. "The Red Cap", p. 307.

62. A. N., AF II 66, peça nº 19.

63. Harris, "The Red Cap", p. 307.

64. A. N., AF II 66, peças nº 40-50.

65. O deputado Boissier abriu a sessão com uma nova apresentação do Comitê de Instrução Pública sobre o traje, mas seu projeto foi criticado na reunião porque lembrava a indumentária jacobina. Chénier declarou que os trajes de então não eram adequados: "Les tableaux ou les statues ne supporteront jamais la mesquinerie de notre habit actuel, et le retreci de nos draperies. C'est cette forme de nos habits qui a rendu presque inéxécutable le beau tableau du Serment du Jeu de Paume". [Os quadros ou estátuas jamais suportarão a mesquinharia de nossa indumentária atual e o acanhamento de nossas roupagens. É essa nossa forma de vestir que tornou quase inexecutável o belo quadro do Juramento do Jogo de Palma.] A opinião de Chénier revela muito sobre o pensamento por trás da indu-

mentária; os deputados julgavam necessário vestir-se como grandes homens, e isso só era possível com trajes dos tempos antigos. Ao ouvir isso, a Convenção votou pela adoção do projeto de Grégoire. *Réimpression de l'Ancien Moniteur* 26, p. 165 (12 brumaire an IV [3 de novembro de 1795]).

66. *Du Costume des fonctionnaires publics: Rapport fait par Grégoire* (*Séance du 28 frutidor an III*).

67. *Ibid.*

68. *Ibid.*

69. A. N., C 519 (nº 194). "Extrait du procès-verbal des séances du Conseil des Cinq-Cents", 29 brumaire an VI.

70. Por engano, os mantos foram confiscados em Lyon como contrabando da Inglaterra! (A. N., C 521 [nº 225], "Résolutions du Conseil des Cinq-Cents aprouvées par le Conseil des Anciens", 27 nivôse an VI).

71. *Réimpression de l'Ancien Moniteur* 29, p. 158 (3 ventôse an VI [21 de fevereiro de 1798]).

72. Henri Meister, *Souvenirs de mon dernier voyage à Paris* (*1795*), Paris, 1910, p. 106.

73. Noticiado no *Moniteur* em 15 frimário ano VII (5 de dezembro de 1798) e 7 nivoso ano VII (27 de dezembro de 1798).

74. Assinado Beauvert, an VI.

75. *Rapport sur les inscriptions des monuments publics, par le citoyen Grégoire* (*séance du 22 nivôse an 2*).

76. Joseph Butwin, "The French Revolution as *Theatrum Mundi*", *Research Studies* 43, 1975, pp. 141-52, esp. pp. 144-5.

77. Embora as sessões dos Conselhos fossem abertas ao público, o número de espectadores era limitado à metade do número de deputados (*Project de Constitution pour la République française et discours préliminaire prononcé par Boissy-D'Anglas, au nom de la Commission des Onze, dans la séance du 5 Messidor an III* [Niort, s.d.], pp. 93-4).

3. AS IMAGENS DO RADICALISMO [pp. 113-48]

1. Clifford Geertz, "Centers, kings, and charisma: reflections on the symbolics of power", em Joseph Ben-David e Terry Nichols Clark (eds.), *Culture and its creators: essays in honor of Edward Shils*, Chicago, 1977, pp. 150-71.

2. *Ibid.*, e Edward Shils, *Center and periphery: essays in macrosociology*, Chicago, 1975.

3. Não estou insinuando que a moldura do Antigo Regime era estática, pois

também ela passou por um longo processo de desenvolvimento. Ver, por exemplo, Ernst H. Kantorowicz, *The king's two bodies: a study in mediaveal political theology*, Princeton, 1957. [Em português, *Os dois corpos do rei: um estudo sobre teologia política medieval*, trad. Cid Knipel Moreira, São Paulo, Companhia das Letras, 1998.] Kantorowicz mostra que o corpo do rei era central para a moldura cultural monárquica; era o foco da maioria dos debates "políticos".

4. *Gazette de Paris*, 6 de janeiro de 1792.

5. *Ibid.*

6. *Archives Parlementaires*, 1ª ser., 52, p. 81 (grifo meu).

7. *Ibid.* (grifo no original).

8. O *Moniteur* não faz menção alguma a essa decisão sobre o selo antes de 26 de setembro, e só então informa que o "sceau de l'état portera un faisceau surmonté du bonnet de la liberté" ["o selo do Estado terá um feixe encimado pelo barrete da liberdade"], nada dizendo sobre a figura feminina (*Réimpression de l'Ancien Moniteur* 14, 26 de setembro de 1792). O relato apresentado no *procès-verbal* é idêntico ao que consta nos *Archives Parlementaires*, e neles não há referência ao leme que aparece no selo. Ver, porém, a descrição que se encontra em Maurice Agulhon, *Marianne au combat: L'imagerie et la symbolique républicaines de 1789 à 1880*, Paris, 1979, p. 29.

9. Corps législatif, *Rapport fait au Conseil des Cinq-Cents, sur les sceaux de la République, par Grégoire: Séance du 11 pluviôse an IV* (31 de janeiro de 1796).

10. Como citado em E. H. Gombrich, "The dream of reason: symbolism of the French Revolution", *British Journal for Eighteenth-Century Studies* 2, 1979, p. 190. A citação foi extraída de um artigo nos *Annales Patriotiques*.

11. *Rapport... sur les sceaux... 11 pluviôse an IV*.

12. Agulhon, "Esquisse pour une archéologie de la République: L'Allégorie civique feminine", *AESC* 28, 1973, pp. 5-34; e *Marianne au combat*.

13. Hannah Mitchell, "Art and the French Revolution: an exhibition at the Musée Carnavalet", *History Workshop Journal* 5, 1978, pp. 123-45; Lynn Hunt, "Engraving the Republic: prints and propaganda in the French Revolution", *History Today* 30, 1980, pp. 11-7.

14. Discordo aqui da análise de Agulhon, admirável em tudo o mais. Ele apresenta Marianne como uma figura praticamente inevitável.

15. O Comitê de Instrução Pública e o Comitê das Moedas estavam incumbidos de colaborar na questão dos selos e moedas. Inicialmente, o primeiro preferiu a arca da Constituição enquanto o segundo preferiu a figura feminina da França. A proposta de David resolveu a disputa, ao menos temporariamente. M. J. Guillaume, ed., *Procès-verbaux du Comité d'Instruction publique de la Conven-*

tion Nationale 2 (3 juillet 1793—30 brumaire an II [20 de novembro de 1793], Paris, 1894, pp. 667-8, 714, 742, 772, 778-9, 808-11.

16. *Ibid.*, 3 (1 frimaire an II [21 de novembro de 1793] — 30 ventôse an II [20 de março de 1794]), Paris, 1897, pp. 465, 493, 499; e 4 (1er germinal an II [21 de março de 1794] — 11 frutidor an II [28 de agosto de 1794], Paris, 1901, pp. 107-10.

17. A coleção de Dupré na *Réserve* do Musée Carnavalet foi o alicerce deste capítulo.

18. A. N., Coleção *Bulletin des lois.* O selo assemelha-se em todos os aspectos iconográficos ao esboço de Dupret mostrado na ilustração 12.

19. *Procès-verbaux du Comité d'Instruction publique* 2, p. 779 (discurso de David em 17 brumário, ano II [7 de novembro de 1793]). Uma versão ligeiramente diferente encontra-se em *Révolutions de Paris,* n$^{\underline{o}}$ 217 (10-18 frimaire an II): "Que cette image du peuple *debout* tienne dans son autre main cette massue terrible et réelle, dont celle de l'Hercule ancien ne fut que le symbole". [Que essa imagem do povo em pé tenha na outra mão esta clava terrível e real, da qual a do Hércules antigo foi apenas um símbolo.]

20. *Recueil complet de tout ce qui s'est passé à la Fête de l'Unité et l'Indivisibilité de la République Française,* Paris, s.d., B. N., sob 8$^{\underline{a}}$ Z Le Senne 9.438. A primeira parte do panfleto reproduz o programa de David para o festival.

21. Marc-René Jung, *Hercule dans la littérature française du XVIe siècle: De l'Hercule courtois à l'Hercule baroque,* Genebra, 1966, esp. pp. 129-31. Ver também Leopold D. Ettlinger, "Hercules Florentinus", *Mitteilungen des Kunsthistorischen Institutes in Florenz* 16, 1972, pp. 119-42, esp. p. 127.

22. *Mémoires et Journal de J.-G. Wille, graveur du Roi,* 2 v., Paris, 1857, v. 2, p. 387.

23. *Ibid.*

24. *Procès-verbaux du Comité d'Instruction publique* 2, pp. 775-82. Para o contexto histórico geral, ver Georges Lefebvre, *The French Revolution: from 1793 to 1799,* trad. John Hall Stewart e James Friguglietti, Nova York, 1964, esp. cap. 2.

25. Para uma breve descrição, ver Serge Bianchi, *La Révolution culturelle de l'an II: elites et peuple (1789-1799),* Paris, 1982, pp. 198-203.

26. *Procès-verbaux du Comité d'Instruction publique* 2, pp. 806-11.

27. *Ibid.,* pp. 778-9 e 806-11.

28. "Sur les rapports des idées religieuses et morales avec les principes républicains, et sur les fêtes nationales", *Oeuvres de Maximilien Robespierre* 10 (Discours: 27 juillet 1793—27 juillet 1794), Paris, 1967, p. 455.

29. Esta citação provém de uma declaração de Fouché aos cidadãos do departamento de Aube, com data de 29 de junho de 1793 (Troyes), *Archives Parlementaires* 68, p. 73 [atas da convenção, 2 de julho de 1793].

30. Jean Mistler, François Blaudez e André Jacquemin, *Epinal et l'imagerie populaire*, Paris, 1961.

31. O arco é descrito em Lawrence M. Bryant, "Parlementaire political theory in the Parisian Royal Entry Ceremony", *Sixteenth Century Journal* 7, 1976, pp. 15-24. Sou grata ao autor por ter me chamado a atenção para esse detalhe. Esse aparecimento anterior da figura de Hércules não é mencionado em J.-B. Gaignebet, "Essai sur le cheminement d'Hercule au cours de l'histoire de France", *Provence historique* 25, 1975, pp. 111-24.

32. Jung, *Hercule dans la littérature française*, esp. pp. 73-93.

33. Gaignebet, "Essai", p. 121.

34. *Ibid.* Essa não foi a única contribuição de Dupré para a arte revolucionária americana. Ver a figura da medalha em Joshua C. Taylor, *The fine arts in America*, Chicago, 1979, p. 30. Sobre a carreira pré-revolucionária de Dupré, ver Charles Saunier, *Augustin Dupré: Orfèvre, Médailleur, et Graveur-Général des Monnaies*, Paris, 1894.

35. Frank H. Sommer, "Emblem and device: the origin of the Great Seal of the United States", *Art Quarterly* 24, 1961, pp. 57-76, esp. pp. 65-67.

36. *Ibid.*, pp. 73-4.

37. B. N., Réserve. *Iconologie ou Traité de la Science des Allegories à l'usage des Artistes en 350 Figures, Gravées d'après les dessins de M. M. Gravelot et Cochin: Avec les explications relatives à chaque sujet*, Paris, s.d. Segundo o "Avis de l'Editeur" no início da obra, ela foi publicada em 1791.

38. *Ibid.* 2, pp. 55. A representação feminina da "Força" aparece como a rainha de Espadas em uma edição revolucionária de cartas de baralho lançada em 1792 (Henry-René D'Allemagne, *Les Cartes à jouer, du XIVe au XXe siècle*, 2 v., Paris, 1906, v. 1, p. 131.

39. Conforme citado em Jane Abray, "Feminism in the French Revolution", *American Historical Review* 80, 1975, p. 57. Ver também Darline Gay Levy, Harriet Branson Applewhite e Mary Durham Johnson, *Women in revolutionary Paris, 1789-1795*, Urbana, Ill., 1979. Levy primeiro chamou minha atenção para essa questão e aventou que talvez ela se relacionasse à aparência de Hércules. Para uma concepção instigante sobre uma situação revolucionária semelhante em 1848, ver Neil Hertz, "Medusa's head: male hysteria under political pressure", *Representations* 4, 1983, pp. 27-54.

40. Ver, por exemplo, Geneviève Bolleme, *La Bibliothèque bleue: Littérature populaire en France du XVIIe au XIXe siècle*, Paris, 1971.

41. Auguste Prudhomme, *Histoire de Grenoble*, Grenoble, 1888, pp. 640-1. A mesma descrição encontra-se em Albin Gras, *Deux années de l'histoire de*

Grenoble, depuis la suspension de Louis XVI (*10 août 1792*), *jusqu'à la chute de Robespierre* (*9 thermidor an II* [*27 juillet 1794*]), Grenoble, 1850, pp. 65-6.

42. Alguns comentários interessantes sobre o mastro festivo encontram-se em J. Boutier, "Jacqueries en pays croquant: Les Révoltes paysannes en Aquitaine (décembre 1789—mars 1790)", *AESC* 34, 1979, pp. 760-86, esp. p. 764.

43. *Ibid.*

44. Em seu primeiro discurso à Convenção, em 7 de novembro de 1793, David não incluiu "*travail*", pelo menos segundo o relato constante no *Moniteur*. Mas dez dias depois o decreto oficial incluiu a menção "sur ses mains, *Travail*" [em suas mãos, Trabalho] (*Procès-verbaux du Comité d'Instruction publique* 2, pp. 778-9, 806). Judith Schlanger inclui uma fascinante análise da "dimensão ideográfica da palavra escrita" em seu ensaio sobre esse aspecto do projeto de David, "Le peuple au front gravé", *L'Enjeu et le débat*, Paris, 1979, pp. 155-68.

45. Citação do discurso de Robespierre de 5 de fevereiro de 1794 intitulado "Moral and political principles of domestic policy", trad. Philip Dawson, *The French Revolution*, Englewood Cliffs, N. J., 1967, p. 135.

46. Colin Lucas, "Nobles, bourgeois and the origins of the French Revolution", *Past and Present*, nº 60, 1973, pp. 84-126, esp. p. 88.

47. *Recueil complet de tout ce qui s'est passé.*

48. *Révolutions de Paris*, nº 217 (10-18 frimaire an II). Posteriormente apareceram gravuras para acompanhar o texto e foram inseridas nos jornais encadernados.

49. "Les sans-culottes, même s'ils eurent à l'occasion une attitude plus libérale, estimaient comme les Jacobins que les femmes doivent être reléguées 'dans la sphère étroite de leur ménage'" [os sans-culottes, ainda que na ocasião adotassem uma atitude mais liberal, julgavam, como os jacobinos, que as mulheres deviam ser relegadas "à esfera restrita de seu lar"] (Albert Soboul, *Les Sans-Culottes parisiens en l'an II*, 2ª ed., Paris, 1962, p. 507).

50. Iniciou-se uma concorrência de projetos para diversos monumentos, incluindo a "figura do povo francês" do festival de 10 de agosto, porém nunca houve julgamento. Em 29 de novembro de 1794 (vários meses depois da queda de Robespierre e David), Thibaudeau sugeriu que os próprios artistas escolhessem um júri. Pelo que pude determinar, embora esse parecer fosse adotado, nunca chegou a ser posto em prática (*Procès-verbaux du Comité d'Instruction publique* 4 [1 germinal ano II (21 de março de 1794) — 11 frutidor ano II (28 de agosto de 1794)], pp. 253-8).

51. M. Castonnet-Desfosses, *Paris en 1794: La Fête de l'Etre suprême*, Paris, 1883, B. N., 8º Le Senne 6790.

52. Uma lista pormenorizada de despesas para o Festival do Ser Supremo

inclui doze dias de trabalho de pedreiros para a instalação de andaime e posicionamento da figura sobre a coluna situada à esquerda da montanha. Independentemente de qual tenha sido a origem da figura, esta descrição mostra que foi produzida uma versão da figura de David (A. N., F¹ᶜ I 84, *Fêtes publiques*, an II—an IV, dossiê classificado como II, 14 juillet [26 messidor an II]).

53. Na Florença renascentista, Hércules comumente era associado ao Davi bíblico (Ettlinger, "Hercules Florentinus"). Além disso, David considerava-se grande admirador de Michelangelo (David Lloyd Dowd, *Pageant-Master of the Republic: Jacques-Louis David and the French Revolution*, Lincoln, Neb., 1948, p. 10).

54. Baczko, *Lumières de l'Utopie*, Paris, 1978, pp. 361-2. Segundo as gravuras, a decoração do Festival da Vitória foi bem semelhante à do Festival do Ser Supremo realizado alguns meses antes. Ver a gravura reproduzida como ilustração nº 34 em Marie-Louise Biver, *Fêtes révolutionnaires à Paris*, Paris, 1979.

55. Biver, *Fêtes révolutionnaires*, p. 101.

56. *Procès-verbaux du Comité d'Instruction publique* 6 (6 germinal an III [26 mars 1795] — 4 brumaire an IV [26 octobre 1795]), Paris, 1907, pp. 818, 861, 869.

57. *Rapport... sur les sceaux... 11 pluviôse an IV*.

58. Ver, p. ex., *Procès-verbal des séances du Conseil des Cinq-Cents, nivôse an IV*, Paris, s.d. Desde o início da Revolução, boa parte desse simbolismo abstrato fora extraída, conscientemente ou não, de fontes maçônicas (Jules Renouvier, *Histoire de l'Art pendant la Révolution considéré principalement dans les estampes*, Paris, 1863).

59. Michel Hennin, *Histoire numismatique de la Révolution française*, 2 v., Paris, 1826, v. 1, pp. 519-20.

60. *Ibid.*, p. 519.

61. *Jounal des débats*, relatório sobre a sessão de 3 floréal an VI do Conseil des Cinq-Cents.

62. *Ibid.*, relatório da sessão de 27 messidor an VI do Conseil des Anciens.

63. *Ibid.* Ver também *ibid.*, debate em 12 messidor an VI. A moeda de Hércules continuou em circulação no mínimo até o ano IX (P. Ciani, *Les monnaies françaises de la Révolution à la fin du premier empire, 1789 à 1815*, Paris, 1931, p. 122).

64. Barbara Ernst, *Les Monnaies Françaises depuis 1848: Die Französischen Münzen seit 1848* (Braunschweig, 1968), pp. 20, 33, 54. Nesses períodos posteriores, os desenhos originais de Dupré foram simplesmente revividos sem grandes mudanças, exceto na legenda, que de "União e força" passou para "Liberdade, igualdade, fraternidade".

65. "Man and woman in Socialist iconography", *History Workshop Journal* 6, 1978, pp. 121-38.

66. Ver as críticas de Maurice Agulhon e Sally Alexander, Anna Davin e Eve Hostettler em *History Workshop Journal* 8, 1979, pp. 167-82.

67. "Man and woman", p. 129.

68. John Foster, *Class struggle and the Industrial Revolution: early industrial capitalism in three English towns*, Londres, 1974, p. 101.

69. *Sentimental education*, trad. Robert Baldick, Londres, 1964, p. 41. [Em português, *A educação sentimental*, trad. Adolfo Casais Monteiro, São Paulo, Abril Cultural, 1985.]

70. A crítica de Agulhon a Hobsbawm lembra muito de seus temas em *Marianne au combat*: "On political allegory: a reply to Eric Hobsbawm", *History Workshop Journal* 8, 1979, pp. 167-73.

71. Para a versão francesa, ver Gustave Flaubert, *L'Education sentimentale*, Paris, 1965, p. 49.

72. Tradução para o inglês em Philip Dawson, *The French Revolution*, p. 134. Grifo meu.

73. A explicação da alegoria encontra-se em *Collection de Vinck 4 (Napoléon et son temps)*, Paris, 1969, pp. 3-4.

74. Biver, *Fêtes révolutionnaires*, p. 148.

4. GEOGRAFIA POLÍTICA DA REVOLUÇÃO [pp. 151-76]

1. De *Thoughts on French affairs*, em Robert A. Smith (ed.), *Burke on revolution*, Nova York, 1968, p. 190. [Em português: *Reflexões sobre a Revolução em França*, trad. de Renato de Assumpção Faria, Denis Fontes de Souza Pinto e Carmen Lidia Richter Ribeiro Moura, Brasília, UnB, 1982.] Sobre as concepções de Burke, ver J. G. A. Pocock, "The political economy of Burke's analysis of the French Revolution", *Historical Journal* 25, 1982, pp. 331-49.

2. *Projet de Constitution pour la République française et discours préliminaire*, Paris, an III, p. 7.

3. Lynn Hunt, David Lansky e Paul Hanson, "The failure of the Liberal Republic in France, 1795-1799: the road to Brumaire", *Journal of Modern History* 51, 1979, pp. 734-59.

4. Citado em *ibid.*, p. 737.

5. Os procedimentos eleitorais são descritos em Jacques Godechot, *Les institutions de la France sous la Révolution et l'Empire*, 2ª ed., Paris, 1968. As dificuldades da análise eleitoral são ressaltadas em Jean-René Suratteau, "Heurs et malheurs de la 'sociologie électorale' pour l'époque de la Révolution française", *AESC* 28, 1968, pp. 556-80.

6. Vários resultados publicados são comparados em Melvin Edelstein, "Vers une 'sociologie électorale' de la Révolution française: citadins et campagnards", *RHMC* 22, 1975, pp. 508-29.

7. Ver, por exemplo, Paul Bois, *Paysans de l'Ouest: Des structures économiques et sociales aux options politiques depuis l'époque révolutionnaire dans la Sarthe*, Le Mans, 1960.

8. O sufrágio tornou-se praticamente universal para homens adultos a partir de 1792. Depois de 1795 foram reinstituídos requisitos de propriedade para os eleitores (Godechot, *Les Institutions de la France*). Mesmo com tais requisitos, e de fato até sob o regime de 1790-1, quando a elegibilidade para o voto se limitava aos que pagavam certo nível de impostos, o direito a voto foi muito mais amplo sob a Revolução do que no período subseqüente, 1800-47.

9. Michael L. Kennedy, *The Jacobin clubs in the French revolution: the first years*, Princeton, 1982, esp. pp. 210-23. Isser Woloch, *Jacobin legacy: the democratic movement under the Directory*, Princeton, 1970, pp. 241-71.

10. W. R. Fryer, *Republic or restoration in France? 1794-97*, Manchester, 1965.

11. Para os esforços do governo, ver Jean-René Suratteau, *Les elections de l'an VI et le "coup d'état du 22 floréal"* [*11 mai 1798*], Paris, 1971.

12. Max Frey, *Les transformations du vocabulaire français à l'époque de la Révolution (1789-1800)*, Paris, 1925, pp. 138-67.

13. Ferdinand Brunot, *Histoire de la langue française 9 (La Révolution et l'empire)*, pp. 769-70; e Frey, *Les transformations du vocabulaire*, p. 46.

14. A. N., F[1c] III Somme 9, Correspondance et divers, 1789—an IX, panfleto eleitoral intitulado "Aux Amis de la République" e assinado por Caron-Berquier, impressor do departamento do Somme.

15. *Ibid.*, panfleto do Círculo Constitucional de Amiens, datado de 26 pluviôse an VI, assinado Caron-Berquier, impressor do Círculo Constitucional.

16. O mapa publicado na versão anterior deste capítulo em *The Journal of Interdisciplinary History* 14, 1984, pp. 535-59 incluía apenas os departamentos classificados com um alto grau de probabilidade. Vinte e um departamentos foram excluídos em razão de informações faltantes sobre uma das variáveis na análise discriminante. Aqui os departamentos foram classificados em sua categoria de probabilidade mais alta, independentemente de valores faltantes; a probabilidade mais baixa foi 0,63. Para fins de análise mais detalhada, porém, os departamentos com valores faltantes ou baixas probabilidades de classificação (< 0,99.) foram excluídos. Ver tabelas 1-3. Os leitores interessados nos aspectos técnicos da análise devem consultar o artigo.

17. Alison Patrick, *The men of the First French Republic: political alignements*

in the *National Convention of 1792*, Baltimore, 1972; e Surrateau, *Les elections de l'an VI*, que inclui mapas de resultados eleitorais em 1795 e 1797, bem como de 1798 (pp. 298-300).

18. Suratteau, *Les elections de l'an VI*.

19. O programa Statistical Package for the Social Sciences, do qual a análise discriminante é um subprograma, gera muitos testes de significância. Usou-se o nível de significância padrão de 0,05. Ver também William R. Klecka, *Discriminant analysis*, em Sage University Papers, v. 19, Beverly Hills, 1980.

20. Um mapa das fundações de clubes jacobinos mostra que os clubes eram numerosos nos departamentos do Nord e no sudoeste (e em certa medida no sudeste) (Michel de Certeau, Dominique Julia e Jacques Revel, *Une politique de la langue: la Révolution française et les patois: l'Enquête de Grégoire*, Paris, 1975, p. 37). O mapa de tendências parlamentares deveria ser comparado também com a caracterização feita por Richard Cobb da geografia do "ultra-racismo e extremismo revolucionário", por estender-se em uma vasta meia-lua de Perpignan e Toulouse ao Nièvre, descendo depois pelo vale do Ródano. Cobb estava caracterizando o Terror, por isso seu quadro não coincide totalmente com o meu. Contudo, tanto o mapa do jacobinismo como a geografia do extremismo traçada por Cobb ressaltam o radicalismo do Midi (*The police and the people: French popular protest, 1789-1820*, Oxford, 1970, pp. 127-8).

21. Hervé Le Bras e Emmanuel Todd, *L'Invention de la France: Atlas anthropologique et politique*, Paris, 1981, mapa p. 348.

22. Ver os resultados eleitorais publicados no *Le Monde*, 16 de junho de 1981, pp. 6-7.

23. O estudo clássico é o de François Goguel, *Géographie des élections françaises de 1870 à 1951*, Paris, 1951. A provocadora análise de Le Bras e Todd (nota 21) não inclui a Primeira República. Entretanto, eles afirmam que as divisões políticas na França têm origens de longo prazo em estruturas familiares regionais. Discernem três tipos: regiões de estruturas nucleares (Normandia, Oeste próximo, Champagne, Lorena, Borgonha, Franche-Comté, Orléanais), regiões de estruturas complexas com pouco controle sobre casamentos (sudoeste, Provença, departamento Nord), regiões de estruturas complexas com casamentos controlados (Britânia, País Basco, sul do Maciço Central, Savóia, Alsácia). Cada uma corresponde a uma estrutura política: famílias nucleares correspondem ao desejo de independência e isolamento, estruturas familiares complexas com pouco controle sobre os casamentos correspondem a desejo de comunidade e dependência, estruturas complexas com forte controle correspondem a autoritarismo. Embora essa análise esquemática e por vezes superficial encerre muitos problemas, também sugere algumas direções interessantes para pesqui-

sas. Por exemplo, parece provável que o atrasado oeste (Britânia) se distinguisse do atrasado sudoeste por significativas diferenças culturais que efetivamente produziram conseqüências políticas. As estruturas familiares podem ter sido apenas uma delas. Substituir uma interpretação monocausal, como o marxismo (luta de classes), por outra (estrutura familiar) é instigante, mas insatisfatório, pelas mesmas razões; por exemplo, o mapa 1 mostra que o sudoeste e Provença não se desenvolveram politicamente de modo idêntico apesar das semelhanças na estrutura familiar.

24. Ver o mapa na p. 174 de Maurice Agulhon, *1848 ou l'apprentissage de la République, 1848-1852*, Paris, 1973. Essa comparação é analisada mais pormenorizadamente em Hunt, "The political geography". A comparação com 1848 é fundamental porque as eleições para a Segunda República foram as que mais se assemelharam às eleições para a Primeira República na grande abrangência do direito de voto. Os mesmos padrões regionais aparentemente não se mantiveram nas décadas de 1820 e 1830 (Thomas D. Beck, *French legislators, 1800-1834*, Berkeley, 1974; e Patrick-Bernard Higonnet, "La composition de la Chambre des Députés de 1827 à 1831", *Revue historique* 239, 1968, pp. 351-78). Contudo, é difícil fazer uma comparação com o período entre as duas repúblicas porque o direito de voto era bem mais restrito do que durante os períodos republicanos. Em conseqüência, a esquerda republicana provavelmente não esteve representada; a oposição, na época, era muito mais parecida com a *direita* republicana.

25. Agulhon não analisa detalhadamente o período revolucionário, por isso as razões dessa mudança no Var continuam obscuras (*La Vie sociale en Provence intérieure au lendemain de la Révolution*, Paris, 1970, e *La République au village*, Paris, 1970).

26. Marcel Reinhard, *Le Département de la Sarthe sous le régime directorial*, St. Brieuc, 1935.

27. Uma interessante tentativa de explicar diferenças regionais no período moderno encontra-se em William Brustein, "A regional mode-of-production analysis of political behavior: the cases of Western and Mediterranean France", *Politics and Society* 10, 1981, pp. 355-98. Esse autor usa os resultados de eleições nacionais em 1849, 1885, 1936 e 1978, concentrando-se sobretudo na votação para a direita no oeste e na votação para a esquerda nos departamentos mediterrâneos. Essa escolha diminui a utilidade de comparações com o período revolucionário porque a esquerda era mais forte precisamente na área entre essas duas regiões! Como o próprio Brustein admite, seu modelo dos efeitos do modo de produção funciona melhor para as eleições de 1936 e 1978 (p. 396). A ênfase de Brustein sobre o cálculo racional de interesses materiais contrasta fortemente com o destaque dado por Yves-Marie Bercé à persistência no longo prazo da rebeldia regional

no Sudoeste (*Croquants et Nu-pieds: Les Soulèvements paysans en France du XVIe au XIXe siècle*, Paris, 1974). O mapa de levantes camponeses no século XVII coincide em grande medida com o mapa dos votos para a esquerda durante a Revolução. O próprio Bercé pouco discorre sobre o período revolucionário.

28. No entanto, a religião claramente foi um fator em algumas áreas (Timothy Tackett, "The West in France in 1789: The religious factor in the origins of the counterrevolution", *Journal of Modern History* 54, 1982, pp. 715-45).

29. A média informada foi extraída de René Le Mée (Apêndice A, dado para URB1806). A média para os 83 departamentos aqui considerados foi 17%.

30. Usou-se a média de alfabetização dos homens e mulheres em vez de apenas a dos homens. De qualquer modo, a correlação entre a alfabetização dos homens e a "alfabetização total" é de 0,98, e a correlação entre alfabetização das mulheres e a alfabetização total é de 0,96.

31. Além disso, os departamentos que mudaram para a esquerda tinham menor área dedicada à agricultura. As médias foram de 42 mil hectares para os departamentos que mudaram para a esquerda, 55 mil hectares para os de esquerda, 61 mil hectares para os de direita e 53 mil hectares para os que mudaram para a direita (Apêndice A, sob AGPROD).

32. Fox, *History in geographical perspective: the other France*, Nova York, 1971.

33. Tilly, *The Vendée*, Cambridge, Mass., 1964.

34. A importância da urbanização é destacada em *ibid.* e em vários estudos analisados em Gilbert Shapiro, John Markoff e Sasha R. Weitman, "Quantitative studies of the French Revolution", *History and Theory* 12, 1973, pp. 163-91.

35. A. N., F^{1c} III Vendée 7, Correspondance et divers, 1789-1815, carta do agente do Diretório à administração departamental, 19 ventôse an VI.

36. Alguns comentários sugestivos sobre relações de clientelismo no movimento federalista podem ser encontrados em Paul Richard Hanson, "The Federalist Revolt of 1793: a comparative study of Caen and Limoges", diss. Ph.D., Universidade da Califórnia em Berkeley, 1981, esp. pp. 337-423.

37. Sobre Lyon, ver A. N., F⁷ 6759, Policie générale: Troubles à Lyon.

38. A. N., F⁷ 6216, Affaires politiques, an V—1830, n° 3963, "Conspiration de la Gironde", relatório do Ministério da Polícia ao diretório.

39. "Résumé des comptes-rendus au Ministre de l'Intérieur par les Commissaires du Directoire éxecutif près les administrations centrales des départements, pendant les mois de floréal an VII", reproduzido em Félix Rocquain, *L'Etat de la France au 18 brumaire*, Paris, 1874, p. 380.

40. Albert Soboul, *Les sans-culottes parisiens en l'an II*, 2ª ed., Paris, 1962. Michel Vovelle menciona apenas brevemente essa questão em "Le Prolétariat flot-

tant à Marseille sous la Révolution française", *Annales de démographie historique*, 1968, pp. 111-38.

41. Gaston Ducaunnès-Duval, *Ville de Bordeaux: Inventaire-Sommaire des Archives municipales: Période révolutionnaire (1789—an VIII)*, 4 v., Bordeaux, 1896-1929, v. 3, p. 37 (reimpressão de documento datado de 8 vendémiaire an V).

42. Ver, p. ex. Gwynne Lewis, *The Second Vendée: the continuity of counterrevolution in the Department of the Gard, 1789-1815*, Oxford, 1978.

43. *Jacobin legacy*, p. 283.

44. *Paysans de l'Ouest*.

45. Reinhard, *Le Département de la Sarthe*.

46. Citado em Roger Doucet, *L'Esprit public dans le département de la Vienne pendant la Révolution*, Paris, 1910, p. 263.

47. G. Brégail, "Le Gers pendant la Révolution", *Bulletin de la Société d'histoire et d'archéologie du Gers* 30, 1929, pp. 89-120, 224-59, 354-77.

48. G. Arnaud, *Histoire de la Révolution dans le département de l'Ariège (1789-1795)*, Toulouse, 1904, p. 309.

49. Para o diferencial urbano-rural, ver François Furet e Jacques Ozouf, *Lire et écrire: L'Alphabétisation des français de Calvin à Jules Ferry*, Paris, 1977, pp. 229-45.

50. Ver também Hunt, Lansky e Hanson, "The failure of the Liberal Republic". O que se sabe sobre estruturas socioeconômicas não é suficiente para permitir uma avaliação mais refinada. Uma comparação sistemática das vendas de terras no país poderia vir a ser informativa. Bois mostrou que essa foi uma das diferenças cruciais entre os distritos orientais e ocidentais de Sarthe: nos distritos ocidentais e contra-revolucionários, havia mais terras da Igreja, e uma parcela maior dessas terras foi comprada por não-residentes vindos das cidades. Georges Lefebvre constatou que os camponeses puderam comprar consideráveis extensões de terras no Nord, embora ele não examine as vendas paralelamente aos padrões de votação (*Les Paysans du Nord pendant la Révolution française*, Bari, 1959, esp. pp. 514-23). Infelizmente, a maioria dos estudos sobre vendas concentraram-se no norte da França, e o impacto sobre os camponeses revelou-se muito variável. Para um resumo, ver Michel Vovelle, *La Chute de la monarchie, 1787-1792*, Paris, 1972, p. 195.

Desde o trabalho de André Siegfried, analistas vêm chamando a atenção para o impacto das disposições sobre a posse da terra, mas tem sido difícil determinar os padrões gerais. Ver a análise em Theodore Zeldin, *France, 1848-1945: politics and anger*, Oxford, 1979, pp. 1-28. Brustein tenta explorar sistematicamente essa variável na política francesa dos séculos XIX e XX (nota 27). Em âmbito mais local, esse fator é ressaltado em T. J. A. Le Goff, *Vannes and its region: a study of town and country in eighteenth-century France*, Oxford, 1981. Ninguém conseguiu generalizar esse fator para o nível nacional.

Um estudo recente de Dominique Margairaz sobre preços durante a Revolução mostra uma interessante sobreposição regional no mapa político aqui descrito: o norte agrícola tinha preços baixos para os grãos mas preço elevado para a carne; no sudeste acontecia o inverso, e no sudoeste os preços da carne eram baixos e o dos grãos, variáveis. Margaraiz atribui essas diferenças a variações no desenvolvimento ("Dénivellations des prix et inégalités de développement régional dans la France de 1790: Essai de cartographie", *AHRF* 53, 1981, pp. 262-78).

51. Ver o mapa na p. 84 de Ran Yedid-Halévi, "La Sociabilité maçonnique et les origines de la pratique démocratique", *Thèse de 3ᵉ cycle*, Paris, Ecole des hautes études en sciences sociais, 1981.

52. Kennedy, *The Jacobin clubs*, pp. 5-7.

5. A NOVA CLASSE POLÍTICA [pp. 178-209]

1. Ver esp. Soboul, *Les Sans-culottes parisiens en l'an II*, 2ª ed., Paris, 1962.
2. *The social interpretation of the French Revolution*, Cambridge, 1964, esp. pp. 54-67.
3. *The police and the people: French popular protest, 1789-1820*, Oxford, 1970, p. 200.
4. Por exemplo, uma prolongada controvérsia foi provocada pelo artigo de Elizabeth Eisenstein, "Who intervened in 1788? A commentary on the *Coming of the French Revolution*", *American Historical Review* 71, 1965, pp. 77-103. As limitações de dados foram inerentes nas etapas iniciais do debate sobre a interpretação marxista ou social.
5. *The social interpretation*, p. 61; e Cobban, *Aspects of the French Revolution*, Nova York, 1970, pp. 109-11.
6. Lynn Hunt, David Lansky e Paul Hanson, "The failure of the Liberal Republic, 1795-1799: the road to brumaire", *Journal of Modern History* 51, 1979, pp. 734-59, esp. p. 746.
7. Para a Assembléia Constituinte, ver Edna-Hindie Lemay, "La Composition de l'Assemblée nationale constituante: Les Hommes de la continuité?", *RHMC* 24, 1977, pp. 341-63, esp. p. 345. Para a Convenção, ver Alison Patrick, *The men of the First French Republic: political alignements in the National Convention of 1792*, Baltimore, 1972, p. 260 (deputados ocupados em "negócios" = 9%). O dado para os Conselhos Diretoriais (3%, mas 4% se forem excluídos os desconhecidos) baseia-se em uma amostra aleatória de cem deputados extraída de Auguste

Kuscinski, *Les Députés au corps législatif, Conseil des Cinq Cents, Conseil des Anciens, de l'an IV a l'an VIII*, Paris, 1905.

8. Um resumo das distribuições etárias para três legislaturas pode ser encontrado em Hunt, Lansky e Hanson, "The failure of the liberal republic", p. 745.

9. Ver apêndice B para as fontes. Foram encontradas as idades para 71% dos conselheiros municipais, 1790-9. As idades citadas são para todos os detentores de cargos nos períodos especificados, para 1790, 1793 e 1795, respectivamente. Os conselheiros municipais não eram mais velhos que os militantes das bases. Martyn Lyons descobriu, por exemplo, que a idade média dos *commissaires* revolucionários em Toulouse era 45 anos em 1793 (*Revolution in Toulouse: an essay on provincial terrorism*, Berna, 1978, p. 188).

10. Para a Convenção Nacional, ver Patrick, *The men of the First French Republic*, p. 204. Para os deputados diretoriais, ver Hunt, Lansky e Hanson, "The failure of the Liberal Republic", p. 750.

11. Quatremère de Quincy, *La Véritable liste des candidats, précédée d'observations sur la nature de l'institution des candidats, et son application au gouvernement représentatif*, 2ª ed., Paris, 1797, pp. 37, 39.

12. Alison Patrick não fornece números específicos para detentores de cargos locais entre os *conventionnels*; a porcentagem de 86% foi calculada com base em sua tabela em *The men of the First French Republic*, p. 203 (acrescentando-se os que não tinham experiência aos que eram apenas membros de clube ou jornalistas e subtraindo esse total do número total de deputados). O dado sobre os deputados diretoriais provém de Hunt, Lansky e Hanson, "The failure of the Liberal Republic", p. 747.

13. Os números para Allier baseiam-se nas listas fornecidas em G. Rougeron, *Les Administrations départementales de l'Allier (1790—an VIII)*, Montluçon, 1957. Para Marne, ver os nomes fornecidos em Raymond Nicolas, *L'Esprit public et les élections dans le département de la Marne de 1790 à l'an VIII*, Châlons-sur-Marne, 1909. Para Haute-Saône, ver Jean Girardot, *Le département de la Haute-Saône pendant la Révolution*, 3 v., Vesoul, 1973.

14. Rougeron, *Les Administrations départementales de l'Allier*.

15. *Recherches sur la vie politique de l'Alsace pré-révolutionnaire et révolutionnaire*, Estrasburgo, 1966, pp. 165-7.

16. Os números aqui apresentados baseiam-se nas listas em Rougeron, *Les Administrations départementales de l'Allier*. Esse é um dos poucos estudos que abrangem toda a década e fornecem consideráveis informações biográficas sobre cada administrador departamental. A maioria dos estudos apresenta caracteriza-

ções gerais em vez de dados quantitativos ou informações passíveis de quantificação.

17. Nicolas, *L'Esprit public* [...] *département de la Marne*, annex III; e Girardot, *Le Département de la Haute-Saône* 2, anexo V, e 3, anexo I. Depois de 1790 em Meurthe, os administradores identificaram-se apenas segundo seus cargos revolucionários (Henry Poulet, "L'Administration centrale du département de la Meurthe de l'établissement des départements à la création des préfectures [1790-1800]", *La Révolution française* 51 e 52, 1906-7, esp. v. 51, pp. 446-7).

18. Um resumo das distribuições residenciais pode ser encontrado em Hunt, Lansky e Hanson, "The failure of the Liberal Republic", p. 744.

19. Louis Bergeron e Guy Chaussinand-Nogaret, *Les "Masses de granit"*: *Cent mille notables du Premier Empire*, Paris, 1979, p. 29.

20. Os cálculos de números de autoridades régias basearam-se em Poulet, "L'Administration centrale du département de la Meurthe"; Marcel Bruneau, *Les Débuts de la Révolution dans les départements du Cher et de l'Indre* (*1789-1791*), Paris, 1902, pp. 143-9; Girardot, *Le Département de la Haute-Saône*, v. 2, anexo V; Eugène Dubois, *Histoire de la Révolution dans l'Ain*, 6 v., Bourg, 1931-5, esp. v. 1, pp. 204-5; e Rougeron, *Les Administrations départementales de l'Allier*, pp. 8-10, 39-40. A rejeição aos funcionários régios aparentemente prosseguiu durante toda a era napoleônica; apenas 7% dos notáveis de 1810 haviam ocupado cargos na administração civil da Coroa (Bergeron e Chaussinand-Nogaret, *Les "Masses de granit"*, p. 29.

21. Louis Méry e F. Guindon, eds., *Histoire analytique et chronologique des actes et des déliberations du corps et du conseil de la municipalité de Marseille*, 8 v., Marselha, 1841-73, v. 5, p. 37. Se não forem excluídos os desconhecidos dos totais em Angers, o aumento passa de 29% para 37%. Os cálculos baseiam-se nas listas fornecidas em F. Uzureau, "La Municipalité d'Angers pendant la Révolution", *Andegaviana* 13, 1913, pp. 272-84.

22. Uma análise dessas questões aplicada a cidades norte-americanas encontra-se em David C. Hammack, "Problems in the historical study of power in the cities and towns of the United States, 1800-1960", *American Historical Review* 83, 1978, pp. 323-49.

23. Roger Agache et al., *Histoire de la Picardie*, Toulouse, 1974, esp. cap. 12, "Forces et faiblesses de l'Ancien Régime", por Pierre Deyon, pp. 313-28. Ver também Charles Engrand, "Pauperisme et condition ouvrière au XVIIIe siècle: L'Exemple amiénois", *RHMC* 29, 1982, pp. 376-410.

24. A. N., F^{lc} III Somme 9, Correspondance et divers, 1789—an IX, carta de Scellier, membro do Conselho dos Quinhentos, ao ministro do Interior, 30 brumário ano IV.

25. A. Dubois, *Notes historiques sur Amiens, 1789-1803*, Amiens, 1883;

Albéric de Calonne, *Histoire de la ville d'Amiens*, 3 v., Amiens, 1899-1900, esp. v. 2; e F. I. Darsy, *Amiens et le département de la Somme pendant la Révolution: episodes historiques*, 2 v., Amiens, 1878-83, v. 1, p. 181.

26. Pierre Clémendot, *Le Département de la Meurthe à l'époque du Directoire*, Raôn-l'Etape, 1966, p. 502. Sobre o período anterior, ver Albert Troux, *La Vie politique dans le département de la Meurthe d'août 1792 à octobre 1795*, 2 v., Nancy, 1936.

27. Regnier, Jacqueminot e Boulay participaram da comissão que chefiou a transição para o Consulado; todos foram nomeados condes sob o Império. Outro deputado, Mallarmé, participou do Tribunato e se tornou barão (Christian Pfister, "Les Députés du département de la Meurthe sous la Révolution [1791-1799]", *Mémoires de la Société d'Archéologie de Lorraine*, 4ª Série, 11, 1911, pp. 309-425).

28. A. N., F^{1c} III Meurthe 15, Correspondance et divers, 1789—an v, carta de Saulnier, que se assinou "Commissaire du Pouvoir Exécutif" (tendo riscado "Directoire" do formulário oficial), 25 brumário ano VIII.

29. William Doyle, *The Parlement of Bordeaux and the end of the Old Regime, 1771-1790*, Nova York, 1974.

30. Alan Forrest, *Society and politics in revolutionary Bordeaux*, Oxford, 1975. Entre outubro de 1793 e julho de 1794, 302 pessoas foram condenadas à morte pela Comissão (Pierre Bécamps, *La Révolution à Bordeaux [1789-1794]: J.-B.-M. Lacombe, président de la Commission militaire*, Bordeaux, 1953, p. 384).

31. Ver, p. ex., o discurso do comissário do Diretório ao departamento, censurando as "hordas de bandidos" organizados na Gironda (reproduzido em Gaston Ducaunnès-Duval, *Ville de Bordeaux. Inventaire-Sommaire des Archives municipales: Période révolutionnaire [1789—an VIII]*, 4 v., Bordeaux, 1896-1929, v. 3, pp. 45-6 [seu inventário de A. M., Bordeaux D 155, 28 brumaire an V]).

32. Lyons, *Revolution in Toulouse*.

33. A. M., Toulouse, 2D 4, Correspondance de l'administration municipale, 17 fructidor an V, "Observations analitiques [*sic*] de l'administration municipale de la commune de Toulouse sur les points du rapport du citoyen Saladin qui la concerne".

34. Uma breve descrição das mudanças no governo local pode ser encontrada em Cobban, "Local government during the French Revolution", *Aspects of the French Revolution*, pp. 112-30. A análise clássica das questões institucionais encontra-se em Jacques Godechot, *Les institutions de la France sous la Révolution et l'Empire*, Paris, 1968.

35. Extraído de *Thoughts on French affairs*, em Robert A. Smith, ed., *Burke on Revolution*, Nova York, 1968, p. 190.

36. As informações sobre os cargos provêm das fontes citadas no Apêndice

B. Philip Dawson concluiu, de modo semelhante, que "a maioria dos magistrados do *bailliage* revelou, nos anos revolucionários, inaptidão para a política democrática, relutância em participar de controvérsias faccionárias e incapacidade para pôr de lado seu comprometimento com alguma concepção familiar de legalidade". *Provincial magistrates and revolutionary politics in France, 1789-1795*, Cambridge, Mass., 1972, p. 329.

37. *Le Siècle des lumières en province: Académies et académiciens provinciaux, 1680-1789*, 2 v., Paris, 1978, v. 2, pp. 347-56. Essas porcentagens baseiam-se nos dados de Roche.

38. Marie-Yvonne Dessaux, "La Vie municipale à Amiens de 1782 à 1789", U. E. R. de Sciences historiques et géographiques (Amiens, 1978).

39. *Fortunes et groupes sociaux à Toulouse sous la Révolution (1789-1799): Essai d'histoire statistique*, Toulouse, 1969, pp. 84, 153. Sobre o número de comerciantes, ver Georges Marinière, "Les Marchands d'étoffe de Toulouse à la fin du XVIIIe siècle", D. E. S., Toulouse, 1958.

40. Baseado em dados fornecidos em Roche, *Le siècle des lumières*, v. 2, pp. 363-72. Cada uma das fontes usadas por Roche tem suas deficiências, mas as razões delas derivadas realmente indicam a ordem de magnitude das diferenças entre as cidades.

41. Jeffrey Kaplow, *Elbeuf during the revolutionary period: history and social structure*, Baltimore, 1964, esp. as tabelas das pp. 86, 87, 162, 167, 169, 170, 171.

42. Christiane Derobert-Ratel, *Institutions et vie municipale à Aix-en-Provence sous la Révolution (1789—an VIII)*, Millau, 1981, pp. 602-3, 590.

43. Para a composição social da municipalidade de Arles, ver Fabio Sampoli, "Politics and society in revolutionary Arles: Chiffonistes and Monnaidiers", diss. Ph.D., Universidade Yale, 1982, pp. 331, 326-7. Para os artesãos e lojistas de Aix-en-Provence, ver Derobert-Ratel, *Institutions et vie municipale*, p. 590.

44. Georges Castellan, *Une Cité provençale dans la Révolution: Chronique de la ville de Vence en 1790*, Paris, 1978, pp. 47-51. Na época da votação de fevereiro, não havia lista de cidadãos "ativos", portanto todos os chefes de domicílio que pagavam impostos eram elegíveis.

45. *Pont-de-Montvert: social structure and politics in a French village, 1700-1914*, Cambridge, Mass., 1971, pp. 85, 87.

46. R. Rondot, *A Ormoy pendant la Révolution*, Besançon, 1958, p. 41.

47. Francis Hirigoyen, "Bénesse-Maremne pendant la Révolution française", *Bulletin de la Société de Borda* 103, 1978, pp. 51-70.

48. Alain Signor, *La Révolution à Pont-l'Abbé*, Paris, 1969, pp. 132-5 e 216-7.

49. Albert Soboul, "Une Commune rurale pendant la Révolution: Les

Authieux-sur-le-Point-Saint-Ouen (Seine Inférieure), 1789-1795", *AHRF* 25, 1953, pp. 140-60.

50. Em Lourmarin, artesãos e *travailleurs* aparecem nos conselhos em 1793 e 1794 (Thomas F. Sheppard, *Lourmarin in the eighteenth century: a study of a Franch village*, Baltimore, 1971, p. 204). Sheppard esforça-se para minimizar a significância social dessa troca, mas a maioria dos povoados nessa época apresentou as mesmas tendências.

51. Os números para os nobres provavelmente são superestimados. Incluem dois homens em Amiens que se intitularam *écuyers*, mas não participaram das reuniões da nobreza para o *bailliage* de Amiens em 1789. Ambos eram comerciantes ricos. Os nomes dos nobres foram extraídos de Louis de la Roque e Edouard de Barthelemy, *Catalogue des gentilshommes en 1789 et des families anoblies ou titrées depuis le premier empire jusqu'à nos jours*, 2 v., Paris, 1866. Em Aix-en-Provence, outra cidade parlamentar, a parcela de nobres nos conselhos revolucionários foi 7% (Derobert-Ratel, *Institutions et vie municipale*, p. 590).

52. O rol dos conselheiros municipais revolucionários foi cotejado com listas fornecidas no *Almanach historique de la province de Languedoc, 1780-90*.

53. Derobert-Ratel, *Institutions et vie municipale*, p. 601.

54. Esse fato é explicado em detalhes em Lynn Hunt, *Revolution and urban politics in Provincial France: Troyes and Reims, 1786-1790*, Stanford, 1978. Em âmbito local, os advogados não foram tão ativos quanto seus números poderiam indicar. Lenard R. Berlanstein encontrou apenas 54 *avocats* em 276 que ocuparam cargos públicos de qualquer escalão durante a Revolução em Toulouse, e a maioria deles afastou-se durante ou logo após o Terror (*The barristers of Toulouse in the eighteenth century* [1740-1793], Baltimore, 1975, esp. pp. 165, 176).

55. *The Jacobins: an essay in the New History*, Nova York, 1930, p. 60.

56. A. M., Toulouse, 1G 38-53, Contribution foncière, 1791. Foram encontradas avaliações para 44% dos conselheiros. Os dados não foram piores para os conselheiros durante o Terror: foram encontrados valores para 40% dos conselheiros. Em sua comparação de membros de comitês revolucionários, Lyons constatou que "os termidoreanos tendiam a ter rendas maiores, mais propriedades e capital do que seus equivalentes jacobinos"; mesmo assim, esse autor afirma que as distinções sociais foram "obscuras" (*Revolution in Toulouse*, pp. 172-4). Considerando as diferenças nos conselheiros municipais, parece mais apropriado afirmar que as diferenças sociais foram reais, porém não impressionantes.

57. A. M., Toulouse, 1G 38-53.

58. Os números apresentados referem-se aos comerciantes cujas avaliações foram localizadas. As avaliações tributárias de Amiens podem ser encontradas em A.M., Amiens 1G 2.11, Contribution foncière, 1791.

317

59. A. D., Somme, Mb 107529 bis, Liste de Notabilité du département de la Somme, an IX.

60. As porcentagens referem-se a ocupações conhecidas. Para o conselho de janeiro de 1793 foram computados apenas os que ocupavam cargos públicos, e não os *notables*; duas de vinte ocupações não foram determinadas. As desconhecidas são bem mais numerosas no caso da municipalidade de setembro de 1793: dezoito das cinqüenta são indeterminadas. Forrest aparentemente incluiu *notables* em seus números para o conselho de janeiro de 1793; ele menciona 46 comerciantes, doze membros de profissões liberais (incluindo cinco advogados) e sete artesãos ou pequenos negociantes (*Revolutionary Bordeaux*, pp. 122-3).

61. Hirigoyen, "Bénesse-Maremne", e Rondot, *Ormoy*, pp. 14-6, 41.

62. Como muitos estudos de povoados na França, este foi escrito pelo pároco local (F. Page, *Meximieux: Une commune pendant la Révolution*, Belley, 1903).

63. Ver nota 9.

64. Michael L. Kennedy analisa os dados disponíveis em *The Jacobin Club of Marseilles, 1790-1794*, Ithaca, N. Y., 1973, p. 151.

65. A única lista de autoridades que inclui todas as ocupações é a referente a 4 germinal, ano III (Edouard Isambard, *Histoire de la Révolution à Pacy-sur-Eure*, 2 v., Pacy, 1894, v. 2, p. 279).

66. Essa é a lista mais completa para Meximieux (Page, *Meximieux*, p. 228).

67. Sampoli, "Politics and society in revolutionary Arles", pp. 58, 331.

68. Derobert-Ratel, *Institutions et vie municipale*, pp. 29, 590.

69. Essa lista encontra-se em A. M., Nancy, D14, Delibérations municipales, 15 prairial an III.

70. Bernadau de Bordeaux chamou-os "ces atroupements [*sic*] de Bavards, dont on n'a plus besoin" [esses bandos de tagarelas que não são mais necessários] ("Tablètes contemporaines, historiques et cryptografiques, de l'Ecouteur bordelais", vol. 3 [21 septembre 1793 au 22 septembre 1802], em *Oeuvres complètes de Bernadau*, B. M., Bordeaux, ms. 713, v.7, registro para 14 pluviôse an III).

71. Poucos conselheiros municipais apareceram nas listas de "terroristas" compiladas em 1794-5. Para as quatro cidades, ver A. M., Nancy D14, 15 prairial an III; A. M., Amiens, 2I 19, "Liste des citoyens dénoncés au représentant du peuple Blaux", 13 prairial an III; A. M., Toulouse, 2I 26, "Liste des terroristes bien reconnus pour tels"; A. M., Bordeaux, I 69, Polícia: lista de 109 cidadãos a serem desarmados, 14 prairial, ano III. As características sociais dos homens arrolados em todas as quatro cidades são bem parecidas: muitas ocupações não são mencionadas, mas as que o foram consistiram, em grande medida, de diversos clérigos, artesãos e lojistas. As ocupações mais comuns na lista de Bordeaux, por exemplo, foram sapateiro, peruqueiro e alfaiate.

72. Brinton, *The Jacobins*, p. 51. Ele computou apenas *négoçiants* (os grandes atacadistas) e agrupou cidades de vários tamanhos. Seus números para Le Havre (1791) mostram 22% de comerciantes (de profissões conhecidas), e uma razão de dois comerciantes para cada profissional liberal. Analogamente, os comerciantes de Estrasburgo compreendiam 40% dos membros do clube em 1791 e superaram numericamente os profissionais liberais à razão de dois para um. Ver Brinton, tabelas, pp. 302-3. Portanto, nas grandes cidades, a participação dos comerciantes nos clubes jacobinos esteve longe de ser insignificante, embora provavelmente tenha declinado à medida que a Revolução se tornou mais radical. Ver, adicionalmente, os dados fornecidos em Michel de Certeau, Dominique Julia e Jacques Revel, *Une politique de la langue: La Révolution française et les patois: L'Enquête de Grégoire*, Paris, 1975, p. 44; Kennedy, *The Jacobin Club of Marseilles*, p. 156; e Lyons, *Revolution in Toulouse*, pp. 182-3.

73. Morris referia-se aos membros da Assembléia Nacional (Beatrix Cary Davenport, ed., *A diary of the French Revolution by Gouverneur Morris [1752-1816], Minister to France during the Terror*, Boston, 1939, p. 68, 22 de novembro de 1790).

74. Não cabe aqui uma exposição completa sobre qualquer das diferentes interpretações de Marx ou marxismo de modo mais geral. Alguns dos trabalhos recentes sobre essa questão são analisados em Frank Parkin, *Marxism and class theory: a bourgeois critique*, Nova York, 1979.

75. Nova York, 1963, p. 124.

76. Quando descreveu a composição de clubes jacobinos, Brinton afirmou que eles "fornecem um perfil perfeito da sociedade francesa, com a velha aristocracia da corte e o recente proletariado industrial excluídos" (*The Jacobins*, p. 68). Mesmo entre os sans-culottes em Paris havia predominância de lojistas e artesãos com alguns recursos independentes (Soboul, *Les sans-culottes parisiens*, pp. 439-55).

77. Lyons, *Revolution in Toulouse*, p. 174.

78. *Jacobin legacy: the democratic movement under the Directory*, Princeton, 1970, esp. pp. 148-96.

6. FORASTEIROS, AGENTES DA CULTURA E REDES POLÍTICAS [pp. 210-45]

1. Emprego o termo "liminar" no sentido usado em Victor Turner, *The ritual process: structure and anti-structure*, Ithaca, N. Y., 1969, esp. pp. 94-130. [Em português: *O processo ritual: estrutura e antiestrutura*, trad. Nancy Campi de Castro, Petrópolis, Vozes, 1974.]

2. A. N., F¹ᶜ III Vendée 4, Comptes rendus administratifs, 1791—an VIII, carta de St. Christophe-du-Ligueron, 1 de janeiro de 1793.

3. Alan Forrest, *Society and politics in revolutionary Bordeaux*, Oxford, 1975, p. 243.

4. Michel Vovelle, *Ville et campagne au 18ᵉ siècle: Chartres et la Beauce*, Paris, 1980, p. 115.

5. *The Jacobins: an essay in the new history*, Nova York, 1930, pp. 56-7. Para Marselha, ver Michael Kennedy, *The Jacobin Club of Marseilles, 1790-1794*, Ithaca, N. Y., 1973, p. 153.

6. De um discurso feito por Bordas, reproduzido em *Le Moniteur universel* nº 302 (2 thermidor an III) [20 de julho de 1795], p. 1217.

7. Vovelle, *Ville et campagne au 18ᵉ siècle*, p. 113. A literatura sobre migração é analisada em Jean-Pierre Poussou, "Les Mouvements migratoires en France et à partir de la France de la fin du XVᵉ siècle au debut du XIXᵉ siècle: Approches pour une synthèse", *Annales de démographie historique*, 1970, pp. 11-78.

8. Em Reims, o *cahier de doléances* da cidade para os Estates General repetiu a solicitação de muitas corporações para que a ocupação de cargos públicos municipais deixasse de ser restrita aos naturais da cidade, sugerindo em troca a exigência de quinze anos de residência para a elegibilidade. O conselho municipal registrou por escrito a rejeição a essa proposta (Lynn Hunt, *Revolution and urban politics: Troyes and Reims, 1786-1790*, Stanford, 1978, p. 60).

9. *Ibid.*, p. 23. Para Amiens, ver Marie-Yvonne Dessaux, "La Vie municipale à Amiens de 1782 à 1789", U. E. R. des Sciences historiques et géographiques, Amiens, 1978.

10. Forrest, *Revolutionary Bordeaux*, pp. 243-5.

11. Jean Beyssi, "Le Parti jacobin à Toulouse sous le Directoire", *AHRF* 22, 1950, pp. 28-54, 109-33, esp. p. 37; Martyn Lyons, *Revolution in Toulouse: an essay on Provincial terrorism*, Berna, 1978, pp. 186-7; Georges Marinière, "Les marchands d'étoffe de Toulouse à la fin du XVIII siècle", D. E. S., Toulouse, 1958, pp. 154-88.

12. "Souvenirs d'Abraham Furtado", *La Révolution française* 69, 1916, pp. 543-51, citações pp. 549, 547, registro para 14 messidor an VII.

13. A avaliação de Lescouvé para a *contribution foncière* (imposto sobre a renda líquida de propriedades) foi de 1295 francos; a média para todos os conselheiros foi de 1164 francos (foram encontradas avaliações para 42% dos conselheiros) (A. M., Amiens 1G 2.11, Contribution foncière, 1791). Quando ele desposou a filha de um lavrador, em 1757, firmou um modesto contrato de casamento avaliado em apenas 2 mil libras (A. D., Somme, 2C Etude Morel, 28 de maio de 1757). Podemos ver o contraste desse valor com o do contrato de casamento do

comerciante Pierre Guérard, que se casou em 1764; seu contrato foi avaliado em 131 mil libras (A. D., Somme, 2C 705). Guérard foi eleito para o conselho municipal em 1790.

14. Renée Dubos, "Une Société populaire bordelaise: Les Surveillants de la Constitution", *Revue historique de Bordeaux* 25 (1932), 27 (1934) e 29 (1936). Segundo Dubos, o clube compunha-se principalmente de artesãos e pequenos lojistas.

15. R. Brouillard, "Un Maire de Bordeaux inconnu: Pierre Thomas", *Revue historique de Bordeaux* 11 (1918) e 12 (1919).

16. A. M., Nancy, D14, Delibérations municipales, 15 prairial an III.

17. Henry Poulet, "Le Sans-culotte Philip, président de la Société populaire de Nancy", *Annales de l'Est et du Nord* 2, 1906, pp. 248-83, 321-66, 501-29.

18. Pierre Bécamps, *La Révolution à Bordeaux (1789-1794): J.-B-M. Lacombe, président de la Commission militaire*, Bordeaux, 1953.

19. Sainte-Luce-Oudaille, *Histoire de Bordeaux pendant dix-huit mois ou depuis l'arrivée des représentants Tallien et Ysabeau, Beaudot et Chaudron-Rousseau, jusqu'à la fin de leur mission*, Paris, s.d., p. 3.

20. Brinton defende argumento semelhante (*The Jacobins*, p. 57).

21. Edouard Isambard, *Histoire de la Révolution à Pacy-sur-Eure*, 2 v., Pacy, 1894, v. 2, pp. 25, 182-3.

22. Pierre Doudier, *Villages comtois sous la Révolution et l'Empire*, Dôle, 1975, pp. 138-9.

23. Albert Soboul, "Une Commune rurale pendant la Révolution: Les Authieux-sur-le-Port-Saint-Ouen (Seine-Inférieure), 1789-95, *AHRF* 25, 1953, pp. 140-60, esp. pp. 153-6.

24. Francis Hirigoyen, "Bénesse-Maremne pendant la Révolution française", *Bulletin de la société de Borda* 103, 1978, pp. 51-70, esp. pp. 66-7.

25. Antoine Roquette, *Jean-Jacques Roquette ou la Révolution à Saint-Amans-des-Cots*, Paris, 1978, pp. 118-22.

26. *Ibid.*, pp. 145-8.

27. Colin Lucas, *The structure of the Terror: the example of Javogues and the Loire*, Oxford, 1973, citação da p. 235. Lucas fornece muitos pormenores sobre o uso de *commissaires* para levar a mensagem revolucionária aos povoados (esp. pp. 189-219).

28. J. Brélot, *La vie politique en Côte-d'Or sous le Directoire*, Dijon, 1932, p. 42.

29. A. N., F[1b] II Garonne (Haute) 25, "Proclamation de la liste des cent plus imposés de la commune de Toulouse, an IX".

30. Sobre o primeiro casamento de Delamorlière, ver A. D., Somme, 2C Etude Scribe, 15 de julho de 1764. Para seu segundo casamento, ver Etude St. Ger-

main, 21 de outubro de 1788. Os contratos incluem listas de testemunhas e as relações que tinham com o casal.

31. Albéric de Calonne, *Histoire de la ville d'Amiens*, 3 v., Amiens, 1899-1900, v. 2, pp. 415-6 (lista de 36 deputados da cidade).

32. Para Massey, ver A. D., Somme 2C Etude Machart, 8 de dezembro de 1779; para Dupont, ver Etude Delattre, 22 de janeiro de 1792.

33. Para Louis Lefebvre, ver A. D., Somme 2C Etude Baudelocque, 5 de novembro de 1775. O tabelião Baudelocque foi conselheiro municipal em 1790, *notable* no ano III e novamente conselheiro depois do golpe de Bonaparte.

34. Para Delaroche, ver A. D., Somme, 2C Etude Turbert, 19 de abril de 1756.

35. A. D., Somme Mb 107529 bis, Mb 107547 e Mb 107574.

36. *Affiches du Département de la Somme*, 26 de janeiro de 1793.

37. Marc Edme Rigollot nasceu em Boegevin (Haute-Marne) (Calonne, *Histoire de la ville d'Amiens*, v. 2, p. 475).

38. A. D., Somme, 2C Etude Morel, 28 de maio de 1757.

39. A. D., Somme, 2C Etude Baudelocque, 28 de junho de 1783.

40. "Les Registres de capitation d'Amiens au XVIIIe siècle", *Revue du Nord* 42, 1960, pp. 19-26, esp. pp. 20-1.

41. Esse aspecto é analisado em detalhes por Antonino de Francesco, "Le Quartier lyonnais de la Croisette pendant les premières années de la Révolution (1790-1793)", *Bulletin du Centre d'histoire économique et sociale de la région lyonnaise*, nº 4, 1979, pp. 21-64.

42. Oito comerciantes nos conselhos foram avaliados em nível superior, e cinco em nível inferior ao dos dois abastados merceeiros (A. M., Amiens, 1G 2.11, Contribution foncière, 1791).

43. Calonne, *Histoire de la ville d'Amiens*, v. 2, pp. 462-3.

44. Uma fonte inestimável para a história de Amiens nos primeiros anos da Revolução é *Documents pour servir à l'Histoire de la Révolution française dans la ville d'Amiens*, 5 v., Paris, 1894-1902. Sobre a *fête des sayeteurs* e as manifestações de julho-agosto de 1792, ver v. 5, pp. 189-298.

45. A. M., Amiens, 2I 19, "Liste des citoyens dénoncés au représentant du peuple Blaux, comme ayant participé aux horreurs commises avant le 9 thermidor à Amiens", 13 prairial an III. A lista continha apenas dezesseis nomes.

46. Os dados sobre a composição social da lojas foram extraídos de Daniel Roche, *Le Siècle des lumières en province: Académies et académiciens provinciaux, 1680-1789*, 2 v., Paris, 1978, v. 2, pp. 419-24.

47. Sobre a relação entre maçonaria e jacobinismo, ver Michael L. Kennedy, *The Jacobin clubs in the French Revolution: the first years*, Princeton, 1982, pp. 5-7.

48. O arquivo dos conselheiros foi comparado com os nomes constantes da

lista em Charles Bernadin, *Notes pour servir à l'histoire de la Franc-maçonnerie à Nancy jusqu'en 1805*, Nancy, 1910. Esses números são bem semelhantes aos de Aix-en-Provence: 37% em fevereiro de 1790, 4% em setembro de 1793, 15% no período final do Diretório (Christiane Derobert-Ratel, *Institutions et vie municipale à Aix-en-Provence sous la Révolution* [*1789—an VIII*], Millau, 1981, p. 602).

49. Algumas lojas maçônicas continuaram a se reunir após 1789 em Nancy e Toulouse. Essa continuidade contrasta com o desaparecimento de lojas em Provença (Maurice Agulhon, *Pénitents et Francs-Maçons de l'ancienne Provence*, Paris, 1968).

50. J. Gros, "Les Loges maçonniques de Toulouse (de 1740 à 1879)", *La Révolution française* 40, 1901, pp. 234-70, 297-318.

51. A lista de conselheiros foi comparada com as listas de membros em B. N., Fonds Maçonniques (F. M.)² 443, 444, 451, 454, 455, 458, 462, 464, 471, 478, 479. Sem dúvida alguns maçons em Toulouse deixaram de ser computados porque as listas não são completas para todas as lojas. Foi usada a lista de 1786 para a loja Encyclopédique. As listas para Bordeaux nos Fonds foram ainda mais incompletas, e por isso Bordeaux foi omitida aqui. Havia doze lojas em Bordeaux em 1789 (G. Hubrecht, "Notes pour servir à l'histoire de la Franc-maçonnerie à Bordeaux", *Revue historique de Bordeaux et du département de la Gironde* n.s. 3, 1954, pp. 143-50). Algumas informações biográficas isoladas também foram obtidas em Joel Coutura, *La Franc-Maçonnerie à Bordeaux* (*XVIIIe-XIXe siècles*), Marselha, 1978.

52. Agulhon, *Pénitents et Francs-Maçons*, p. 186.

53. Michel Taillefer, "La Franc-maçonnerie toulousaine et la Révolution française", *AHRF* 52, 1980, pp. 59-90, esp. p. 72. Taillefer afirma que os maçons de Toulouse estiveram associados a várias opções políticas: eram maçons 38% dos girondinos, 32% dos jacobinos e 30% dos realistas. Segundo minhas informações sobre os conselheiros municipais, 25% dos que eram jacobinos também eram maçons.

54. Gros, "Les Loges maçonniques", p. 264; Taillefer, "La Franc-maçonnerie toulousaine", pp. 83-9.

55. Brinton, *The Jacobins*; Kennedy, *The Jacobin Clubs*.

56. Forrest, *Revolutionary Bordeaux*, p. 68.

57. A. D., Gironde, 12L 19, lista de cerca de quatrocentos membros, sem data. Como não existe a lista completa de membros, os números aqui apresentados só podem ser considerados aproximações.

58. Forrest, *Revolutionary Bordeaux*, pp. 63-6.

59. Beyssi, "Le Parti jacobin", p. 46.

60. Não existe uma única lista de membros de clubes jacobinos em Tou-

louse. Jean Beyssi baseou sua análise do "partido jacobino" na lealdade política durante o regime do Diretório, e não em filiação documentada ao clube (*ibid.*). A lista de jacobinos usada aqui se baseia em todos os nomes mencionados nas atas do clube. Esse procedimento é útil (e provavelmente mais acurado que o método de Beyssi), mas não totalmente satisfatório, pois as atas do clube só vão até 24 de agosto de 1793 (A. D., Haute-Garonne L4542-4544). Os outros registros do clube abrangem o mesmo período (6 de maio de 1790—24 de agosto de 1793), mas incluem poucos nomes.

61. A. M., Amiens, 2I 46, Registre de présence des membres de la société populaire, du 10 pluviôse an II au 7 frimaire an III. O registro abrange o auge do Terror e alguns meses da reação (29 de janeiro de 1794—27 de novembro de 1794). Contudo, provavelmente não computa os homens que se filiaram nos primeiros anos e depois se desligaram, e portanto muito provavelmente exagera a proporção de artesãos e lojistas, muitos dos quais se filiaram após 10 de agosto de 1792. A proporção de jacobinos nos conselhos municipais em Aix-en-Provence foi notavelmente estável: de 51% sob a reação termidoreana a 69% em novembro de 1790 (em todas as outras épocas, foi entre 51% e 58%) (Derobert-Ratel, *Institutions et vie municipale*, p. 602). Em Aix, a correlação entre a política geral da cidade e a posição do clube jacobino local foi extremamente próxima. Neste aspecto, Aix assemelhou-se a Toulouse, mas por motivos diferentes: ambas eram do centro em Aix, ao passo que em Toulouse eram de esquerda.

62. Apenas as porcentagens dos membros com ocupação conhecida são fornecidas aqui, pois a proporção de desconhecidos variou consideravelmente entre as cidades. Em Toulouse, por exemplo, havia 11% com ocupações desconhecidas (entre os jacobinos nos conselhos). Das conhecidas, 16% eram advogados e 11% de outras profissões liberais.

63. Gaston Ducaunnès-Duval, *Ville de Bordeaux: Inventaire-Sommaire des Archives municipales: Période révolutionnaire (1789—an VIII)*, 4 v., Bordeaux, 1896-1929, v. 3, pp. 66 e 76-7 (A. M., Bordeaux D 156, 1 messidor an V e 28 frimaire an VI).

64. Beatrix Cary Davenport (ed.), *A diary of the French Revolution by Gouverneur Morris (1752-1816), Minister to France during the Terror*, Boston, 1939, pp. 68, 22 de novembro de 1790.

65. Ducaunnès-Duval, *Ville de Bordeaux*, v. 3, pp. 99-104 (A. M., Bordeaux, D159, 20 thermidor an VII).

66. Mona Ozouf, *La Fête révolutionnaire, 1789-1799*, Paris, 1976, p. 337.

67. *Ibid.*, pp. 149-87. Sobre a associação entre festivais e vida urbana, ver o estudo quantitativo de Michel Vovelle, *Les Métamorphoses de la Fête en Provence de 1750 à 1820*, Paris, 1976, esp. pp. 151-6.

68. "Violence thermidorienne et société traditionelle: L'Exemple du Forez", *Cahiers d'histoire* 24, 1979, pp. 3-43, citação da p. 28.

69. T. J. A. Le Goff e D. M. G. Sutherland, "The Revolution and the rural community in eighteenth-century Brittany", *Past and Present*, nº 62, 1974, pp. 96-119.

70. Thomas F. Sheppard, *Lourmarin in the eighteenth century: a study of a French village*, Baltimore, 1971, p. 192.

71. Eugène Dubois, *Histoire de la Révolution dans l'Ain*, 6 v., Bourg, 1931-5, v. 6 (*Le Directoire*), pp. 203-5. O incidente ocorreu em Seyssel em 13 de janeiro de 1799.

72. Alguns comentários úteis sobre a literatura podem ser encontrados em Reinhard Bendix, "Tradition and modernity reconsidered", *Comparative Studies in Society and History* 9, 1967, pp. 292-346.

73. New Haven, 1968, citação p. 265. Neste sentido, revolução é uma forma específica de violência e instabilidade.

74. *States and social revolutions: a comparative analysis of France, Russia, and China*, Cambridge, 1979, p. 286.

75. *Ibid.*, p. 170.

76. *The Vendée*, Cambridge, Mass., 1964, p. 11.

77. Nesse aprendizado durante a Revolução de 1848, Maurice Agulhon distingue entre "une republique à conception morale et à contenu maximum" [uma república com concepção moral e conteúdo máximo] e uma mais conservadora "republique à conception purement constitutionelle, et à contenu minimum" [república com concepção puramente constitucional e conteúdo mínimo]. Essa distinção caracteriza a diferença entre os líderes republicanos de Toulouse (o programa máximo) e Amiens (o mínimo). *1848 ou l'apprentissage de la République, 1848-1852*, Paris, 1973, p. 230.

78. Refiro-me aqui à visão de modernização expressa por Barrington Moore Jr. em *Social origins of dictatorship and democracy: lord and peasant in the making of the modern world*, Boston, 1967, esp. n. 112, p. 84.

CONCLUSÃO: REVOLUÇÃO NA CULTURA POLÍTICA [pp. 246-74]

1. Para o clássico argumento sobre as origens da sociabilidade democrática, ver Augustin Cochin, *L'Esprit du Jacobinisme: une interprétation sociologique de la Révolution française*, Paris, 1979, esp. pp. 128-36.

2. *Revolutionary change*, 2ª ed., Stanford, 1982, pp. 169-94.

3. Uma variação desse argumento pode ser encontrada em E. Victor

Wolfenstein, *The revolutionary personality: Lenin, Trotsky, Gandhi*, Princeton, 1967.

4. Uma análise dos dois tipos que enfatiza as virtudes do estrutural pode ser encontrada em Theda Skocpol, *States and social revolutions*, Cambridge, 1979.

5. Johnson, *Revolutionary change*, pp. 169-94.

6. *Political order in changing societies*, New Haven, 1968. [Em português, *Ordem política nas sociedades em mudança*, trad. Pinheiro de Lemos, Rio de Janeiro, Forense Universitária, 1975.]

7. *Social origins of dictatorship and democracy: lord and peasant in the making of the modern world*, Boston, 1966, pp. 457-8.

8. Para uma excelente análise das tendências sociais e econômicas, ver Louis Bergeron, *France under Napoleon*, trad. R. R. Palmer, Princeton, 1981, pp. 119-90. Bergeron resume uma vastíssima literatura e fornece ótimas sugestões bibliográficas.

9. Para uma análise abrangente da literatura sobre as origens, ver William Doyle, *Origins of the French Revolution*, Oxford, 1980.

10. *States and social revolutions*.

11. Alexis de Tocqueville, *The Old Regime and the French Revolution*, trad. Stuart Gilbert, Nova York, 1955, esp. pp. 81-107.

12. A tensão entre essas duas concepções "burguesas" (individualismo e universalismo) é analisada pormenorizadamente em Patrice Higonnet, *Class, ideology, and the rights of nobles during the French Revolution*, Oxford, 1981.

13. *The Old Regime and the French Revolution*, p. 1.

14. Para uma análise minuciosa, porém parcial, ver J. L. Talmon, *The origins of totalitarian democracy*, Nova York, 1960, pp. 167-247.

15. Martyn Lyons, *France under the Directory*, Cambridge, 1975, p. 35.

16. Albert Meynier, *Les coups d'état du Directoire*, 3 v., Paris, 1928.

17. *Proclamation de général Bonaparte, le 19 brumaire, 11 heures du soir*.

18. A análise clássica encontra-se em Albert Vandal, *L'Avènement de Bonaparte*, 5ª ed., Paris, 1908, v. 1: *La Genèse du Consulat, Brumaire, la Constitution de l'an VIII*.

19. Esse argumento é apresentado em detalhes em Lynn Hunt, David Lansky e Paul Hanson, "The failure of the Liberal Republic in France, 1795-1799: the road to Brumaire", *Journal of Modern History* 51, 1979, pp. 734-59.

20. *Mémoires de La Revellière-Lépeaux*, 2 v., Paris, 1895, v. 1, p. 379.

21. P. Ciani, *Les monnaies françaises de la Révolution à la fin du premier empire, 1789 à 1815*, Paris, 1931.

22. *Opinion de Boulay (de la Meurthe), sur la situation de la République, et sur le projet présenté par la commission chargée d'examiner la cause de ses maux, et*

d'indiquer les moyens de les faire cesser (séance de la nuit du 19 brumaire an VIII, à Saint Cloud).

23. As informações deste parágrafo foram extraídas de Hunt, Lansky e Hanson, "The failure of the Liberal Republic in France".

24. *Die brumairianische Elite: Kontinuität und Wandel der französischen Führungsschicht zwischen Ancien Régime und Julimonarchie*, Stuttgart, 1977, pp. 111-2.

25. *Ibid.*, p. 430.

26. Entretanto, a análise discriminante mostrou que as eleições de 1798 não foram consistentes com os resultados de 1795 e 1797; departamentos de direita e de esquerda não se separaram do mesmo modo e, portanto, os resultados de 1798 foram estatisticamente excluídos. Ver Lynn Hunt, "The political geography of Revolutionary France", *Journal of Interdisciplinary History* 14, 1984, pp. 535-59.

27. *Die brumairianische Elite*. Giesselmann faz análises minuciosas das origens sociais, ideologia e carreiras políticas. Infelizmente, as origens por departamento são pouco mencionadas.

28. "Criou um clima de fervor missionário e, de fato, assumiu todos os aspectos de um revivescimento religioso" (*The Old Regime and the Franch Revolution*, p. 13).

29. *Ibid.*, pp. 210-1.

Lista das tabelas, ilustrações e mapas

TABELAS

1. Divisões políticas e vivência da Revolução 165
2. Diferenças sociais em departamentos agrupados politicamente 166
3. Estatísticas socioeconômicas e políticas para uma amostra de departamentos 168
4. Representação ocupacional em Conselhos Municipais de Amiens, Bordeaux, Nancy e Toulouse, 1790-9 189
5. Amiens: mudanças na representação ocupacional no Conselho Municipal, 1790-9 193
6. Bordeaux: mudanças na representação ocupacional no Conselho Municipal, 1790-9 193
7. Nancy: mudanças na representação ocupacional no Conselho Municipal, 1790-9 194
8. Toulouse: mudanças na representação ocupacional no Conselho Municipal, 1790-9 194

9. Conselheiros municipais durante o Terror: continuidade com outras municipalidades revolucionárias 200
10. Conselheiros municipais durante o Diretório: continuidade com municipalidades revolucionárias anteriores 201

ILUSTRAÇÕES

1. Festival da Liberdade, outubro de 1792 53
2. Festival da Federação, Paris, julho de 1790 59
3. Maximilien Robespierre 61
4. Gravura intitulada "Orgia dos *Gardes du Corps* em Versalhes, outubro de 1789" 83
5. Selo da República, 1792 86
6. Festival da Razão, novembro de 1793 89
7. Sessão do Conselho dos Anciões, 1798-9 105
8. Trajes oficiais, 1798-9 106
9. "O Independente" 108
10. "O Exclusivo" 109
11. Henri Grégoire 117
12. Esboço de Hércules, por Dupré 122
13. Gravura intitulada "O povo francês subjugando a hidra do federalismo", agosto de 1793 124
14. Gravura intitulada "Le peuple mangeur de rois" 136
15. Detalhe de uma gravura do Festival do Ser Supremo, junho de 1794 139
16. Esboço para a moeda de Hércules, por Dupré, 1795 142
17. Vinheta oficial do Diretório Executivo, 1798 146
18. Bonaparte no Conselho dos Quinhentos no 18 brumário 265
19. Selo de Napoleão como cônsul 267
20. Moeda de cinco cêntimos do ano XIII 267
21. Selo de Napoleão como imperador 268

MAPAS

1. Geografia política da França revolucionária 160
2. Residências de autoridades revolucionárias em Amiens 228

Agradecimentos

Quando comecei as pesquisas para este livro, em 1976, tinha em mente um projeto diferente. Na época, pretendia escrever sobre as estruturas locais do poder político em quatro cidades durante a Revolução Francesa. Enquanto estudava as quatro cidades, porém, descobri que o foco de meus interesses começava a mudar, devido à influência de meus amigos e colegas em Berkeley e também de novos trabalhos de François Furet, Mona Ozouf e Maurice Agulhon sobre a história da França. Em conseqüência, meu projeto inicial de história social da política revolucionária foi cada vez mais assumindo as características de uma análise cultural na qual as estruturas políticas das quatro cidades se tornavam apenas uma parte da história. Ainda assim, o poder continuou a ser a preocupação central deste livro, pois, a meu ver, foi a preocupação central dos revolucionários da França, quer atuassem em Paris, nas capitais provinciais ou em povoados muito distantes da esfera política dominante.

Muitas instituições e indivíduos ajudaram-me no decorrer dos anos. Minhas pesquisas foram financiadas pela University of Michigan Society of Fellows, pelo American Council of Learned Societies e, mais recentemente, pela Guggenheim Foundation. Talentosos estudantes de pós-graduação trabalharam como assistentes de pesquisa remunerados pela Comissão de Pesquisas da Universidade da Califórnia em Berkeley e pelo Instituto de Estudos Internacionais em Berkeley. Em várias viagens à França pude contar com a solicitude das equipes de muitas bibliotecas e arquivos. Agradeço aos funcionários dos Archives nationales, dos Archives départementales dos departamentos de Gironda, Haute-Garonne, Meurthe e Somme, dos Archives municipales de Amiens, Bordeaux, Nancy e Toulouse, da Bibliothèque Nationale de Paris, do Musée Carnavalet de Paris, da Biblioteca Municipal de Bourdeaux e das bibliotecas universitárias de Amiens e Toulouse. Em Londres, trabalhei no Public Record Office.

Muitos amigos, colegas e alunos ajudaram-me de vários modos. Os alunos de pós-graduação que trabalharam comigo ofereceram numerosas sugestões que se revelaram úteis. Na França, tive a boa sorte de contar com a colaboração de dois amigos: Leslie Martin, que trabalhava em arquivos locais em 1976, época em que eu estava estudando contratos de casamento e registros fiscais, e Lizabeth Cohen, que forneceu os dados de Toulouse em 1980. Os dois mapas foram desenhados por Adrienne Morgan. Colegas de Berkeley e outras instituições leram versões de capítulos dos meus originais, e sou-lhes grata pelos comentários. Meu agradecimento especial a Randolph Starn, Reginald Zelnik, Thomas Laqueur, Jack Censer e Victoria Bonnell por lerem os originais na íntegra e oferecerem preciosas sugestões para aperfeiçoá-los. Joyce McCann fez a gentileza de ler atentamente cada trecho do livro, sugerindo modos de tornar sua leitura mais fluente. Mais do que talvez eu possa reconhecer, meus amigos impeliram-me a pensar com mais abrangência e clareza, e o livro contém muitos sinais de sua influência. Finalmente, quero registrar a contribuição menos específica porém não menos real da Universidade da Califórnia em Berkeley. Além de recursos financeiros e tempo, essa Universidade proporcionou-me a inestimável convivência com estimulantes colegas e alunos.

Índice remissivo

Os números de páginas em *itálico* referem-se a ilustrações

Adams, John, 130
advogados *ver* ocupações de políticos revolucionários
águias, *130*
Agulhon, Mauricen, 36, 120, 144, 162, 289n, 296n, 301n, 306n, 309n, 323n, 325n
alfabetização, 165, 166, 173, 175, 176, 237, 271, *310n*
altares patrióticos, 83, 84, 85, 152
Amiens, 158, 186, 189, 190, 191, 193, 197, 199, 200, 208, 215, 224, 225, 226, 227, 228, 229, 230, 231, 234, 235, 243, 307n, 314n, 316n, 317n, 318n, 320n, 322n, 324n, 325n; jacobinos de, 208, 234, 235
Ami du Roi, L', 58, 289n
Amis de la Constitution ver clubes jacobinos

analogias teatrais com a Revolução, 57, 58, 59, 60
Ancien régime, 42, 73
Anselin, família de Amiens, 224, 226
Arc de Triomphe, *147*
aristocratas, papel na Revolução, 26, 257; *ver também* autoridades do Antigo Regime na Revolução
artesãos e lojistas *ver* ocupações de políticos revolucionários
árvores da liberdade, 36, 50, 80, 83, 84, 85, 96, 99, 133, 153, 155, 172
Assembléia Nacional, 48, 63, 64, 157, 258, 289n, 319n
autenticidade *ver* transparência
autonomia cultural popular, 83, 84, 85, 90, 91, 92, 99, 126, 127, 141
autonomia e influência das províncias, 152; *ver também* ligações externas de políticos

333

autoridades do Antigo Regime na Revolução, 184, 207, 240
autoritarismo, 23, 34, 243, 260, 261, 262, 266, 271, 309n; Tocqueville sobre, 27

Baczko, Bronislaw, 140, 287n, 305n
bairros de Amiens, 227, 229, 230; mapa, 229
Balguerie, Pierre, 236
bandeiras, 100, 217, 289n
banquetes, 112, 157, 221, 240
barretes da liberdade, 78, 83, 101, 120, 121, 137, 140, 301n; com deusa da liberdade, 86, 116, 120, 146
barretes frígios *ver* barretes da liberdade
Bénesse-Maremne, 196, 202, 221, 316n, 318n, 321n
Bercé, Yves-Marie, 309n, 310n
Berlanstein, Lenard R., 317n
Bernadau de Bordeaux, 318n
Bertrand, Joseph, 216, 218, 284n, 295n
Bois, Paul, 171, 307n, 311n
Boissy d'Anglas, conde François Antoine de, 154
Bonaparte, Lucien, 263, 265
Bonaparte, Napoleão, 23, 25, 27, 37, 48, 70, 71, 76, 112, 117, 119, 142, 147, 155, 169, 175, 182, 184, 187, 206, 213, 224, 225, 237, 244, 261, 262, 263, 264, 265, 266, 268, 269, 270, 271, 287n, 322n, 326n
Bordeaux, 91, 97, 158, 161, 166, 170, 174, 186, 187, 189, 190, 191, 193, 199, 200, 201, 208, 211, 212, 213, 214, 215, 216, 217, 220, 231, 233, 234, 236, 237, 243, 251, 298n, 311n, 315n, 318n, 320n, 321n, 323n, 324n; jacobinos de, 235

Boulay, família de Nancy, 224, 315n, 326n
Brinton, Crane, 198, 206, 212, 293n, 319n, 321n, 323n
Brustein, William, 309n, 311n
burguesia: marxistas sobre, 24; na política do século XIX, 256; na Revolução, 174, 206, 207, 208, 258; trajes da, 110; *ver também* ocupações de políticos revolucionários
Burke, Edmund, 153, 190, 306n, 315n

Cabanis, Pierre Jean Georges, 155
calendário, 95, 96, 125, 172, 239
campesinato: Marx sobre, 207; revoltas do, 28, 84, 204; *ver também* setor agrícola
Camusat de Belombre, deputado de Troyes, 291n
canções, 80, 287n
capitalismo, 24, 25, 26, 27, 29, 30, 73, 208, 243, 256, 272, 273
carnavais, 90, 92, 133; e festivais revolucionários, 90, 133; *ver também* mastros festivos; Père Duchesne; autonomia cultural popular
Caron-Berquier, impressor de Amiens, 307n
cartas de baralho, 77, 303n
cartazes, 80, 99
centralização, 27, 243
cidades rurais e pequenas na política, 171, 173, 174, 175, 184, 185, 196, 202, 204, 220, 221, 222, 223
círculos constitucionais *ver* clubes jacobinos
classe política, 34, 35, 147, 178, 179, 182, 197, 198, 200, 203, 205, 206, 207, 209, 210, 214, 219, 223, 231,

236, 237, 247, 248, 249, 250, 251, 253, 260, 263, 269, 271, 272, 312n;
definição, 219
classes de republicanos, 107, *108, 109*
Clément, Antoine, 224, 225
Club National, 218, 234
clubes, 80, 97; femininos, 97, 132; políticos, 42, 244
clubes jacobinos, 23, 36, 70, 152, 156, 159, 173, 176, 188, 198, 203, 206, 212, 233, 235, 236, 249, 259, 293n, 308n, 319n, 323n; distribuição dos, 163, 170, 171, 173, 175, 188, 308n; e lojas maçônicas, 70, 233; filiação a, 198, 203, 206, 212, 319n; ver também *Journal des hommes libres*
Cobb, Richard, 30, 179, 208, 286n, 291n, 308n
Cobban, Alfred, 25, 26, 178, 179, 180, 208, 286n, 299n, 312n, 315n
cocardas, 81, 82, *83*, 84, 85, 96, 97, 99, 101, 106, 152, 155, 295n
comerciantes *ver* ocupações de políticos revolucionários
Comité de surveillance révolutionnaire *ver* Terror
competição nas elites, 257, 258, 263
Condillac, Etienne Bonnot de, 117, 118
Conselho de Anciões, *105*
consenso: incerteza de, 55; porta-vozes pelo, 48, 76, 266; *ver também* vontade geral
conservadorismo, 34, 37, 226, 260
conspiração, 61, 62, 63, 64, 65, 66, 67, 96, 134, 217, 248, 254, 292n, 294n
Constant, Benjamin, 78
constitucionalismo, 30, 74

contatos externos de políticos locais, 220, 221
continuidade, 45, 80, 100, 131, 151, 161, 162, 196, 200, 201, 202, 225, 226, 233, 234, 270, 323n; ao longo dos séculos, 156, 162, 163; *ver também* padrões de carreiras e experiência de autoridades revolucionárias; autoridades do Antigo Regime na Revolução; tradição revolucionária
contrato social, 22, 34, 50, 51, 72; *ver também* presente mítico
Convenção Nacional, 24, 43, 96, 115, 157, 159, 179, 180, 181, 189, 291n, 313n
cores: da cocarda, 82, 295n; de uniformes, 105
cristianismo *ver* Igreja Católica; descristianização
cultura política, 31, 32, 33, 35, 36, 37, 46, 100, 151, 152, 153, 174, 175, 209, 211, 219, 223, 244, 246, 247, 249, 250, 256, 257, 259, 260, 264, 265, 272, 273, 325n; revolucionária, fraqueza da, 264, 265

Danton, Georges Jacques, 65, 292n
Davi de Michelangelo, 139
David, Jacques Louis, colosso de, 121, 122, 123, 124, 126, 127, 130, 131, 132, 133, 134, 138, 139; desenhos de uniformes por, 101, 102; e estátua da Liberdade, 147; e Michelangelo, 139, 305n
Dawson, Philip, 304n, 306n, 315n
Delamorlière, família de Amiens, 224, 225, 226, 321n

335

Delaroche, Charles-François Bastard, 225, 226, 322n
democracia, 22, 23, 29, 30, 32, 37, 44, 56, 65, 97, 111, 129, 151, 174, 178, 214, 242, 243, 244, 256, 257, 260, 261, 270, 271, 285n, 293n; ver também tradição republicana
Denon, Dominique Vivant, 103
Derrida, Jacques, 294n
descristianização, 54, 125, 264, 285n, 297n; ver também Igreja Católica
Deyon, Pierre, 227, 314n
dialetos, 110
didatismo, 98, 99, 100, 151, 175, 248; ver também educação; rótulos; propaganda
direita e esquerda na política, 157, 161
direito de voto e taxas de votação, 156, 195, 212, 307n, 309n
Diretório: expurgos pelo, 71, 76, 159, 262, 263, 270, 271; vinheta do, 146
Dorset, duque de, 81, 82, 295n
Dupré, Augustin, 121, 122, 130, 132, 136, 141, 302n, 303n, 305n
Durkheim, Emile, 46, 238, 241, 288n

Educação, 93, 94; Condorcet sobre, 52; no século XVIII em geral, 51, 55, 67; *ver também* didatismo; rótulos; propaganda
efeitos teatrais de uniformes, 106
Elbeuf, 192, 316n
eleições, 68, 69, 71, 76, 78, 111, 154, 155, 156, 159, 161, 162, 165, 171, 172, 176, 184, 185, 188, 193, 202, 204, 226, 229, 245, 247, 261, 264, 271, 309n, 327n; na Vendéia, 163; *ver também* participação na política; direito de voto e taxas de votação

elementos pessoais na política, 169, 172, 223, 224, 225, 226
elites políticas urbanas, 185
enredo cômico, 57
enredo romântico, 58, 59
enredo trágico, 60
especulação e sonegação de gêneros alimentícios, 63; *ver também* preços
esquerda e direita na política, 157, 160
Estado policial, 23, 37
Estados Gerais, 26, 56, 100, 179, 225, 257, 258
Estados Unidos, 81, 130, 147, 257, 259; partidos políticos nos, 66, 67, 257
estrutura burocrática, 96
estrutura familiar e perspectiva política, 308n
estrutura retórica dos discursos, 55
exército, 94, 97
experiência e padrões de carreira de autoridades revolucionárias *ver* padrões de carreira e experiência de autoridades revolucionárias

facções *ver* classes de republicanos; partidos políticos
fantasias e disfarces, 91, 92; *ver também* trajes
festivais, 35, 36, 42, 46, 50, 54, 76, 78, 84, 85, 86, 94, 99, 125, 140, 151, 152, 153, 154, 155, 223, 238, 239, 240, 249, 285n, 297n, 324n; da Federação, 51, 57, 296n; da Liberdade, 53, 87; da pobreza, 222; da Razão, 87, 90, 125, 126; da Vitória (outubro de 1794), 139, 305n; de 10 de agosto de 1793, 122, 123, 124, 138, 304n; de 21 de janeiro de 1794 em Grenoble, 133; de árvores da liber-

dade, 83, 84, 172; do Ser Supremo, 138, 139, 305n; exército em, 94; Ozouf sobre, 46, 84, 238
figuras alegóricas femininas, 54, 85, 86, 120, 121, 131, 141, 143, 303n
figuras alegóricas masculinas, 143
Flaubert, Gustave, 143, 144, 306n
forasteiros na política, 215, 216, 217, 218, 219, 220, 252
Foucault, Michel, 295n, 298n
Fouché, Joseph, 128, 129, 134, 302n
Frye, Northrup, 57, 59, 60, 290n
funcionalista, interpretação da linguagem, 288n
Furet, François, 26, 31, 32, 33, 36, 45, 62, 285n, 288n, 292n, 293n, 294n, 295n, 311n; definição da Revolução, 295n; sobre conspiração, 65; sobre linguagem, 45; sobre o Terror, 293n; sobre transparência, 292n
Furtado, Abraham, 214, 219, 320n

gangues termidoreanas, 238
Gary, família de Toulouse, 223
Gazette de Paris, 51, 64, 289n, 291n, 301n
Geertz, Clifford, 113, 294n, 300n
Giesselmann, Werner, 270, 271, 327n
girondinos, 76, 121, 123, 128, 131, 157, 159, 187, 213, 243, 259, 323n; definição de, 158
Glasson-Brisse, Emmanuel, 216, 217
governo, Robespierre sobre o, 145; ver também política
gravuras, inexatidão de, 139
Grégoire, Henri: retrato de, 117; sobre árvores da liberdade, 84; sobre monarquia, 115; sobre profanidade, 110; sobre reconstituição da natureza humana, 22; sobre selo, 116, 118, 140; sobre uniformes, 103, 104, 111
gregos, modelos ver modelos clássicos
Guerra, Skocpol sobre Revolução e, 27, 257
Guilhaumou, Jacques, 44
Gumbrecht, Hans Ulrich, 288n

Harris, Jennifer, 101, 299n
Hébert, Jacques René, 62, 68, 287n
Hércules, 121, 122, 123, 124, 125, 126, 127, 128, 129, 130, 131, 132, 133, 134, 135, 136, 137, 138, 139, 141, 142, 143, 144, 145, 147, 152, 155, 249, 302n, 303n, 305n
Higonnet, Patrice, 196, 293n, 309n, 326n
historiografia da Revolução, 24, 25, 26, 27, 28, 29, 30, 44, 45, 46, 145, 179, 253, 254, 285n
Hobsbawm, Eric, 143, 144, 306n
Huntington, Samuel P., 241, 242, 255

idade dos políticos, 180, 203, 313n
ideais da Revolução, 246, 247; em citações, 49, 51, 54, 115, 210, 214, 226, 236, 237
ideologia, 23, 24, 33, 34, 37, 44, 47, 72, 75, 97, 242, 253, 254, 327n
Igreja Católica, 51, 93, 213, 263, 311n; ver também descristianização; terras do clero, venda de
igualitarismo, 178
Iluminismo, influência do, 56, 236, 261
influência religiosa sobre padrões de votação regionais, 164
influências econômicas e sociais sobre

337

padrões regionais de votação, 163, 165, 167
informações, coleta e divulgação pelo governo, 95, 154, 169
Inglaterra, 55, 61, 74, 81, 257, 259, 273, 300n
interpretação durkhaimiana: da linguagem, 44; dos festivais, 46
interpretação revisionista da Revolução, 25, 26, 28, 29, 30, 31, 178, 208

Johnson, Chalmers, 252, 303n, 326n
jornais, 52, 64, 77, 80, 94, 97, 169, 292n, 304n
Journal des hommes libres, 94
judeus, 213, 218, 219
juramentos, 43, 50, 152, 165

Kantorowicz, Ernst H., 301n
Kennedy, Michael, 206, 287n, 297n, 298n, 307n, 312n, 318n, 319n, 320n, 322n, 323n

La Harpe, Jean-François, 41, 43, 47, 49, 74, 77
La Revellière-Lépeaux, Louis Marie, 264, 326n
Lacombe, J.-B, 217, 218, 219, 220, 251, 315n, 321n
laços familiares na política, 223, 224, 225, 226
Le Bras, Hervé, 308n
Lefebvre, família de Amiens, 225, 226, 291n, 302n
Lefebvre, Georges, 311n
Leroux, família de Amiens, 224, 226
Les Authieux-sur-le-Port-Saint-Ouen, 197, 321n
Lescouvé, Louis, 215, 227, 230, 320n

Liberdade, 53, 54, 86, 87, 88, 90, 91, 93, 99, 120, 121, 123, 125, 127, 132, 137, 138, 141, 147, 152, 305n; festival e estátua da, 53, 86, 89, 142, 146
linguagem, 22, 32, 33, 35, 36, 37, 41, 42, 43, 44, 45, 46, 47, 48, 50, 55, 56, 62, 68, 70, 73, 74, 103, 110, 126, 207, 246, 287n; *ver também* rótulos
Locke, John, 56, 117
lojistas e artesãos *ver* ocupações de políticos revolucionários
Lucas, Colin, 26, 238, 239, 285n, 304n, 321n
Lyons, Martyn, 206, 286n, 313n, 315n, 317n, 319n, 320n, 326n

maçons, 153, 231, 232, 233, 322n, 323n; *ver também* símbolos maçônicos
Mallarmé, Claude, 217, 233, 315n
Marat, Jean-Paul, 62, 218, 288n, 289n, 298n
Margairaz, Dominique, 312n
marginalidade de políticos, 215, 216, 217, 218, 219, 250, 251, 252
Maria, Virgem, 90
Marianne, 87, 112, 120, 121, 122, 129, 132, 142, 144, 146, 147, 152, 155, 249, 266, 286n, 289n, 296n, 301n, 306n
Marie, família de Toulouse, 223, 224, 298n, 305n, 309n, 316n, 320n
Martin, Kingsley, 56
Marx, Karl, 24, 30, 32, 44, 74, 206, 207, 241, 255, 284n, 319n
Marx, Roland, 182
marxista, interpretação: da linguagem, 43, 44, 73; da Revolução, 24, 28, 29, 30, 31, 32, 178, 206, 207, 208, 255, 260

máscaras e disfarces, 91, 92
mastros festivos, 84, 287n
Mathiez, Albert, 46, 295n
Meister, Henri, 300n
Mercúrio, 87
metáforas de família: conservadoras, 52, 113, 114; literárias, 57, 58, 59, 60; revolucionárias, 54, 132
Meximieux, 202, 204, 208, 243, 318n
Minerva, 87
minorias religiosas, 212, 213, 214, 248
mobilidade, 26, 211, 253, 272
mobilização popular, 22, 87, 175, 244, 257, 259, 261, 264
modelos antigos ver modelos clássicos
modelos clássicos, 43, 51, 55, 56, 74; de trajes, 101, 300n; para simbolismo, 85; rejeitados por Condorcet, 52; ver também figuras alegóricas femininas
modernização, 37; interpretação da Revolução, 28, 80, 237, 238, 239, 240, 241, 242, 244, 255, 260
moedas, 87, 96, 116, 121, 141, 143, 151, 152, 301n; de Bonaparte, 267
momentos críticos da Revolução, relação dos, 119, 123
monarquia: abolição da, 115, 116; colapso da, 257; símbolos da, 115, 116, 120, 121; ver também rei; realismo
Montanha, definição, 157
Moore, Barrington Jr., 255
Moore, John, 100
Morris, Gouverneur, 206, 236, 319n, 324n
mulheres: clubes de, 97, 132; marcha para Versalhes, 82; participação política das, 137, 304n; profanidade, 110; ver também figuras alegóricas femininas

nacionalismo, 152; ver também tradição histórica
Nancy, 170, 180, 186, 187, 189, 190, 191, 192, 194, 195, 197, 201, 203, 205, 215, 216, 217, 224, 231, 232, 315n, 318n, 319n, 321n, 323n
Necker, Jacques, 64
Nicolas, família de Nancy, 224
nobres, trajes dos, 100; ver também aristocratas, papel na Revolução
Notre-Dame-la-Noire, 91

ocupações de políticos no Antigo Regime, 190, 191
ocupações de políticos revolucionários, 180, 181, 182, 183, 184, 185, 189, 190, 191, 192, 193, 194, 195, 196, 197, 203, 204, 205, 206, 228, 229, 230, 231, 317n; de jacobinos, 235; ver também Sans-culottes; trabalho e trabalhadores
oratória, emoção na, 68
Ozouf, Mona, 36, 46, 84, 238, 287n, 288n, 289n, 296n, 297n, 311n, 324n

padrões de carreiras e experiência das autoridades revolucionárias, 181, 182, 183, 184, 200, 201, 202; ver também autoridades do Antigo Regime na Revolução
padrões políticos regionais, 161, 162, 163, 164, 165, 167, 168, 169, 170, 171, 173, 174, 175, 177, 244, 252, 268
padrões urbanos de votação, 166, 170
palavras ver linguagem

339

panfletos, 80, 169
panfletos jacobinos citados, 158, 159
Pântano, definição, 158
paralelos literários com a Revolução, 48, 57, 58, 59, 60, 254
Paris, 152, 162, 166, 170, 175
Parlamento de Paris, 26
participação na política, 111, 204, 205, 206, 209, 241, 260, 300n; e uniformes, 103, 104; ver também representação
particularismo, 175, 286n
partidos políticos, 156, 157, 159; clubes jacobinos como, 23, 156; desconfiança de, 24, 66, 67, 70, 264; ver também classes de republicanos
paternalismo ver metáforas familiares
Patrick, Alison, 307n, 309n, 312n, 313n
Père Duchesne, de Hébert, 44, 68, 94, 287n, 293n, 298n
periódicos, 97, 239, 287n
período liminar, Revolução como, 210
Philip, Pierre, 217, 219, 304n, 306n, 315n, 321n
Place de la Concorde/Révolution, 147
Planície, definição, 158
Pocock, J. G. A., 56, 290n, 294n, 306n
poder, aumento de, 97, 219, 261; do Estado, 74
Pole, J. R., 67, 290n, 291n, 292n
política: definição, 295n; expansão da, 77, 81; não usual, 185; primazia da, 21, 22, 31, 32, 34, 273, 274
política de aldeia ver cidades rurais e pequenas na política
política local, 169, 189, 191, 199, 200, 201, 202, 212, 214, 217, 234, 250; ver também política rural e nas cidades pequenas

Pont-l'Abbé, 196, 316n
posse da terra, 256, 311n
Poulantzas, Nicos, 44
povo comedor de reis, 136, 137, 138
preços, 312n; levantes devido aos, 229; ver também sonegação de gêneros alimentícios e especulação
presente mítico, 50, 55, 61, 68, 72, 100, 294n
processo revolucionário, 34, 64, 120, 154, 247, 249, 252, 254
profanidade, 110
propaganda: Gazette de Paris sobre, 64; para o Exército, 94; ver também didatismo
protestantes, 64, 153, 171, 213, 216, 218, 219, 292n

Quintiliano, 55

realismo, 174; popular, 163, 169, 170, 186, 269; ver também rei; monarquia
rei: e bandeira, 289n; e centro sagrado, 48, 113, 129; e Festival da Federação, 57; execução do, 54, 159; Hércules como, 130; humilhação do, 82; substituições simbólicas do, 90; ver também monarquia; realismo
Reinhard, Marcel, 172, 309n, 311n, 325n
religião ver Igreja Católica; descristianização
relógios, 96
representação, 114, 115, 126, 127, 134, 147
Revolução como conceito histórico, 255, 256
Révolutions de Paris, 135, 136

Richir, Marc, 292n
riqueza de políticos revolucionários, 199, 317n, 320n
Robespierre, Maximilien: e modelos históricos, 50, 79; e participação popular, 111, 126; retrato de, 61; sobre a Revolução, 60, 128, 145; sobre as virtudes, 98; sobre o Terror, 69
Robin, Régine, 44, 287n
Roche, Daniel, 190, 286n, 316n, 322n
Rollin, família de Nancy, 224
romanos, modelos *ver* modelos clássicos
Roquette, Jean-Jacques, 221, 222, 223, 240, 243, 251, 321n
rótulos, 134, 136, 138
Rousseau, Jean-Jacques, 21, 22, 34, 37, 68, 74, 93, 110, 220, 221, 292n, 293n, 321n

Saige, François, 216
Saint-Amans, 221, 222, 240, 243, 251, 321n
Saint-Jean de Jérusalem, loja maçônica de, 231
Saint-Just, Louis Antoine Léon de, 51, 65, 67, 222, 290n, 292n
sans-culottes, 101, 102, 107, 110, 125, 134, 136, 137, 141, 157, 170, 175, 178, 179, 197, 304n, 310n, 319n; de Amiens, 229, 230; derrota dos, 141; mulheres dos, 304n; na política de aldeia, 197; trajes dos, 101, 107; votação dos, 69; *ver também* trabalho e trabalhadores
Sarthe, departamento, 164, 171, 172, 174, 307n, 309n, 311n
Schlanger, Judith, 99, 297n, 304n

selos da República, *86*, 116, 118, 119, 121, 131, 140
selos de Bonaparte, 266, *267*, *268*
selos dos EUA, 130
semiologia, 45
Sentou, Jean, 191
Sers, Pierre, 213
setor agrícola, 203, 204, 223; *ver também* campesinato
Sieyès, Emmanuel Joseph, 270
símbolos, 35, 36, 68, 77, 78, 79, 80, 81, 82, 83, 84, 85, 86, 87, 91, 93, 96, 99, 100, 112, 115, 116, 117, 118, 119, 120, 123, 132, 140, 146, 151, 152, 155, 246, 248, 249, 251, 252, 253, 260, 266, 272; Grégoire sobre, 117, 118, 119; uso por Bonaparte, 266
símbolos bíblicos, 85
símbolos católicos, 85
símbolos maçônicos, 85, 140, 305n; *ver também* maçons
sistema métrico, 96
Skocpol, Theda, 27, 28, 242, 244, 257, 285n, 326n
Soboul, Albert, 25, 170, 178, 284n, 289n, 291n, 293n, 304n, 310n, 312n, 316n, 319n, 321n
socialismo, 24, 259, 260, 261, 271, 272, 273
socialismo revolucionário, 261
Société littéraire du Musée, 218
sonegação de gêneros alimentícios e especulação, 63; *ver também* preços
Staël, Madame de, 98, 214
Starobinski, Jean, 43, 289n, 292n, 293n

Taillefer, Michel, 323n
Talmon, J. L., 70, 293n, 326n
Taylor, George V., 31, 284n, 303n

341

teatro, 42, 287n, 295n; ver também festivais
tecelões ver trabalhadores têxteis
tensão social e apoio à direita, 174, 175
teoria da recepção, 288n
teorias da Revolução como processo, 253, 254
teorias da Revolução orientadas para o agente, 252, 253
teorias estruturais da Revolução, 252, 253, 254
Terceiro Estado, 48, 179, 231, 258, 263, 291n; trajes do, 100
terras do clero, venda de, 311n
Terror, 30, 69, 70, 129, 238, 261, 293n; Furet sobre, 31; participantes do, 205, 206, 318n
Thomas, Pierre, 216
Tilly, Charles, 244
Tocqueville, Alexis de: interpretação da linguagem, 45; interpretação da Revolução, 27, 29, 30, 79, 257, 258, 259, 273
Todd, Emmanuel, 308n
Toulouse, 91, 93, 96, 170, 171, 173, 175, 186, 187, 188, 189, 191, 192, 194, 197, 198, 199, 201, 202, 205, 206, 208, 213, 215, 217, 221, 222, 223, 226, 230, 231, 232, 233, 234, 235, 286n, 297n, 298n, 308n, 311n, 313n, 314n, 315n, 316n, 317n, 318n, 319n, 320n, 321n, 323n, 324n, 325n; jacobinos de, 234, 235
trabalhadores desempregados, 170, 174, 229
trabalhadores têxteis, 227, 229, 230; camponeses como, 171

trabalho e trabalhadores, 134, 226; ver também Sans-culottes; trabalhadores têxteis; trabalhadores desempregados
tradição histórica, 49, 50, 51, 74, 79, 272, 289n; ver também modelos clássicos
tradição republicana, 34, 36, 37, 112, 244, 248, 259, 266, 268, 270, 271, 272, 273; Hércules na, 142, 143; ver também tradição revolucionária
tradição revolucionária, 23, 36, 37, 72, 73, 74, 203, 244, 245; ver também tradição republicana
trajes, 77, 100, 101, 102, 103, 105, 106, 108, 111, 112, 247, 299n
transparência, 67, 68, 69, 72, 98, 99, 100, 134, 151, 158, 257, 292n, 294n

uniformes ver trajes
urbanização, 165, 168, 175, 237, 244, 310n

Vaysse, família de Toulouse, 213, 223, 297n
Vendéia, 95, 163, 167, 210, 211
Versalhes, marcha para (outubro de 1789), 82
Virgem Maria, 90
vontade geral, 22, 67, 111, 152, 155, 248; ver também consenso
votação ver eleições; direito de voto e taxas de votação

Weber, Max, 238, 241
Woloch, Isser, 171, 209, 293n, 307n

ESTA OBRA FOI COMPOSTA EM MINION PELA SPRESS E IMPRESSA
PELA GRÁFICA BARTIRA EM OFSETE SOBRE PAPEL PÓLEN SOFT DA SUZANO
PAPEL E CELULOSE PARA A EDITORA SCHWARCZ EM MARÇO DE 2007